WÄLDER FÜR DIE MENSCHEN

Wälder für die Menschen

Michael Bariska
Charles von Büren
Jachen Duri Könz
Christian Küchli
Fritz Hans Schwarzenbach
Christoph Vollenweider

Kümmerly + Frey

◁ Forstliche Fachausbildung in Bhutan. In den Entwicklungsländern sind immer mehr Menschen auf den Schutz und die Produkte einer schrumpfenden Waldfläche angewiesen. Häufig geschehen Waldzerstörungen aus Unwissenheit über die vielfältigen Zusammenhänge zwischen Wald, Landwirtschaft und Mensch. Deren Vermittlung an Bevölkerung und Politiker, die Ausbildung von Fachkräften, der Aufbau eines Forstdienstes und die Erforschung neuer Bewirtschaftungsmethoden, wo Baum und Kulturpflanze nicht mehr konkurrieren, sondern sich ergänzen, sind wichtige Aufgaben der forstlichen Entwicklungszusammenarbeit.

Redaktion: Christian Küchli,
Arbeitsgemeinschaft Canal 1, Biel
Bildbeschaffung: Christian Küchli
und Jeanne Chevalier
Koordination: Dr. Barbara Peters-Kümmerly
Lektorat: Dr. Günter Wöllner
Gestaltung: Walter Mühlethaler
Gesamtherstellung: Kümmerly + Frey

Geographischer Verlag, Bern
mit Unterstützung aus dem
Kulturprozent des Migros-Genossenschafts-Bundes, Zürich
Gedruckt in der Schweiz
ISBN 3-259-08691-9

Inhaltsverzeichnis

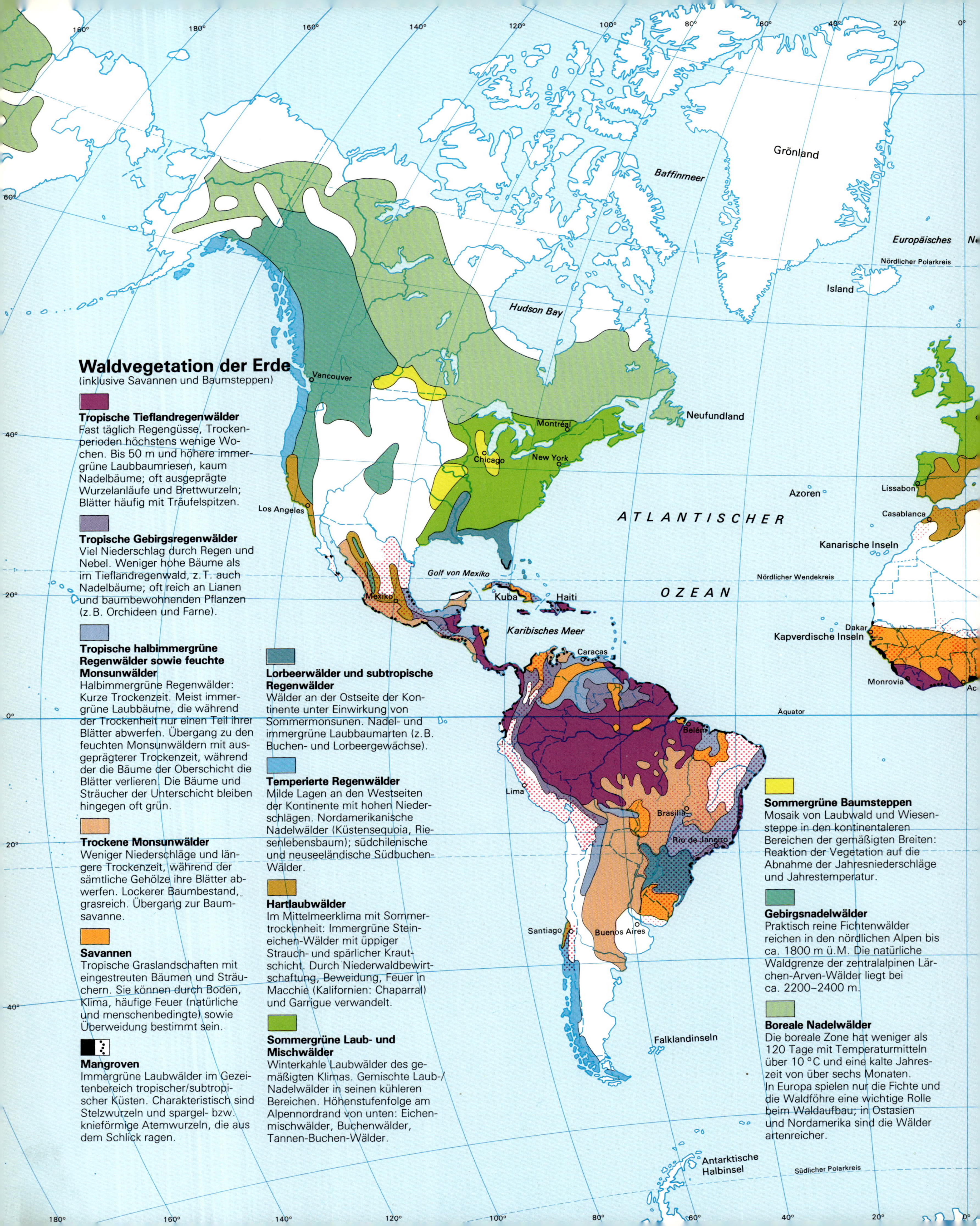

Waldvegetation der Erde

(inklusive Savannen und Baumsteppen)

Tropische Tieflandregenwälder
Fast täglich Regengüsse, Trockenperioden höchstens wenige Wochen. Bis 50 m und höhere immergrüne Laubbaumriesen, kaum Nadelbäume; oft ausgeprägte Wurzelanläufe und Brettwurzeln; Blätter häufig mit Träufelspitzen.

Tropische Gebirgsregenwälder
Viel Niederschlag durch Regen und Nebel. Weniger hohe Bäume als im Tieflandregenwald, z.T. auch Nadelbäume; oft reich an Lianen und baumbewohnenden Pflanzen (z.B. Orchideen und Farne).

Tropische halbimmergrüne Regenwälder sowie feuchte Monsunwälder
Halbimmergrüne Regenwälder: Kurze Trockenzeit. Meist immergrüne Laubbäume, die während der Trockenheit nur einen Teil ihrer Blätter abwerfen. Übergang zu den feuchten Monsunwäldern mit ausgeprägterer Trockenzeit, während der die Bäume der Oberschicht die Blätter verlieren. Die Bäume und Sträucher der Unterschicht bleiben hingegen oft grün.

Trockene Monsunwälder
Weniger Niederschläge und längere Trockenzeit, während der sämtliche Gehölze ihre Blätter abwerfen. Lockerer Baumbestand, grasreich. Übergang zur Baumsavanne.

Savannen
Tropische Graslandschaften mit eingestreuten Bäumen und Sträuchern. Sie können durch Boden, Klima, häufige Feuer (natürliche und menschenbedingte) sowie Überweidung bestimmt sein.

Mangroven
Immergrüne Laubwälder im Gezeitenbereich tropischer/subtropischer Küsten. Charakteristisch sind Stelzwurzeln und spargel- bzw. knieförmige Atemwurzeln, die aus dem Schlick ragen.

Lorbeerwälder und subtropische Regenwälder
Wälder an der Ostseite der Kontinente unter Einwirkung von Sommermonsunen. Nadel- und immergrüne Laubbaumarten (z.B. Buchen- und Lorbeergewächse).

Temperierte Regenwälder
Milde Lagen an den Westseiten der Kontinente mit hohen Niederschlägen. Nordamerikanische Nadelwälder (Küstensequoia, Riesenlebensbaum); südchilenische und neuseeländische Südbuchen-Wälder.

Hartlaubwälder
Im Mittelmeerklima mit Sommertrockenheit: Immergrüne Steineichen-Wälder mit üppiger Strauch- und spärlicher Krautschicht. Durch Niederwaldbewirtschaftung, Beweidung, Feuer in Macchie (Kalifornien: Chaparral) und Garrigue verwandelt.

Sommergrüne Laub- und Mischwälder
Winterkahle Laubwälder des gemäßigten Klimas. Gemischte Laub-/Nadelwälder in seinen kühleren Bereichen. Höhenstufenfolge am Alpennordrand von unten: Eichenmischwälder, Buchenwälder, Tannen-Buchen-Wälder.

Sommergrüne Baumsteppen
Mosaik von Laubwald und Wiesensteppe in den kontinentaleren Bereichen der gemäßigten Breiten: Reaktion der Vegetation auf die Abnahme der Jahresniederschläge und Jahrestemperatur.

Gebirgsnadelwälder
Praktisch reine Fichtenwälder reichen in den nördlichen Alpen bis ca. 1800 m ü.M. Die natürliche Waldgrenze der zentralalpinen Lärchen-Arven-Wälder liegt bei ca. 2200–2400 m.

Boreale Nadelwälder
Die boreale Zone hat weniger als 120 Tage mit Temperaturmitteln über 10 °C und eine kalte Jahreszeit von über sechs Monaten. In Europa spielen nur die Fichte und die Waldföhre eine wichtige Rolle beim Waldaufbau; in Ostasien und Nordamerika sind die Wälder artenreicher.

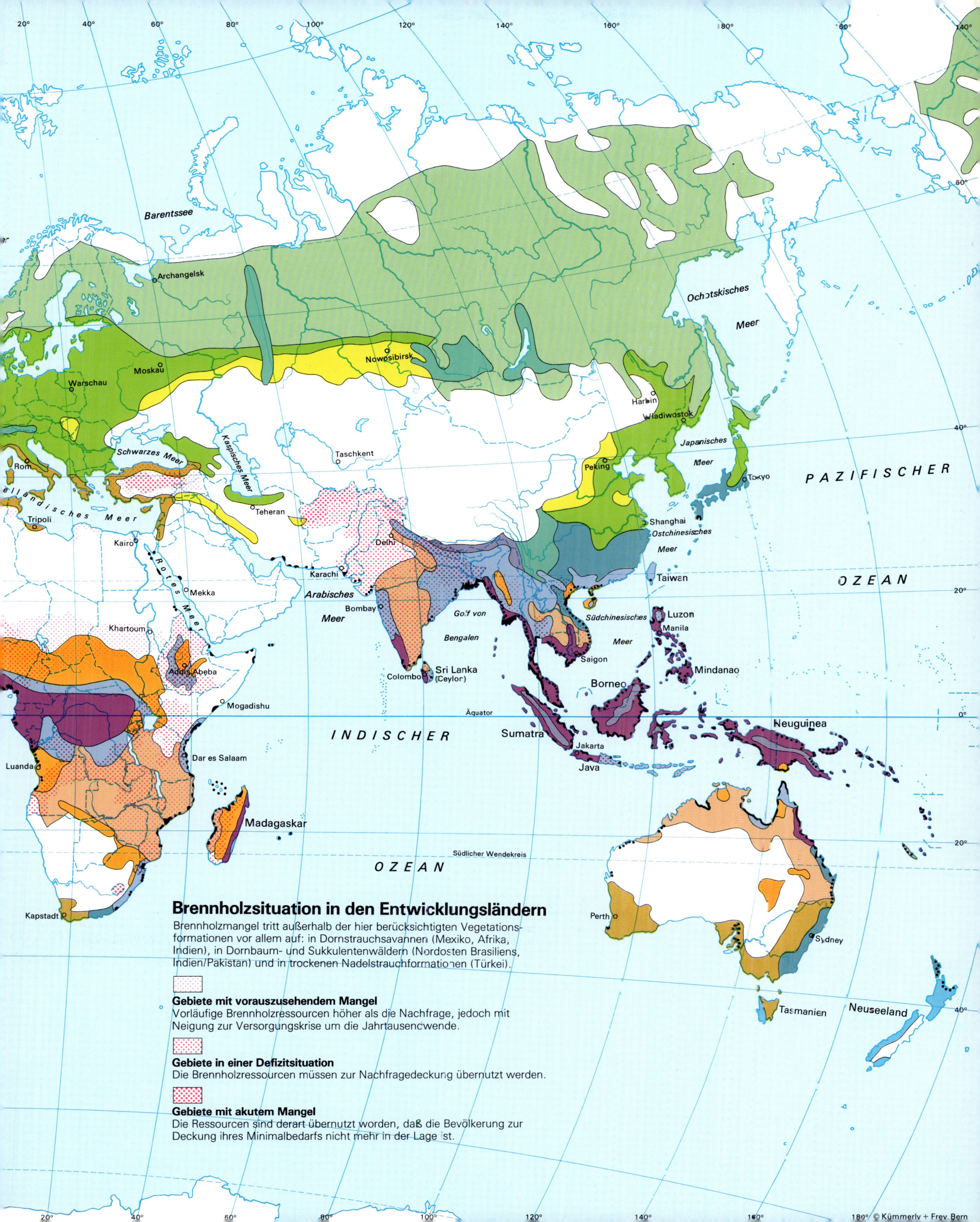

Brennholzsituation in den Entwicklungsländern

Brennholzmangel tritt außerhalb der hier berücksichtigten Vegetationsformationen vor allem auf: in Dornstrauchsavannen (Mexiko, Afrika, Indien), in Dornbaum- und Sukkulentenwäldern (Nordosten Brasiliens, Indien/Pakistan) und in trockenen Nadelstrauchformationen (Türkei).

Gebiete mit vorauszusehendem Mangel
Vorläufige Brennholzressourcen höher als die Nachfrage, jedoch mit Neigung zur Versorgungskrise um die Jahrtausendwende.

Gebiete in einer Defizitsituation
Die Brennholzressourcen müssen zur Nachfragedeckung übernutzt werden.

Gebiete mit akutem Mangel
Die Ressourcen sind derart übernutzt worden, daß die Bevölkerung zur Deckung ihres Minimalbedarfs nicht mehr in der Lage ist.

Eine Welt ohne Wald ist keine Welt mehr für uns Menschen. Können wir diese hingeworfene Behauptung mit gutem Gewissen unterschreiben? Ist sie ein Mahnwort für unsere Zeit oder ein Schlagwort ohne Hintergrund?
Wir Menschen brauchen den Wald, da wir weit mehr von ihm abhängig sind, als uns im allgemeinen bewußt ist. Der Wald schenkt Holz. Der Wald speichert und filtert Wasser. Der Wald bietet Schutz und Schirm vor Lawinen und Wildwasser. Wälder sind Inseln der Ruhe, wo sich Seele, Geist und Körper erholen können.
Wir wissen um die weltweite Bedrohung der Wälder. Der Gürtel tropischer Regenwälder ist gefährdet: Landlose Bauern dezimieren Stück um Stück den Wald durch Brandrodung. Die motorisierten Ungetüme der Holzereiunternehmen und die Flächenfeuer der Landwirtschaftsunternehmen fressen sich rasch in den Wald hinein.
Wir hören von den ökologischen Dramen, die sich im Himalaya, in den Anden und in den trockenen Randgebieten der Tropen abspielen, weil hier die Wälder hoffnungslos übernutzt werden. In all diesen Gebieten ist der größte Teil der Bevölkerung gezwungen, Holz zu verfeuern, um damit zu kochen und zu heizen, vielleicht gar, um Licht in die Häuser zu bringen.
Und wir lesen – nunmehr Tag für Tag –, daß sich im hochindustrialisierten Europa und in Nordamerika das Waldsterben ausbreitet.
Wir nehmen diese Hiobsbotschaften zur Kenntnis und haben sie spätestens wieder verdrängt, wenn wir die gelesene Zeitung achtlos in den Papierkorb werfen – bedruckte Blätter, die aus Holz hergestellt worden sind und folglich aus Wäldern stammen.
Haben wir Menschen unserer Zeit eigentlich die Beziehung zum Wald verloren? Spüren wir noch, was die Wälder für die Menschen von einst bedeutet haben? Was sie uns heute sagen? Welchen Wert sie in der Welt von morgen haben?
«Forests for people» – «Wälder für die Menschen» war die Losung für den 1978 in Jakarta durchgeführten Weltforstkongreß der FAO, der Unterorganisation der UNO für Ernährung und Landwirtschaft. Hinter dieser Wendung verbirgt sich der dringende Aufruf an alle Länder der Welt, ihre Wälder zu erhalten, sie zu pflegen und, wo nötig, neu aufzuforsten.
So wie der Mensch den Wald für sein Überleben und Wohlbefinden braucht, so braucht der Wald in unserer Zeit seinerseits Menschen, die für ihn da sind. Die Forderung *Wälder für die Menschen* hat ein Spiegelbild: *Menschen für die Wälder*. Diese verpflichtende Zwillingsformel ist der Ansatz, um mit Wort und Bild einen Einblick in das Netzwerk der Beziehungen zwischen Mensch und Wald zu vermitteln und den Wald als Teil der Natur wie als Teil der Kultur und der Wirtschaft zu zeigen.

Ein Buch über Wald und Mensch

Wer immer damit anfängt, über die mannigfaltigen Beziehungen zwischen Wald und Mensch nachzudenken, wird rasch zur Selbstbescheidung gezwungen. Was immer in Bild und Text eines Buches darüber festgehalten werden kann, muß Stückwerk bleiben. Diese Einsicht bestimmt den Aufbau und die Eigenart des vorliegenden Bildbandes. Die ausgewählten Beiträge greifen Einzelthemen auf, an denen sich beispielhaft einige grundlegende Zusammenhänge aufzeigen lassen. Um die Weite und Vielschichtigkeit des Themas bewußt zu machen, wird die räumliche und zeitliche Dimension ausgelotet.

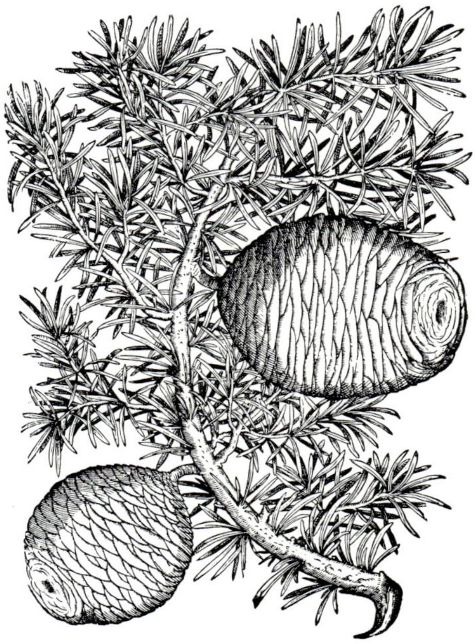

Lärche, 1755 erschienene Darstellung des französischen Ingenieurs und Agronomen Duhamel du Monceau.

Der Wechsel der Blickpunkte und Bildausschnitte durchzieht wie ein roter Faden die sieben Beiträge des Buches. Jeder Verfasser hat auf seine Weise eine Bildebene als Ausgangsbasis gewählt; er hat nach persönlicher Vorliebe den Ausschnitt vergrößert oder verkleinert und seine Gedanken innerhalb eigener Bahnen verknüpft. Wie Weberinnen mit gleichen Farben und gleicher Technik im freien Einfall die verschiedensten Muster gestalten, so haben die Autoren mit Bild und Text die Leitidee «Wälder für die Menschen» auf ganz verschiedene Art abgewandelt. In der Wahl des Themas, im Wechselspiel von Wort und Bild, im Mut zur großen Linie oder in der Liebe zum Kleinen spiegeln sich die persönlichen Versuche, die geheimnisvollen und mannigfaltigen Beziehungen des Menschen zum Wald auszuleuchten.
Die Autoren haben ihren Freiraum voll genutzt: Eine Satellitenaufnahme der vereinten Ströme Ganges und Brahmaputra zeigt im kontinentalen Maßstab die regelmäßig wiederkehrenden Überschwemmungen im Mündungsgebiet, die mit der großflächigen Abholzung der Bergwälder im Himalaya ursächlich verknüpft sind.

Mikroskopische Bilder von Wurzelpilzen öffnen den Blick für die verborgenen Schönheiten und die ökologische Bedeutung der Kleinlebewesen im Boden.
Wie immer auch der Ansatzpunkt gewählt wird – alle Beiträge haben zum Ziel, Gesetzmäßigkeiten des Naturraumes «Wald» aufzuzeigen und Zusammenhänge im Netzwerk der Beziehungen zwischen dem Wald und dem menschlichen Wirken sichtbar zu machen. Der Wald ist ein vernetztes System: Wie sich bei einem Mobile ein Anstoß von außen über Pendel und Fäden bis in die letzten Verästelungen fortpflanzt, so wirken sich alle menschlichen Eingriffe – sei es in positivem oder negativem Sinn – auf das gesamte, fein eingespielte Ökosystem aus. Das Verständnis für diese ökologischen Zusammenhänge schafft erst die Grundlage für sinnvolle Maßnahmen zur Pflege, Nutzung und Erhaltung der Wälder der Welt.

Denken in Zusammenhängen

Wenn durch großflächige Zerstörung der Bergwälder im Quellgebiet der indischen Ströme Ganges und Brahmaputra der Wasserhaushalt vollkommen aus dem Gleichgewicht geraten ist, so sind alle Anstrengungen darauf auszurichten, die verwüsteten Steilhänge wieder zu bewalden. Die Aufforstung aufgerissener Bergflanken, die von Lawinenzügen und Runsen durchsetzt sind, ist ein mühsames und zeitraubendes Unterfangen, das höchste Anforderungen an das fachtechnische Können, an das Wissen und die Erfahrung des Försters stellt. Ist uns eigentlich bewußt, daß eine Aufforstung unter anderem nur dann gelingen kann, wenn die frisch gepflanzten Bäumchen geeignete Wurzelpilze als Partner finden, welche Nährstoffe im Boden aufschließen und für die Aufnahme durch die Feinwurzeln des Baumes verfügbar machen?

Efeu aus den «Emblemata» des italienischen Juristen Alciatus. Die 1531 erstmals aufgelegten Holzschnitte stellen u.a. Pflanzen und Tiere bildlich dar.

Wir haben von der Zerstörung der Walddecke im Himalaya gesprochen. Wo liegen denn die Gründe dafür, daß der Bergwald aus dem jahrhundertealten natürlichen Gleichgewicht zwischen auf- und abbauenden Kräften geraten ist und die dauernde Erhaltung des Waldes in Frage steht?
So unermeßlich reich der Holzvorrat der Wälder auf einem Satellitenbild auch erscheinen mag – wenn eine rasch wachsende Bergbevölkerung auf das Holz als Rohstoff- und einzige Energiequelle angewiesen ist, dann ist die kritische Grenze sehr rasch erreicht, wo die Menge des geschlagenen Holzes den natürlichen Zuwachs übertrifft und der Raubbau einsetzt. Die Bevölkerung der Alpenländer kennt die katastrophalen Folgen einer dauernden und sich ständig beschleunigenden Übernutzung der Bergwälder aus der Geschichte. Solange ausschließlich mit Holz gefeuert, gekocht und geheizt werden mußte, wurden die Wälder immer stärker geplündert. Erst mit der Einfuhr der Kohle auf dem neuerstellten Schienennetz Europas wich im letzten Jahrhundert der Druck auf den Wald, konnte die stille und ständig andauernde Arbeit der Förster zur Wiederaufforstung der einstmals übernutzten Waldflächen beginnen. Noch stärker wurde der Wald vom wirtschaftlichen Druck entlastet, als in den letzten Jahrzehnten die Energieversorgung zunehmend auf Elektrizität und Erdöl umgestellt und Holz durch Beton und Backsteine, durch Plastik und künstlich hergestellte Werkstoffe verdrängt wurde.
Dieser wirtschaftliche Umstellungsprozeß ist in den letzten Jahren sogar noch weit über sein Ziel hinausgeschossen. Mangelnde Nachfrage hat zu sinkenden Preisen auf dem Holzmarkt geführt, so daß der Erlös nicht mehr ausreicht, um die hohen Kosten für die Waldpflege, für die Ernte, das Zurichten und den Abtransport des Holzes zu decken. Betroffen sind vor allem die Forstbetriebe im Berggebiet, deren Aufwand für die Bewirtschaftung der Wälder wegen der erschwerten Produktionsbedingungen wesentlich größer ist als im Flachland.

Natürliche Regelkreise

Das Ökosystem «Wald» ist bedroht, wenn die natürlichen Regelkreise durchbrochen werden, welche Störungen des natürlichen Gleichgewichts auffangen und Anpassungsvorgänge an allmähliche Veränderungen der Umweltbedingungen steuern. Die Kenntnis dieser natürlichen Steuerungsvorgänge bildet eine wesentliche Grundlage für die Entwicklung eines naturnahen Waldbaus und einer behutsam arbeitenden Forsttechnik, die das Ziel

500 km vor dem Golf von Bengalen beginnt sich der Ganges zu verzweigen und bildet mit dem Brahmaputra ein Delta, das größer ist als die Schweiz. Jeweils zur Regenzeit bringt das fein verästelte Flußnetz mit seinem fruchtbaren Sedimentschleier Segen über diese dichtestbesiedelte Region der Erde – jeder der roten Punkte auf dem Satellitenbild (unten) ist eine der winzigen, kaum satt machenden Existenzen. Doch zunehmend von Monsun zu Monsun werden die Wasser auch zum Fluch: Sie schleppen mehr und mehr Erosionsmaterial mit sich, weggeschwemmt von den kahlgeholzten Bergflanken des Himalaya. Die braune Brühe bringt die Ufer zum Wandern, frißt Böschungen an und raubt den Bauern das Land.

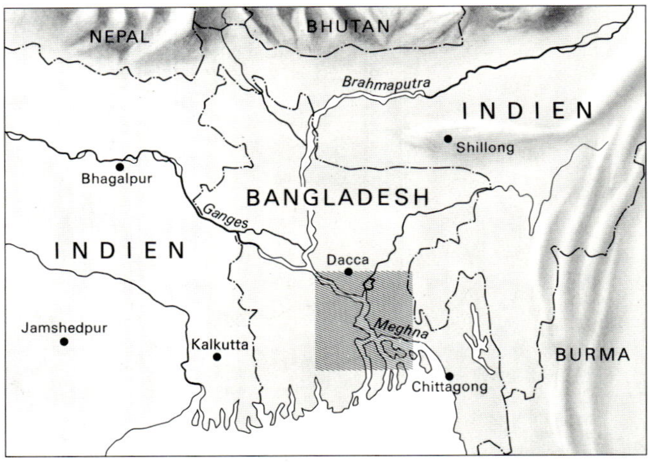

Die Axt des Brennholzsuchers, das Feuer des Ackerbauern und der Zahn der Ziege zerstören in Bhutan und im übrigen Himalaya den schützenden Wald (rechts oben). In gleicher Weise ist schon vor Jahrhunderten die gewaltige Erosionswunde des Lammbachgrabens oberhalb von Brienz im Berner Oberland aufgerissen worden (rechts unten). Die Folgen im Tal waren ebenso katastrophal wie heute in den Bergeinschnitten des Himalaya und – Hunderte von Kilometern entfernt – im Gangesdelta von Indien und Bangladesh.

einer dauernden Erhaltung der Wälder voll bejaht. Besonderes Augenmerk haben dabei Forstleute und Forscher auf Vorgänge zu richten, die der Kontrolle durch die natürlichen Regelkreise entgleiten und in Zerstörungs-

prozesse umzuschlagen drohen, die sich als Teufelsspiralen selber beschleunigen und verstärken.

Wald und Wild

Hirsche und Rehe gehören zum Wald. Wenn aber eine unkontrollierte oder vom Menschen gar geförderte Massenvermehrung dieser beiden Wildarten einsetzt, dann nehmen die Schäden an Jungbäumen durch Verbiß, durch Schälen und Fegen sprunghaft zu. So hat in vielen Gebieten die Wilddichte bereits ein Ausmaß erreicht, das die natürliche Verjüngung der Wälder vereitelt und den Förster zwingt, Pflanzungen von Jungbäumen mit Wildzäunen zu schützen.
Die übermäßige Zunahme der Schalenwildbestände ist nicht zuletzt eine Folge der Ausrottung von Wolf und Luchs, die unter natürlichen Bedingungen die Entwicklung von Reh und Hirsch in Schranken gehalten haben. Diese Störung des natürlichen Gleichgewichts zwischen den Arten hat zur Folge, daß die Wildbestände im Interesse der Walderhaltung durch Abschuß kontrolliert werden müssen. Die Jagd wird damit zum Ersatz eines gedankenlos zerstörten Regelkreises der Natur; mag sie vom Jäger auch als Zeitvertreib und Vergnügen empfunden werden – ihm ist und bleibt die Verantwortung überbunden, die Wilddichte auf ein ökologisch tragbares Maß zu beschränken und gleichzeitig zu verhüten, daß die bejagten Tierarten aussterben. Das Beispiel mag als Warnung dienen: Natürliche Ökosysteme sind sehr verwundbar; ein unüberlegter Eingriff kann das natürliche Steuerungssystem überfordern und Fehlentwicklungen einleiten, die sich durch Maßnahmen von außen kaum mehr aufhalten oder korrigieren lassen.

Pilze als Glieder einer Kette

Pilze sind ein Geschenk des Waldes. Feinschmecker wissen Trüffeln, Steinpilze, Morcheln und Eierschwämme zu schätzen und scheuen keine Mühe, die Pilze zur richtigen Jahreszeit in den abgelegensten Winkeln aufzuspüren und in Körben nach Hause zu tragen. Pilze sind aber wichtige Glieder natürlicher Kreisläufe, sei es im Abbau von Holz, Blättern und Nadeln, sei es als Wurzelpilze im Wachstumsprozeß von Bäumen und Sträuchern. Noch kennt die Forschung diese Zusammenhänge nur ansatzweise; doch muß schon heute vor einer übereifrigen Sammlertätigkeit gewarnt werden, um drohenden Veränderungen in der Zusammensetzung der Pilzflora und der bodenbewohnenden Kleinlebewesen vorzubeugen.

Eiche, Holzschnitt aus der «Abhandlung über die Bäume und Sträucher» von Duhamel du Monceau, Paris 1755.

Das Gespenst des Waldsterbens

Der Wald wird aber nicht nur durch wirtschaftliche Übernutzung und durch Veränderungen in der arten- und zahlenmäßigen Zusammensetzung der natürlichen Lebensgemeinschaften in seinem Bestand und in seiner Entwicklung gefährdet. Seit das Gespenst des Waldsterbens in Europa und Nordamerika umgeht, hat die Bedrohung des Waldes durch menschliches Wirken eine neue, unheimliche Dimension erhalten. Die betroffenen Bäume verlieren ihre Blätter oder Nadeln, das Wachstum ist gestört, Zweige und Äste verdorren. Der Baum geht ein, indem er oft schlagartig ohne äußerlich sichtbare Einwirkungen abstirbt oder aber von parasitären Insekten, Pilzen oder Krankheiten befallen wird.

Das Waldsterben erfaßt immer neue Baumarten, befällt alte und junge Bäume und hat bereits zu großflächigen Zusammenbrüchen der Wälder geführt. Als wahrscheinlichste Ursache gilt heute die Luftverschmutzung durch Rauchgase aus der Verfeuerung von Kohle und Heizöl wie auch durch Abgase aus Benzin- und Dieselmotoren, ohne daß die Zusammenhänge zwischen Luftverschmutzung und Baumsterben in ihren Einzelheiten geklärt sind.

Das Waldsterben steht als Menetekel über unserer Zeit: Es wird als ökologische Krise gedeutet, die der Mensch im Zuge der technischen, wirtschaftlichen und gesellschaftlichen Entwicklung der letzten Jahrzehnte selber verschuldet hat. Die Ölheizungen haben unsere Wohnungen und Büros komfortabler gemacht. Der eigene Wagen hat den Traum der unbegrenzten Bewegungsfreiheit zur Wirklichkeit werden lassen. Die Motorisierung führt zur Trennung von Wohn- und Arbeitsort: Man arbeitet in der Stadt und lebt im Grünen.

Unser moderner Lebensstil ist auf der Verschleuderung von Energie für Wärme und Kraft aufgebaut: Soll dem Waldsterben wirksam begegnet werden, so sind harte Einschränkungen und Umstellungen der Lebensgewohnheiten unvermeidlich. Ob diese Herausforderung von einer verwöhnten und konsumorientierten Gesellschaft angenommen und verkraftet werden kann – das ist die Schicksalsfrage der kommenden Jahre.

Wir haben uns an die Bedienung des Gaspedals gewöhnt und schätzen den Komfort einer modernen Wohnung mit Zentralheizung und Heißwasserversorgung. Wir können uns eine Lebensweise voller Einschränkungen kaum mehr vorstellen. Sind wir überhaupt noch fähig und bereit, für die Erhaltung der Wälder persönliche Opfer zu bringen?

Ein Wort zum Waldbau

Man kann Waldbäume pflanzen, wie Bauern ihre Kartoffeln setzen. Man kann schnellwüchsige Tännchen in Reih und Glied stellen, mit zweckmäßiger Düngung ihr Wachstum beschleunigen, sie mit Pflanzenschutzmitteln vor Insektenfraß bewahren und mit geeigneten forsttechnischen Mitteln schlagreifes Holz in normierter, marktgängiger Qualität produzieren.

Diese Form des Holzackerbaus paßt in die Zeit und in den Rahmen einer Wirtschaftspolitik, die eine ständige Steigerung der Produktivität anstrebt. Sie hat den Vorteil, daß sich alle Anstrengungen auf ein einfach erfaßbares Ziel ausrichten lassen und daß der wirtschaftliche Erfolg der arbeitstechnischen Verbesserungen geldmäßig ausgewiesen werden kann.

Von ganz anderen Vorstellungen geht die ökologisch orientierte Waldwirtschaft aus. Nicht von ungefähr findet der naturnahe Waldbau seine treuesten Anhänger und Verfechter in den Alpenländern mit ihrer kleinflächigen Gliederung des Reliefs, mit ihrer Mannigfaltigkeit der Waldstandorte und ihrem Reichtum an Waldgesellschaften. Im kleinräumigen Wechsel der Waldbilder spiegelt sich das bunte Mosaik der Standorte: Licht oder Schatten, Trockenheit oder Nässe, Kalkboden oder Urgestein.

Die Natur spielt mit der großen Zahl einheimischer Baum- und Straucharten und mit der reichen Palette der verfügbaren Standorte. An

Selbst schlimme Wunden kann der Wald vernarben, doch braucht es für die endlos scheinenden Aufforstungsarbeiten sehr viel Mut, Geduld – und auch Geld. Im Einzugsgebiet der Brienzer Wildbäche haben seit dem letzten Jahrhundert fleißige Hände zur Stabilisierung des Gerölls kilometerweise Mauern aufgeschichtet und Generationen von Forstleuten gegen neun Millionen Bäume gesetzt – gerade ein Prozent davon ist erfolgreich angewachsen. Die anderen wurden durch Lawinen, Steinschlag, die sengende Sonne oder Pilze zerstört. Der Schutz der insgesamt 4000 Einwohner von Brienz und der Nachbargemeinden sowie wichtiger Verkehrsverbindungen hat bis heute Millionen von Franken gekostet. Die Arbeiten sind jedoch längst noch nicht abgeschlossen ▷

den Eigenheiten des Bodens und am Vorkommen bestimmter Stauden, Kräuter und Moose erkennt der Förster, welcher Art von Waldgesellschaft die Vegetationsentwicklung an einem gegebenen Standort langfristig zustrebt. Mit behutsamen waldbaulichen Eingriffen fördert er jene heranwachsenden Bäume in ihrer Entwicklung, die den Umweltbedingungen des Standortes am besten angepaßt sind.

Für den Förster ist ein Wald weit mehr als eine Ansammlung von Bäumen, die sich gleichen wie eine Telefonstange der anderen. Bäume sind in ihrem Aussehen und in ihrer Eigenart so verschieden wie Menschen, hat doch jeder Baum sein eigenes Gesicht und seine eigene Geschichte. Bäume bedürfen nach Meinung der Förster wie Menschen der Erziehung: Sie benötigen Raum, Licht und Sonne für ihre volle Entfaltung; sie brauchen ihren angemessenen Platz in der Gesellschaft andersartiger Individuen und im Kreise der Jüngeren, Gleichaltrigen und Älteren.

Das Ergebnis dieser naturnahen Art der Bewirtschaftung ist stabiler Wald, der unseren Bedürfnissen nach Schutz, Holz und Erholung optimal entgegenkommt. Die Voraussetzung dafür, daß der Wald auf diese Weise genutzt werden kann, ist das Verständnis der Bevölkerung für das, was im Walde geschieht.

Ein neues Zeitmaß tut not

Der Baum lebt und wächst nach einem anderen Zeitmaß als der Mensch. Wer heute einen Baum pflanzt, wird selber nicht mehr erleben, wie der Zimmermann den Stamm zum Firstbalken eines Hauses zurichtet. Wer heute einen Baum fällt, wird zum Nutznießer der waldpflegerischen Arbeiten seiner Vorfahren. Der Wald steht und fällt in seiner Entwicklung mit der Bereitschaft aufeinanderfolgender Generationen, aus treuhänderischer Sorge die notwendigen Arbeiten zur rechten Zeit zu verrichten.

Viele Mitmenschen haben vor lauter Betriebsamkeit und Unrast den Sinn für die Muße und das Verständnis für die Bedächtigkeit des Überlegens und Handelns verloren. Das Zeitmaß des Waldes fehlt ihnen. Das vorausblickende Denken und Wirken des Försters, das weit über die Zeitspanne des eigenen Lebens hinausreicht, ist ihnen fremd geworden. Wie sonst hätte die in Vergessenheit geratene Erzählung von Jean Giono «Der Mann mit den Bäumen» nach ihrer Wiederentdeckung vor einigen Jahren soviel Aufsehen erregt? Es ist die einfache Geschichte eines Mannes, der in einer verlassenen Gegend Frankreichs Tag für Tag eine gleiche Zahl ausgesuchter Eicheln auspflanzt und mit seiner Hände Arbeit einen ganzen Wald begründet.

Der Wert des Waldes im Wandel der Zeit

Die Bewertung des Waldes wechselt mit den Maßstäben der Zeit und den persönlichen Wertvorstellungen des einzelnen Menschen. So sind denn auch dem Wald im Verlauf der Geschichte die verschiedenartigsten Wertschätzungen zuteil geworden: In karolingischen Zeiten hat man den Wert des Waldes an der Zahl der Schweine gemessen, die man zur Mast in die Eichenwälder treiben konnte. Im Mittelalter hat der Adel mit der Schenkung von Wäldern an Kirchen und Klöster ein gottgefälliges Werk getan und dem geistlichen Stand eine bleibende Pfründe verschafft. Seit Jahrhunderten ist das Recht auf den Bezug von Bau- und Brennholz sowie von Zaunlatten verbrieft und mancherorts bis auf den heutigen Tag beibehalten worden.

Ganz anders wird die Bedeutung des Waldes in manchen Kreisen der heutigen Freizeit- und Konsumgesellschaft gesehen. Nach Meinung dieser Zeitgenossen ist der Wald wie Luft und Wasser zum Allgemeingut geworden. Er gehört zum Sortiment des großen Selbstbedienungsladens «Natur» und darf wie ein Robinsonspielplatz von allen und jedem frei benützt werden. Mit dem gedankenlosen Spruch «Wald wächst von selber nach» läßt sich bequem jede persönliche Verantwortung für die Erhaltung und Pflege der Wälder vom Tisch wischen. Selbstverständlich dient der Wald auch der Erholung. Doch mancherorts sind die Belastungen für den Waldeigentümer durch einen eigentlichen Erholungsrummel ins Untragbare gestiegen.

Der Wald ist und bleibt Teil der menschlichen Kultur: Hänsel und Gretel haben sich im finsteren Wald verlaufen, Rotkäppchen ist dem bö-

sen Wolf im Wald begegnet, und den Dichtern der Romantik war der Wald Ausdruck und Bild für das Irrationale. Die Wurzeln der menschlichen Beziehung zum Wald sind tief im Bereich der animistischen, magischen und mystischen Vorstellungen verankert.

Die Vielfalt der Wertvorstellungen ist ein Spiegelbild der mannigfaltigen Beziehungen des Menschen zum Wald. Rückt der Wald aus dem Bewußtsein des Volkes, so wächst die Gefahr, daß man ihn aus Gleichgültigkeit zugrunde gehen läßt. Diese Sorge ist nicht aus der Luft gegriffen. Wo der Christbaum aus Plastik in den Stuben Eingang gefunden hat, ist mit dem Harzduft auch ein Stück der Verbundenheit des Menschen mit Wald und Natur geschwunden.

Empfindliches Ökosystem Bergwald

Bäume sind kostbar wie Erbstücke, die in der Familie von Generation zu Generation weitergegeben werden. Der jeweilige Eigentümer übernimmt den Wald als anvertrautes Kapital, von dem er nur die Zinsen beanspruchen darf. Ihm obliegt die vornehme Verpflichtung, den Wald in gutem Zustand den Nachfahren zu übergeben.

Der Bergwald erträgt keine Übernutzung. Wo sich der Wald zu stark lichtet, wird der Zerstörung durch Naturgewalten Vorschub geleistet. Wo der Bergwald zerstört ist, wird die Wiederaufforstung zur unendlich mühsamen und kostspieligen Daueraufgabe ganzer Generationen.

Aus bitterer Erfahrung hat die Bergbevölkerung gelernt, daß im Interesse des Gemeinwohls die Erhaltung der gesunden Wälder und die Wiederaufforstung geschädigter Bestände den Vorrang gegenüber den wirtschaftlichen Ansprüchen der Waldbesitzer haben muß. Mit dieser jahrhundertealten Einsicht weist uns die Forstwirtschaft der Alpenländer den Weg in die Zukunft. Jede wirtschaftliche Nutzung der natürlichen Ressourcen hat ihre Grenzen dann erreicht, wenn die ökologischen Lebensgrundlagen für Pflanzen, Tiere und Menschen gefährdet sind.

Der Bergwald deckt mit schonungsloser Offenheit die verheerenden Folgen unüberlegter Eingriffe in ein natürliches Ökosystem auf. Versteckter und weit weniger augenfällig als in den Bergen wirken sich Störungen und Belastungen der Wälder im Tiefland aus. Viele Fehlentwicklungen beginnen langsam und entziehen sich als schleichende Umwandlungsprozesse unserer Aufmerksamkeit. Schließlich wird der kritische Punkt erreicht, wo das überforderte Ökosystem umkippt und der fortschreitenden Zerstörung anheimfällt.

Das Ende der Zechprellerei

Kein Zweifel – die weltweite Erhaltung der heute noch vorhandenen Wälder und die Wiederaufforstung bereits abgeholzter Waldgebiete zählt zu den wichtigsten und dringlichsten Aufgaben der Gegenwart und der Zukunft. Es ist eine wahrhaft gigantische Aufgabe.

Wir können uns dieser Pflicht aber auf keinen Fall mehr entziehen. Der Mensch hat keine Chance, sich als Zechpreller der Natur durch die Hintertür wegzustehlen. Er hat schlicht und einfach seine Rechnung für den vorweggenommenen Konsum der Holzvorräte der Welt zu bezahlen, die ihm einst unerschöpflich schienen. Versucht er, sich um diese selbstverständliche Verpflichtung zu drücken, so wird er letztlich von der schleichenden Zerstörung der Wälder selber am härtesten betroffen.

Will der Mensch dem bedrohlichen Schwund der Wälder auf dem Planeten Erde begegnen, so muß er vorerst den weltweiten Holzverbrauch wieder mit dem natürlichen Holzzuwachs in ein Gleichgewicht bringen. Der Weg ist vorgezeichnet:

- Um die Übernutzung der Wälder zu bremsen, ist weltweit mit Holz und Holzprodukten haushälterisch umzugehen.
- Um der schleichenden Zerstörung der Wälder durch zivilisatorisch bedingte Einwirkungen zu begegnen, ist die Belastung der Umwelt mit Schadstoffen in der Luft, im Wasser und im Boden rasch und wirksam zu senken. Vor harten umwelt-, verkehrs- und energiepolitischen Notstandsmaßnahmen darf heute nicht mehr zurückgeschreckt werden, selbst wenn die notwendigen Einschränkungen das politische, gesellschaftliche und wirtschaftliche System bis an die Grenze des Tragbaren beanspruchen.
- Um Wälder für die Zukunft zu schaffen, muß heute damit begonnen werden, weltweit Millionen und Millionen von Bäumen zu pflanzen; die heranwachsenden Wälder sind zu pflegen und vor der vorzeitigen Holznutzung zu schützen.

Die Chancen zur Bewältigung dieser riesenhaften Aufgaben wachsen, wenn der einzelne Mensch anfängt, die bedrohliche Entwicklung von Grund auf zu überdenken und sich persönlich für die Erhaltung der noch bestehenden Wälder und für die Wiederaufforstung bereits entwaldeter Gebiete mit allen verfügbaren Kräften einzusetzen – und wenn das persönliche Engagement auch nur darin bestünde, einen einzigen Baum mit eigenen Händen zu pflanzen.

Ein Umschwenken im großen Stil setzt ein Umdenken in der kleinen Welt von Dir und mir voraus.

Holzen im Emmental und auf Borneo

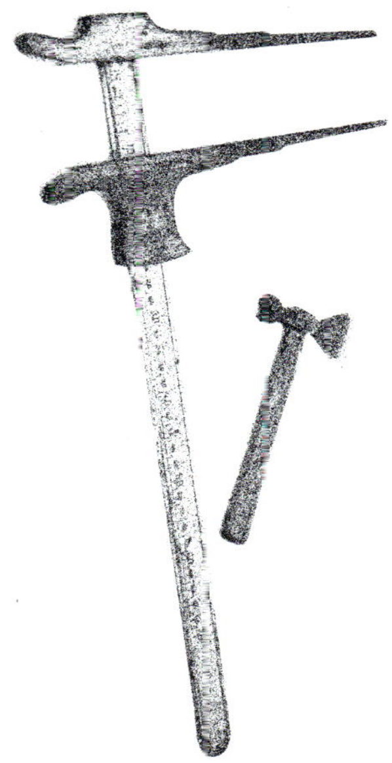

Die Nutzung des Waldes im weltweiten Vergleich

Der Mensch nutzt den Wald auf die verschiedenste Weise: Er dient ihm zu seinem Schutze vor Natur- und Zivilisationsgefahren, zur Erholung und nicht zuletzt als Holzlieferant. Damit der Wald alle von ihm verlangten Leistungen dauernd und gleichbleibend erfüllen kann, wenden die Förster bei seiner Bewirtschaftung eine Reihe von Kniffen an: Sie fällen nicht mehr Holz, als zuwächst, und folgen bei der Waldpflege den natürlichen Lebensabläufen. In den Industrieländern können die Forstleute diesen Prinzipien nachleben, sofern die Allgemeinheit eine naturnahe Waldwirtschaft anerkennt und unterstützt. In den Entwicklungsländern hingegen erschwert der enorme Bevölkerungsdruck und oft kurzsichtiges Gewinnstreben eine geregelte Waldnutzung.

Bäume werden in einer geordneten Forstwirtschaft nicht planlos umgehauen, sondern vom Förster sorgfältig ausgewählt, mit dem Hammer gekennzeichnet und der Kluppe zur Kontrolle eingemessen (vorhergehende Seite).

Holz zu schlagen und Wald zu erhalten ist kein Widerspruch, wenn beim Holzen an den Nachwuchs gedacht wird. Mit Axt, Steigeisen und Stahlseilsicherung entfernt der Stumper in einem Emmentaler Plenterwald jenen Kronenteil, der den Jungwuchs beim Fallen des Baumes knicken könnte.

Bäume sind Rohstoff für manches Produkt des täglichen Lebens, das wir mit Selbstverständlichkeit konsumieren: Der Weißtannenstamm liefert Bau- und Möbelholz sowie Papier- und Brennholz; selbst Rinde und Äste heizen den Ofen (rechts).

Langsam löst sich der Nebelschleier über den Talsenken und Wäldern des schweizerischen Emmentals auf. Die Holzfäller laden ihre Werkzeuge vom Fahrzeug: Kettensäge und Äxte, Stahlseile und Haken, Sicherheitshelme, Knieschoner und Handschuhe. Die zu fällende Weißtanne, 40 m hoch und mehr als zweihundert Jahre alt, ist bezeichnet, wie es das Gesetz vorschreibt. Der Förster hat mit der axtförmigen Seite des Zeichnungshammers ein Stück Borke vom Stamm gelöst und mit dem hammerartigen Teil das Sigel der waldbesitzenden Gemeinde ins freigelegte, hell leuchtende Holz gestanzt. Schon lang hat er den abgedorrten Wipfel und das immer schütterer werdende Nadelkleid bemerkt – beides Zeichen verminderter Vitalität. Darum und weil der vielversprechende Nachwuchs dringend Licht braucht, läßt er die Tanne fällen.

Einer der Holzer schnallt die Steigeisen an und legt den Sicherheitsgurt um. Dann steigt der Mann mühsam an den ausladenden Ästen vorbei bis knapp unterhalb des Wipfels. Hier beginnt seine eigentliche Arbeit: Ast um Ast schlägt er – nun abwärts steigend – mit der Axt vom Stamm. Die obersten Zweige bleiben unberührt; sie sollen den Baum im Fallen bremsen und den Aufschlag abfedern. Stumpen nennen die Leute im Emmental diese Arbeit, Stumper denjenigen, der sie ausführt. Stumpen lohnt sich hier im sogenannten Plenterwald besonders, wo Weißtanne *(Abies alba)*, Fichte *(Picea abies)*, Buche *(Fagus silvatica)* und Bergahorn *(Acer pseudoplatanus)* jeden Alters und jeder Größe bunt gemischt beisammenstehen.

Als der Baum genau in die vorgesehene Richtung fällt, wird klar, warum: Der weitgehend nackte Stamm mit dem kleinen «Fallschirm» zuoberst richtet viel weniger Schaden an den verbleibenden Bäumen an, als dies die mächtige Weißtanne mit vollständigem Astschmuck getan hätte.

Der gefällte Baumriese wird von den Holzern in möglichst wertvolle Stammstücke zersägt, in Furnier- und Sägerundholz. Den obersten Schaftteil trennen die Waldleute meterlang auf. Dieses sogenannte Schichtholz wird als Brennholz oder Industrieholz – für die Papier- oder Spanplattenherstellung – verkauft. Die Borke wird mit Schäl- und Brecheisen vom Stamm gelöst und später als Brennrinde verkauft. Selbst die Äste bringen im Winter Wärme: Zu Bündeln zusammengedrahtet, speisen sie die Kachelöfen der hölzernen Bauernhäuser. Doch ihr Zusammenlesen hat auch forstliche Bedeutung: Wo keine Äste liegen, können auf natürliche Weise angeflogene Samen aufgehen und die Sämlinge eher zu Jungbäumen nachwachsen.

Weißtannen sind Schattenbaumarten. Sie vermögen im Plenterwald 50 Jahre und mehr als kniehohe Tännchen im Schatten der Mutterbäume auszuharren. Erst wenn diese gefällt sind, endet die Wartezeit. Dann beginnt der Baumnachwuchs im endlich einfallenden Licht mit ungebrochener Energie in die Höhe zu wachsen. Sorgfältige Holzerei ist darum sehr sinnvoll und ist eines der Prinzipien der Waldwirtschaft: Die Bäume der Zukunft dürfen keinesfalls beschädigt werden, damit sie sich voll entfalten können.

Um jedoch den Wald dauernd und mit gleichbleibenden Leistungen nutzen zu können, halten sich die Förster noch an andere Grundsätze von hervorragender Wichtigkeit. Der erste: sie fällen nicht mehr Holz, als zuwächst. Der zweite: sie versuchen, den Wald naturnah

◁ Wenn im Plenterwald Baumzwerge neben Baumriesen stehen, dann verdanken sie das dem wirtschaftenden Menschen, der hier mit dem Fällen einzelner Bäume nicht nur Holz gewinnt, sondern gleichzeitig auch dem Nachwuchs Licht verschafft.

▽ Die Natur sät kostenlos mit vollen Händen. Der naturnah wirtschaftende Förster versucht dies auszunutzen, indem er den Sämlingen geeignete Licht- und Temperaturverhältnisse schafft. Teuren Nachwuchs aus dem Pflanzgarten setzt er nur in besonderen Fällen, etwa wenn die Samenbäume fehlen, deren Qualität nicht genügt, oder eine Gastbaumart eingeführt werden soll.

▽ Kleinflächige Verjüngungsver-
▽ fahren, wie sie in der Schweiz und andernorts in Mitteleuropa angewendet werden, setzen hervorragend ausgebildete Arbeitskräfte voraus. Sowohl das präzise Fällen eines Baumes wie der waldschonende Transport des schweren Stammes sind gefährliche, anstrengende, aber auch befriedigende Arbeiten.

zu bewirtschaften, indem sie bei seiner Pflege die Gegebenheiten und Gesetze der Natur berücksichtigen.

Nicht mehr nutzen, als nachwächst – vom Raubbau zur Waldwirtschaft

Das Nachhaltigkeitsprinzip – nicht mehr zu nutzen, als nachwächst – gilt als die bedeutendste geistige Schöpfung der Forstleute. Sie

haben damit eine Grundlage dafür geschaffen, daß die Kluft zwischen Natureroberung und damit der Zerstörung unserer Lebensgrundlagen einerseits und der Naturbewahrung andererseits überbrückt wird. Die Förster haben begriffen, daß Wirtschaft langfristig nur dann erfolgreich sein kann, wenn sie im Gleichgewicht mit der naturgegebenen Umwelt steht, wenn sie sich an deren Regeln hält. Doch bis zu dieser Erkenntnis war es ein langer Weg.
Ursprünglich erschien dem Menschen in Mitteleuropa die Holzressource Wald unerschöpflich, der Wald bedrängte ihn und die Rodung zur Gewinnung von Acker- und Wiesland war bis ins letzte Jahrhundert hinein eine Kulturtat. Holz wurde für Haus und Herd sowie für das lokale Holzgewerbe gebraucht. Es war Rohstoff und Energieträger zugleich. Im eichenreichen Frankreich wurde der Waldwert zur Karolingerzeit in Schweinen angegeben: Eicheln sind bestes Schweinefutter, und besonders in den etwa alle fünf Jahre wiederkehrenden samenreichen Jahren («Mastjahre») fanden die Tiere reichlich Nahrung.
In der Schweiz und auch im übrigen Mitteleuropa drängte die wachsende Bevölkerung die «Wildnis» immer mehr zurück. Bereits im Spätmittelalter war das heutige Mosaik aus Wald und Flur mehr oder weniger vollendet. Doch

Das Vorgehen bei der Waldverjüngung darf nicht normiert, sondern muß auf den Waldtyp abgestimmt sein.
Wie beim Öffnen einer Strickarbeit wird beim Saumhieb (links oben) das Altholz in Abständen von einigen Jahren Streifen um Streifen abgesäumt. Damit der Wind nicht in die Schlagfront greifen kann, geschieht dies möglichst gegen die Hauptwindrichtung.

Das Schirmschlagverfahren (rechts oben) eignet sich zur Verjüngung von Buche, Eiche, Föhre oder Lärche. Schirmschläge fördern Reinbestände. Hier bleiben die sturmfesten alten Föhren eine weitere Generation stehen und werden erst in 80–100 Jahren als mächtige Bäume mit wertvollem Holz geerntet – zusammen mit den heute noch jungen, zu jenem Zeitpunkt jedoch ausgewachsenen Buchen.

Beim Femelschlagverfahren (rechts unten) werden vom Förster freigestellte Jungwuchsgruppen durch kleinflächige Schirm- oder Saumhiebe erweitert. Wenn nach Jahrzehnten die verschiedenen, vor allem wegen des Abtransports der Stämme nach bestimmter Ordnung angelegten Verjüngungsflächen zusammenfließen, ist die Ablösung der Mutterbäume durch ihren Nachwuchs vollzogen.

Holzackerbau mit der exotischen Montereyföhre (*Pinus radiata*) in Neuseeland (folgende Seite). Aus dem uniformen Rohstoff entstehen nicht nur Furniere und Balken, sondern zu einem guten Teil auch Zellstoff zur Papierherstellung. Die in Kalifornien beheimatete Föhrenart übertrifft in Neuseeland das Wachstum bester mitteleuropäischer Wälder bis um das Dreifache. Doch die Zeche dafür fällt hoch aus: Sturmschäden verwüsten immer wieder riesige Flächen, die verzögert abgebaute Nadelstreu macht dem Feuer Appetit auf den ganzen Wald, und Pilze ebenso wie Insekten könnten sich epidemisch ausbreiten, würden sie nicht vom Flugzeug aus mit Giften im Zaum gehalten.

Qualitativ hochwertiger Föhrenstamm.

Für die mittelalterlichen Mönche und Bauern, die noch ohne Kettensäge und Schubraupe, nur mit Axt und Feuer das übermächtige Waldmeer zurückdrängten, bedeutete jeder gewonnene Meter «Fortschritt». Sie hätten sich wohl nur schwer vorstellen können, daß Wald und Holz einmal zur knappen Ressource werden würden.

der Zeit der großen Rodungen folgte die Zeit der Holznot auf dem Fuße. Zuerst nur da und dort, später in größerer Verbreitung mangelte es an diesem universellen Stoff. Besonders die wachsenden Siedlungen und Städte saugten zur Deckung ihres Rohstoff- und Energiebedarfs die Wälder der näheren und ferneren Umgebung aus. Die Stadt Bern etwa brauchte Ende des 18. Jahrhunderts für die Feuerstellen der 3500 Haushaltungen jährlich 40 000 m^3 Brennholz. Ein Teil davon stammte aus dem Emmental, wo Holz um 1750 ebenso rar wie in Bern selbst gewesen sein soll. Der Wald bedeckte in vielen Gemeinden nur einen Bruchteil der jetzigen Fläche – Trub zum Beispiel besaß damals fünfzehnmal weniger als heute. Einer der Gründe dafür war die gewaltige Nachfrage nach Emmentaler Käse, welche die Bauern zur Ausdehnung der Weide auf Kosten des Waldes veranlaßte. In den verbleibenden Gehölzen taten sich Ziegen, Schafe und Rinder am Baumnachwuchs gütlich, die Bauern verletzten die Fichten zur Harzgewinnung oder stumpten Tannen und Buchen bis weit hinauf – damals allerdings mit anderer Absicht als heute: Die abgehauenen Äste dienten als Brennholz oder Stallstreu; der Baum blieb stehen und erholte sich bisweilen wieder. In den laubbaumreichen Wäldern wurden Herbstlaub und Moos als Strohersatz für den Stall gesammelt – von dem damit verbundenen Nährstoffentzug haben sich viele Waldböden bis heute nicht voll erholt.

Auch in Zürich war das Brennholz um 1800 knapp. Die Leute demontierten selbst Zäune und frevelten im Walde wie nie zuvor. Verbote nutzten wenig, denn die meisten Menschen hatten keine andere Möglichkeit, den lebenswichtigen Stoff zu beschaffen.

Den frühesten Versuch, vom lediglich auf den momentanen Bedarf ausgerichteten Raubbau wegzukommen, hatten die Zürcher bereits 1696 im Sihlwald mit der Einrichtung des ersten Wirtschaftsplanes unternommen. In diesem Planungswerk war festgelegt, wie groß die jährlich kahlgeholzte Fläche sein durfte, um dem Fluß Sihl Jahr für Jahr etwa gleich viel Holz zum Transport in die Stadt übergeben zu können. Auch im norddeutschen Sachsenwald ermöglichte 1711 ein kurfürstliches Regulativ erste Aufbauarbeit. Es bestimmte eine «nachhaltig» zu beziehende Holzmenge. Zudem durften die «regulären Hauungen» so lange nicht beweidet werden, bis das junge Holz dem Viehfraß entwachsen war. Die übrige Waldfläche konnte die Bevölkerung weiterhin zur Waldweide, zum Sammeln von herumliegendem Holz und zum Ausgraben der Wurzelstücke für Herd und Ofen benutzen.

Zürich bezog auch Holz aus den Bergwaldungen von Schwyz und Glarus. Berns holzraffender Arm reichte bis ins Alpengebiet, wo die Regierung ausgedehnte Kahlschläge durchführen ließ – nicht selten zur Empörung der lokalen Bevölkerung. In weiten Teilen der Alpen drängten die rodenden Bauern die Waldungen auf Restbestände an den steilsten Flanken zurück. Doch auch diese wurden ausgeplündert und das Holz zum Teil exportiert. Das Engadin belieferte Innsbruck und die nahegelegenen Salzsalinen im tirolerischen Hall, das Tessin half den Bedarf Mailands sättigen. Im Tessin wurde um 1840 nach Schätzungen des zeitgenössischen Forstexperten Elias Landolt pro Jahr beinahe doppelt soviel Holz geschlagen, wie nachwuchs. Im Alpenraum bleiben einzig gewisse Bannwälder mehr oder weniger unangetastet, die zum Schutz gegen Lawinen und Steinschlag zum Teil schon im 14. Jahrhundert mit Bannbriefen belegt worden waren. Vom Menschen unberührter Urwald überlebte nur auf kleinen Restflächen, von wo das Holz bei bestem Willen nicht zum Ort des Verbrauchs transportiert werden konnte.

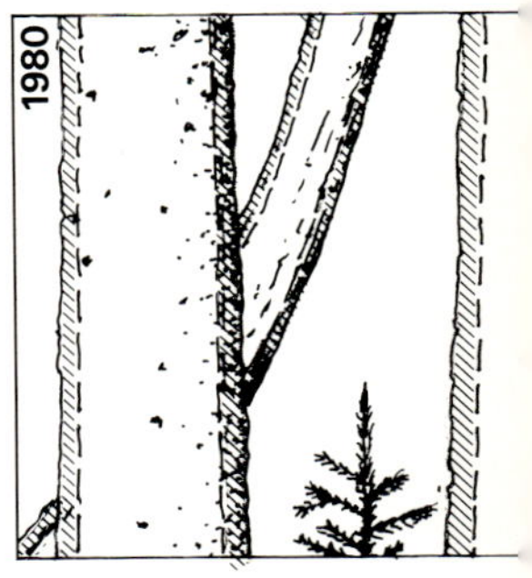

Mit dem schwindenden Wald nahmen die Lawinen zu, und Hochwasserkatastrophen traten nicht nur im Gebirge, sondern auch im Unterland vermehrt auf. Wenn an steilen Hängen keine Baumkronen mehr die Niederschläge dämpfen, reißt das Wasser vorerst den speichernden Humus und dann tiefere Bodenschichten fort. «Das durch den Bergschutt verrammelte Flußbett in den Ebenen wird immer höher und breiter, und die Wasser, die nicht mehr darin zurückgehalten werden können, ergießen sich auf das angebaute Land, und legen daselbst Schichten von Sand und Kies nieder, oder verwandeln es unter anderen Umständen in einen Morast», schrieb 1849 der Berner Oberförster Xavier Marchand. Im Emmental stellte er fest, daß «auf der einen Seite Wassermangel, und auf der anderen die beständige Gefahr, von den Strömen verschlungen zu werden» herrsche. In der Schweiz reagierten die kantonalen Behörden mit einer Flut von Verboten und Strafandrohungen auf die schlimme Umweltlage. Zu mehr waren sie vielfach nicht bereit: Noch 1852, im gleichen Jahr, da in Österreich und Bayern die ersten umfassenden Forstgesetze in Kraft traten, strich der St. Galler Große Rat wiederholt 300 Franken «zur Belehrung und zum Unterricht

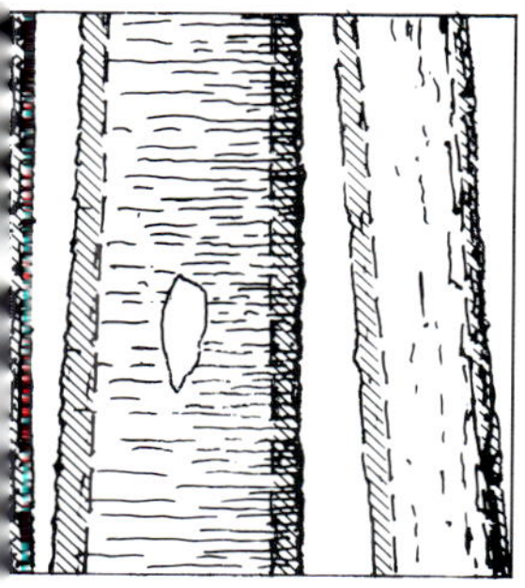

Der Wald verändert sich laufend, die Bäume wachsen in die Dicke und in die Höhe – kaum feststellbar für unser Auge. Um die Ressource nicht zu übernutzen, darf nur der Holzzuwachs abgeschöpft werden. Für dessen Berechnung werden zwei in etwa Jahrzehntabstand erfolgende Inventare der stehenden Holzmasse («Vorrat») verglichen, ermittelt durch verschiedene Messungen des Försters (unten). Der Zuwachs entspricht ungefähr dem Vorrat 1990, vermindert um den Vorrat 1980 plus die in dieser Periode gefällten Stämme.

der Bannwarte» aus dem Budget. Nur ein kleiner Politikerkreis sah damals die Notwendigkeit der Walderhaltung ein, und die Bauern waren bei ihrer unproduktiven Art der Landbewirtschaftung im allgemeinen noch nicht in der Lage, ihre Nutzungsflächen einzuschränken.

Mittlerweile traten die Überschwemmungen von Mal zu Mal verheerender auf. Besonders katastrophal war das Jahr 1868, als zur Unterstützung der Opfer 3,5 Millionen Franken zusammenkamen. Als Folge dieses Ereignisses – allein im Tessin gab es 41 Tote, und es entstand ein Sachschaden von 7 Millionen Franken – begann man das Übel endlich an der Wurzel zu packen: Die Verbauung der Wildwasser und die Aufforstung ihrer Quellgebiete lagen fortan im nationalen Interesse und wurden vom Bund auch finanziell unterstützt. 1876 trat dann das erste schweizerische Forstgesetz in Kraft. Es trug zweifellos wesentlich zur Verbesserung des Waldzustandes bei; doch ohne die günstige gesamtwirtschaftliche Entwicklung wäre dies kaum in nützlicher Frist gelungen. Denn erst die Eisenbahn (damals ein technisches Novum) entlastete den Wald als bis dahin einzigen Energielieferanten: Sie ermöglichte die Einfuhr von Kohle. Zudem nahm der Rodungsdruck ab; Kartoffeln und bessere Düngung durch Stallmist, stickstoffanreichernde kleeartige Futterkräuter und importierte Dünger begründeten den Aufschwung der Landwirtschaft im letzten Jahrhundert.

Forstgesetze regeln die Waldnutzung

In vielen Ländern Europas sind bereits vor der letzten Jahrhundertwende umfassende Forstgesetze in Kraft getreten. Sie waren geprägt durch die jeweiligen geschichtlichen und politischen Bedingungen sowie durch die Aufgabenschwerpunkte des Waldes in einer bestimmten Kulturlandschaft. Doch ihre Grundanliegen bleiben vom spanischen Süden bis zum schwedischen Norden dieselben: Der Wald soll erhalten und derart bewirtschaftet und gepflegt werden, daß seine Leistungen gesichert und womöglich noch gesteigert werden können. Das Gesetz des Gebirgslandes Schweiz will wie dasjenige Österreichs den Menschen mit Hilfe des Waldes schützen. Hauptaufgabe ist die Erhaltung und Stärkung der Schutzwirkungen; Holz fällt bei der Schutzwaldpflege quasi als nützliches Nebenprodukt an. Im waldreichen und dünnbesiedelten Schweden wie auch in Finnland hingegen steht nicht der Schutz, sondern die Sicherung einer möglichst hohen Holzversorgung im Vordergrund.

Alle Gesetze verlangen den Aufbau eines Forstdienstes. Die Schweiz – ebenso wie Deutschland und Österreich – begann vor rund 125 Jahren mit der akademischen Ausbildung von Forstleuten. Dies war wichtig, um die damals anschwellenden naturwissenschaftlichen Erkenntnisse in die Praxis umzusetzen, aber auch, um die Forstgesetzesbestimmungen durchzusetzen. In den meisten europäischen Ländern richten die Forstleute zumindest die Wälder der öffentlichen Hand mit Wirtschaftsplänen ein, um eine dauernd gleichbleibende Nutzung zu garantieren – im Prinzip mit dem gleichen Ziel wie schon 1696 im Zürcher Sihlwald. Der Wirtschaftsplan ist das wichtigste

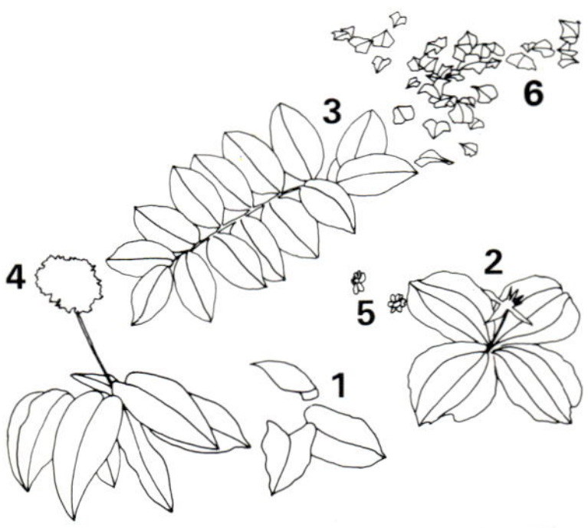

Aronstab (1), Einbeere (2) und Vielblütige Weißwurz (3) weisen auf frische und nährstoffreiche Verhältnisse, ebenso wie die Kalkbodenpflanzen Bärlauch (4) und Immergrün (5). Efeu (6) zeigt hohe Luftfeuchtigkeit an. Die Pflanzenkombination verrät dem Förster das Ziel der natürlichen Vegetationsentwicklung auf diesem Standort: frischen Buchenwald mit hohem Eschenanteil.

Kraut- ebenso wie Holzpflanzen spiegeln die Beschaffenheit des Bodens wider sowie Feuchtigkeits- und Temperaturverhältnisse (den Standort). Nur wenn der Förster diese Mitteilungen der Natur am Boden zu lesen versteht (unten), kann er ihr bei der Bewirtschaftung eng folgen – die Voraussetzung zur Schaffung eines stabilen, ertragreichen und sich weitgehend selbst erhaltenden Beziehungsgefüges «Wald». In dieses Gefüge wird nur leicht lenkend eingegriffen (rechts). Durchforstungen helfen die Krone gutgeformter Bäume freizustellen – wie beim blühenden Kirschbaum. Der Blick in die Kronenschicht verrät dem Förster, wann er jeweils wieder pflegend eingreifen muß.

Planungswerk. Die Forstleute halten darin die notwendigen Pflegemaßnahmen fest, damit der Wald seinen Aufgaben möglichst gerecht werden kann. Der Wirtschaftsplan bestimmt als zentrales Anliegen den Hiebsatz, d.h. die Holzmenge, welche in einer bestimmten Zeitperiode nachhaltig gefällt werden darf.

Die Bedeutung des Nachhaltigkeits-Begriffes ist mit den veränderten Anforderungen an den Wald bis heute stark ausgeweitet worden. Nach 1700, als dieses forstliche Schlüsselwort auftauchte, bezog sich «nachhaltig» auf den Holzertrag, später dann auch auf die Fruchtbarkeit des Bodens und des Baumbestandes als Voraussetzung für einen dauernd gleichbleibenden Ertrag. Doch der Wald wirft nicht nur materiellen, sondern auch immateriellen Nutzen ab. Wald schützt, wie die Erfahrung mit den entfesselten Naturgewalten deutlich macht. Hinzu kommt, daß Wald in unserer Zivilisationslandschaft ein wirksamer Grundwasserschirm ist und das Wasser, dieses wichtige Lebenselement, bis zu einem gewissen Grad vor Dünge-, Schädlings- und Unkrautbekämpfungsmitteln sowie Verbrennungsrückständen aus Schornstein und Auspuff bewahren kann. Doch Wald bietet auch Erholung, er ist in unserer rastlosen, lärmgegeißelten Zeit einer der wenigen Orte, wo Seele, Geist und Körper des Menschen aufleben können, und er ist zusammen mit Feldgehölzen und Hecken eines der letzten Refugien, in denen eine reiche Pflanzen- und Tierwelt überleben kann. Der Förster hat darum den Wald so zu pflegen, daß dieser auch den immateriellen Forderungen gerecht werden kann. Nur dann – so die moderne Auffassung – wird Wald nachhaltig bewirtschaftet.

Nachhaltige Waldwirtschaft nimmt die Natur als Leitlinie

In Mitteleuropa hat sich in diesem Jahrhundert die Erkenntnis durchgesetzt, daß nur naturnahe Waldwirtschaft nachhaltig sein kann. Wald entwickelt sich nach einem bestimmten Muster: Auf einer Brandfläche zum Beispiel schießen vorerst lichtbedürftige Pionierbaumarten schnell auf. Unter ihrem lichten Schirm folgen später die schattenertragenden Arten

des Schlußwaldes. Nach und nach stoßen diese durch die Kronen der Pioniere hindurch, dunkeln sie aus und beanspruchen die Fläche fortan wieder für sich – die Vegetationsentwicklung ist an ihrem Ziel angelangt. Je nach Umweltbedingungen setzen sich bestimmte Arten gegen ihre Mitbewerber um Nährstoffe, Wasser und Licht durch und bilden die Schlußwald-Pflanzengesellschaft. Tiefere Lagen in Mitteleuropa sind das Reich verschiedener Buchenwaldgesellschaften. Nur wo es zu naß oder zu trocken ist, weicht die Buche als Hauptbaumart der Eiche *(Quercus sp.)*, der Esche *(Fraxinus excelsior)*, der Waldföhre *(Pinus silvestris)* oder andern. Auf etwa 800 m ü.M. beginnt das Verbreitungsgebiet der Weißtanne, die hier zusammen mit der Fichte dominiert. Buche und Bergahorn sind nur noch beigemischt. Oberhalb der Tannenwälder (ab ungefähr 1200 m) herrscht die Fichte vor, in den Zentralalpen sind es die Lärche *(Larix decidua)* und die Arve *(Pinus cembra)*.

Samen der Arve (Nüßchen), der Fichte (mit abgerundetem Flügel, unten rechts) und der Lärche (oben).

Der Förster hat das natürliche Verbreitungsgebiet der verschiedenen Bäume und damit ihre Ansprüche an die Umweltbedingungen ebenso zu berücksichtigen wie ihre Wachstumsdynamik. Oft muß er konkurrenzschwächeren Arten Kronenfreiheit verschaffen – besonders wenn es sich um wertvolle Gäste handelt, die aufgrund ihrer ökologischen Ansprüche standortgerecht sind. Nur wenn er mit der Natur geht, kann er kostenlose Vorgänge wie die natürliche Ansamung ausnützen, ökologische Fehler vermeiden und Wald erhalten, der während seines vielleicht mehrhundertjährigen Lebens stabil und gesund bleibt.
Allerdings wird selbst solcher Wald ohne Zutun nicht all unseren Ansprüchen gerecht. Er muß vom Förster gepflegt, durch periodische Eingriffe zum Gewünschten gestaltet werden. Die Waldbetreuer haben dazu nur ein einziges Werkzeug, so paradox dies auch klingen mag: den Holzschlag.
Plenterwald zum Beispiel gilt heute wegen seiner Stufigkeit und der Baumartenmischung vielen Leuten als Inbegriff unberührter Naturlandschaft. In Wirklichkeit verdankt er sein Aussehen jedoch Generationen von waldbesitzenden Bauern und den Förstern, die ihm nach der Zeit der Waldverwüstungen durch vorsichtige Eingriffe die spezielle Struktur verliehen. Wollte man mit den Holzschlägen aufhören, so würde solcher Wald seinen unregelmäßig stufigen Aufbau verlieren: Nach und nach wachsen die Bäume aus dem Mittelstand heran und schließen die Lücken im Kronendach, durch die der Bewirtschafter zuvor genauso viel Licht in den Stammraum vordringen ließ, wie der Nachwuchs zum Überleben brauchte. Der ganze Bestand wird zunehmend einschichtig und gleichförmig. Jungbäume vermögen im dunklen Bestandesinnern nicht mehr aufzukommen.
Die Plenterwaldbewirtschaftung gilt heute als die hohe Schule des Waldbaus. Die vom Förster bedachtsam ausgewählten Bäume werden vom Stumper sorgfältig entastet und vom Holzer präzise gefällt. Der Wald als solcher bleibt dauernd erhalten; nur die einzelnen Bäume kommen und gehen. Die Blätter, Nadeln und das Blattgrün verteilen sich vom Boden bis in die Kronenspitzen (das Blattgrün [Chlorophyll] spielt bei der Photosynthese eine wichtige Rolle: Es nimmt die Sonnenenergie auf, die zur Bildung der Bausteine für Holz und andere organische Verbindungen aus dem Kohlendioxid der Luft und Wasser notwendig ist). In Plenterbeständen werden Wasser und Licht zur Holzproduktion optimal ausgenutzt. Sie sind gegen die Unbilden der Natur bestens gewappnet: Die weit auseinanderstehenden Bäume entwickeln unter dem dauernden Wettereinfluß starke Wurzeln und widerstandsfähige Stämme; weder Sturm noch Schnee setzen ihnen normalerweise zu.
Doch Plentern wie im Emmental ist nicht in jeder Waldgesellschaft möglich. Ohne die schattenertragenden Bäume wie die Weißtanne kann die Stufigkeit nicht aufrechterhalten werden. Plenterwald findet man in Europa

Die Fichte ist ein Rohhumuskeimer. In extensiv bewirtschafteten Gebirgswäldern oder in den ganz wenigen europäischen Urwaldresten findet sie auf vermodernden Strünken oder Stämmen gute Keim- und Wuchsbedingungen – nicht zuletzt deshalb, weil ihr leicht erhöhter Standort schneller ausapert und ihr einen Vorsprung auf die rivalisierende Krautschicht verschafft.

darum vor allem dort, wo die Tannen optimal gedeihen: in niederschlagsreichen Wäldern der Bergstufe zwischen 800 und 1200 m ü.M. In der Schweiz bedeckt Plenterwald etwa 6% der Waldfläche (im Emmental, dem Jura und den Voralpen), in Deutschland 1% (im Allgäu, im Bayerischen Wald, im Franken- und Schwarzwald), in Österreich 3% (Schwerpunkte Bregenzer Wald, oberösterreichisches Alpenvorland) und in Italien kleinere Flächen in den Venezianer Alpen.

Jede Waldgesellschaft verlangt entsprechende Pflege

Auch oberhalb der Weißtannenzone, in den Fichten- und Lärchen-Arven-Wäldern des Alpenbogens mit ihrer ausgesprochenen Schutzwirkung, muß das Gelände möglichst baumbedeckt bleiben. Doch in dieser Meereshöhe stehen dem Förster keine Schattenbaumarten zum klassischen Plentern mehr zur Verfügung. Die Fichte, weiter unten noch Halbschattenbaumart, ist hier wesentlich lichtbedürftiger. Um sich entfalten zu können, muß ihr Samen auf günstigem Keimbett und unter freiem Himmel liegen. Diese Bedingungen entstehen erst, wenn Blitz, Sturm oder Säge den Altbaum fällen. Nur auf der vermodernden Nadelstreu und den verfallenden Baumstrünken haben die Keimlinge eine Chance im Wettlauf mit Zwergsträuchern, Gräsern oder Kräutern. Die Lärche, die zusammen mit Arve, Bergföhre *(Pinus mugo)* und Fichte das Waldkleid der Zentralalpen bildet, keimt am besten auf vegetationslosem Rohboden und im vollen Licht. Die Arve erhält bei ihrer Verjüngung Unterstützung durch einen geflügelten «Förster»: Der Tannenhäher legt als Wintervorrat weitverstreute Depots mit Arvennüßchen an. Vom Vogel eingegraben und vergessen, finden die Früchte beste Keimbedingungen. Der Arvenkeimling, mit ansehnlicher Nährstoffreserve im Nüßchen, entwickelt sich kräftiger als die anderen Nadelbäume und kann sich auch gegen die ihn bedrängende Bodenvegetation eher durchsetzen.

Die ökologischen Eigenarten der verschiedenen Bäume müssen bei der Gebirgswaldverjüngung besonders berücksichtigt werden. Wenn der Förster hier Baumnachwuchs will, muß er Bäume fällen, muß er gezielt Licht- und Wärmeinseln im Waldesinnern schaffen. In den aufkommenden Jungwaldgrüppchen, den sogenannten «Rotten», setzen sich einzelne Bäume durch und übernehmen die Führung. Knickt der Schnee ein Glied des Verbandes, wird dessen Platz durch ein anderes eingenommen. So wachsen die Rotten zu kleinen Baumkollektiven heran. Der Förster entfernt nach zwanzig, dreißig Jahren das eine oder andere Individuum im Innern der Gruppe, damit die wichtigen Bäume ihre Kronen ungestört entfalten und standfeste Stämme bilden können. Er wird sich jedoch hüten, den grünen Mantel der Gruppe aufzureißen und damit Sturm und Schnee Angriffsflächen zu bieten. Erst wenn die Bäume nach 150 bis 250 Jahren hiebreif sind, werden spätere Generatio-

Die Weißtanne kann heute in den rehwildreichen Bergregionen – ihrem eigentlichen Verbreitungsgebiet – vielfach nur noch aufkommen, wenn sie der Förster pflanzt und gleich schützt. Die sorgfältige Wahl der entsprechenden Herkunft – Höhenlage, Klima, Boden – spielt eine wichtige Rolle.

nen die Gruppe innerhalb weniger Jahre ernten. Die Nachbarkollektive, die sich in einer anderen Entwicklungsphase befinden, bleiben unangetastet. Auch im Gebirge entsteht bei solcher Pflege – Gruppenplenterung genannt – ein stufiger Waldaufbau. Die Erneuerung erfolgt fließend; auf diese Weise können die Wälder nicht vergreisen und sind in der Lage, uns nachhaltig zu schützen.

Noch bevor ihm der Jungwald über den Kopf gewachsen ist, beginnt der Förster mit der Förderung der bestgeformten Bäumchen, indem er Raum zur Entwicklung ihrer Kronen schafft. Dies sind langfristige Investitionen, die erst späteren Generationen zugute kommen (oben).
Was wir heute ernten, hängt auch von den Pflegeanstrengungen unserer Vorfahren ab: Gutgepflegter Wald liefert mehr wertvolle Nutzholzstämme, vernachlässigter mehr minderwertiges Schichtholz, Industrie- oder Brennholz (unten).

Andere, großflächigere Verjüngungsverfahren wiederum wurden in den Laubwäldern des Flachlandes entwickelt. Die französischen Förster etwa ziehen wertvolle Eichenwälder im sogenannten Schirmschlagverfahren nach. Vor einem Samenjahr fällen die Holzhauer auf größerer Fläche einen guten Teil des Altbestandes. Es bleiben vorerst nur die bestgeformten Eichen stehen, von denen Samen mit gutem Erbgut erwartet werden können. Im aufgelichteten Wald finden die lichtbedürftigen Jungeichen gute Keim- und Wuchsbedingungen. Ähnlich gehen auch die Skandinavier bei der Verjüngung ihrer Föhrenwälder vor, und in der Bundesrepublik Deutschland oder Dänemark bedienen sich die Förster des großflächigen Schirmschlags, um die Buche nachzuziehen.
Eine differenziertere Regelung von Licht und Wärme erlaubt der Saumschlag. Das Altholz wird hier in Abständen von einigen Jahren Streifen um Streifen gefällt. Das Licht nimmt vom Waldesinnern gegen den äußeren Saum zu und bietet Bäumen mit verschiedensten ökologischen Ansprüchen Gelegenheit, sich anzusamen. Wenig Licht fördert Schattenbaumarten wie Buche oder Tanne, etwas mehr Licht Halbschattenbaumarten wie Fichte oder Ahorn, und im vollen Licht keimen Birke *(Betula sp.)*, Föhre oder Lärche.
Schirmschläge fördern Reinbestände. Mit Saumschlägen hingegen kann der Förster auch gemischten Wald neu begründen. Doch noch feiner und vielfältiger läßt sich die Natur mit Hilfe des Femelschlages lenken, der in verschiedenen Regionen – unter anderem in Bayern und der Schweiz – entwickelt und den jeweils herrschenden natürlichen Bedingungen angeglichen wurde. Hier leitet der Förster die Verjüngung ein, indem er natürlich angesamte und im Schatten harrende Jungwuchsgruppen freistellt und später diese Verjüngungszentren periodisch vergrößert. Die Jungwaldflächen dehnen sich alle paar Jahre weiter aus und zeigen einen typisch kegelförmigen Aufbau: Die Baumhöhen sind im älteren Zentrum am höchsten und fallen gegen den Rand hin ab. Nach Jahrzehnten fließen die verschiedenen Flächen zusammen; die Ablösung

Nur noch ganz wenige verwegene Männer führen im Alpenraum das Holz mit Pferd und Schlitten zu Tale, wo der Rohstoff seinen Wert erst erhält. Die pflegliche Holznutzung – wichtig für die Erhaltung der Schutzwirkung – kann heute nur noch über Waldstraßen und mit Hilfe von Seilkranen erfolgen.

der Mutterbäume durch ihren Nachwuchs ist vollzogen.

Durch die wechselnden ökologischen Bedingungen erhalten alle Baumarten des Altbestandes eine Chance. Fehlen einzelne standortsgerechte und vielversprechende Baumarten, so pflanzt sie der Förster nach. Doch nicht nur in der jüngsten Phase des neuen Waldes werden die Naturkräfte berücksichtigt und nach Möglichkeit ausgenutzt. Sie sind auch Leitschnur für die nun folgenden Arbeiten im Walde. Aus der reichgemischten Ansamung setzen sich diejenigen Baumarten durch, denen der Standort am besten zusagt. Der Förster fördert die bestgeformten Baumarten, indem er Raum zur Entwicklung ihrer Kronen schafft. Alle paar Jahre kommt er wieder, um zu pflegen – und dies jahrzehntelang, bis aus Tausenden winziger Keimlinge wenige mächtige, wohlgeformte Bäume herangewachsen sind.

Der Femelschlagbetrieb steht am vorläufigen Ende einer – am Baumleben bemessen – kurzen Suche nach Formen ganzheitlicher Waldbewirtschaftung im Laubwaldgebiet. Die Natur braucht dabei nicht in ein Schema gepreßt zu werden; der Forstmann kann im freien Stil die ökologisch angemessenen Arbeiten vornehmen. Die Priorität liegt hier nicht so sehr bei der Erzeugung von viel, sondern von qualitativ hochstehendem Holz. Auf diese Weise geschaffener Wald ist in der Lage, auch alle anderen Aufgaben zu erfüllen, die wir ihm stellen.

Forste in Wälder überführen

Vor hundert Jahren – kaum die Zeitspanne einer Baumgeneration – war die Hauptsorge der Forstleute der fehlende Wald. Mit bewundernswerter Ausdauer haben damals fleißige Hände im europäischen Tiefland wie in den Bergen Millionen Bäume gepflanzt. In den höheren Lagen setzte sich die Fichte durch, auf den Kahlschlagflächen ebenso wie in den Aufforstungen im Einzugsgebiet der Wildbäche. Die Tanne, schattenliebend in der Jugend, vermochte sich – ins volle Licht gesetzt – ebensowenig zu behaupten wie die Buche. Auf den Kahlschlägen und aus diesen Aufforstungen sind gleichaltrige und gleichförmige Baumbestände aufgewachsen. Es sind Pionierwälder, die von einem standfester und widerstandsfähigen stufigen Aufbau noch weit entfernt sind. Immer wieder reißen Sturm und Waldkrankheiten hier Löcher hinein, immer wieder knicken einzelne Bäume oder ganze Gruppen wie Zündhölzer unter der Schneelast zusammen.

In den Aufforstungen der Tieflagen wollte man vor nunmehr über 150 Jahren unter dem Eindruck der jahrhundertelangen Holznot möglichst schnell viel Holz produzieren. Dazu schienen sich besonders aus Nordamerika eingeführte Bäume zu eignen, die zum Teil sehr rasch wuchsen und um 1800 unter den mitteleuropäischen Förstern erstmals eine eigentliche Exotenmanie auslösten. Überall ließen sie Douglasien *(Pseudotsuga menziesii)*, Weymouthföhren *(Pinus strobus)*, Riesenlebensbäume *(Thuja plicata)* oder Robinien *(Robinia pseudoacacia)* pflanzen. Anleitungen oder ganze Bücher propagierten diese «Wunderbäume». Doch schon bald wurde manche oft großflächig aus einer einzigen Baumart bestehende Kultur von Insekten- und Pilzschädlingen heimgesucht und zum Teil hinweggerafft. Schmerzlich wurden die Waldbetreuer daran erinnert, daß Bäume nicht wie Kartoffeln in einem einzigen Jahr heranwachsen, sondern ein Jahrhundert oder mehr bis zur Erntereife benötigen und während dieser Zeit Schädlingen ausgesetzt sind.

Auch eine europäische Baumart mit vielseitig verwendbarem Holz erwies sich als ausgesprochen schnellwüchsig: die Fichte. In Mitteleuropa natürlicherweise in höheren Lagen zu Hause, wurde sie zuerst in Deutschland und später auch in der Schweiz und weiteren Ländern auf riesigen Flächen im Tiefland angebaut. Auch Reinbestände der Waldföhre und Lärche traten an die Stelle des natürlichen Laubwaldes. Was von diesem noch übrig war, gelangte oft unter die Schienen des wachsenden europäischen Eisenbahnnetzes: Die alten Eichen, deren Früchten die Kartoffel den Rang als Schweinefutter abgelaufen hatte, ergaben bestes Schwellenholz.

Die Fichte fand sich auf diesen Standorten vorerst gut zurecht. Ihre Wurzeln folgten dem zerfallenden Wurzelsystem der Laubbäume, gelangten auch auf lehmigen Böden in für diese Baumart ungewöhnliche Tiefen und vermochten derart Stamm und Krone bestens mit Wasser und Nährstoffen zu versorgen. Doch auch sie blieb von Krankheiten nicht verschont. Besonders in kalkreichem Boden infizieren Rotfäulepilze die Wurzeln. Weil diese in Plantagen untereinander verwachsen sind, gelangt der Schädling leicht von Baum zu Baum. Die Fäule dringt bis in den Stammkern vor, schwächt den Baum und macht ihn zum leichten Opfer von Wind und Sturm. Der Gedenkstein der Forstleute im schwäbischen Forstamt Breitental nach einer Windwurfkatastrophe mahnt daran: «Willst du deinen Wald vernichten, so pflanze nichts als Fichten.» Ein eiserner Bestand an Borkenkäferarten, welche die Fichte auch dort begleiten, wo sie natürlich gedeiht, kann sich in Trockenjahren rasend schnell vermehren und künstliche Reinbestände stark gefährden. Um solche zu erhalten, müssen die Schädlinge dauernd bekämpft und unter Umständen sogar Düngungen durchgeführt werden, um die Resistenz der Bäume zu erhöhen. In den dichtbevölkerten Tieflagen gewinnt das Waldareal als Erholungsraum und als Filter für einwandfreies Trinkwasser zunehmend an Bedeutung, ebenso als Lieferant von qualitativ hochwertigem Holz und Lebensraum einer vielfältigen Pflanzen- und Tierwelt. Um all diese Anforderungen zu erfüllen, genügt großflächiger Ackerbau mit Waldbäumen nicht mehr. Unsere Vorfahren forsteten – aus verständlichen Gründen – nach den Prinzipien des Feldbaus auf. Die Aufgabe der heutigen und künftiger Waldbetreuer ist es, diese Kunstforste in naturnahen Wald überzuführen. Mancherorts führen die Förster bei Pflege und Verjüngung schon längst eine feine Klinge und verwenden Femel-, Plenter- oder ähnliche angepaßte Hiebe anstatt des naturfernen Kahlschlages mit anschließender Reinkultur von Fichte oder Föhre. Vielerorts in Mitteleuropa braucht diese Umstellung jedoch mehr Zeit – nicht zuletzt weil sie durch ungünstige Randbedingungen verzögert wird.

Ökologie und Ökonomie

Waldwirtschaft ist wie die anderen Wirtschaftsbereiche auch dem scharfen Wind der herrschenden ökonomischen Gesetzmäßigkeiten ausgesetzt. Weil diese jedoch auf kurze Frist und auf sofortigen Gewinn ausgerichtet sind, drohen die langfristigen Zielsetzungen einer ökologisch ausgerichteten Waldwirtschaft unterhöhlt zu werden.

Die Vernichtung des tropischen Regenwaldes spielt sich in Südostasien und ebenso in Teilen Afrikas und Südamerikas nach folgendem Muster ab: Holzraubbau mit unangepaßten, in den gemäßigten Zonen entwickelten Maschinen fügt dem Wald schwere Schäden zu. Dabei wird er für unterprivilegierte Menschen erschlossen, die sich ihre Nahrung nicht anders als durch Brandhackbau verschaffen können (rechts unten).
Die Brandrodungsflächen fallen vielfach zu groß aus, besonders wenn unerfahrene, aus den Städten umgesiedelte und nicht traditionell vom Brandhackbau lebende Gruppen das Feuer legen (rechts oben).
Die Folge ist im schlimmsten Fall gewaltige Erosion (oben): Steinchen von Münzengröße schützen den darunterliegenden Erdkegel vor dem Weggespültwerden.
Regenwald ist ein äußerst empfindliches Ökosystem, und seine Regenerationskraft bleibt bei großflächiger Zerstörung weit hinter derjenigen des mitteleuropäischen Waldes zurück.

In der Schweiz, der Bundesrepublik Deutschland und den meisten anderen Ländern Europas geht die Forstgesetzgebung davon aus, daß ein privater oder öffentlicher Forstbetrieb in seinem Wald rentabel wirtschaftet, daß er seine Aufwendungen aus dem Holzertrag decken kann. Doch selbst wo der Staat den Bau von Erschließungswegen unterstützt, geht diese Rechnung heute vielerorts nicht mehr auf, weil die Lohnkosten für die Waldarbeit im Vergleich zum Holzpreis viel stärker angestiegen und darum viele Forstbetriebe in die roten Zahlen geraten sind. Naturnahe Waldwirtschaft als Mittel zur Gestaltung von bestem Vielzweckwald erfordert aber viel sorgfältige und teure Handarbeit. Zudem müssen die Wälder gut erschlossen sein, denn nur wenn dies zutrifft, können die Forstleute die Waldentwicklung immer wieder durch feine Eingriffe lenken. Auch andere Randbedingungen sind von größter Wichtigkeit. Naturnaher Waldbau versucht die kostenlose Naturverjüngung möglichst auszunutzen und auf teure Pflanzungen zu verzichten. Doch in vielen mitteleuropäischen Wäldern gefährden übergroße Reh- und Hirschbestände den Jungwald, indem sie ihn abfressen. Die dadurch notwendig werdende Pflanzung und der Schutz des Nachwuchses belasten die Forstbetriebe zusätzlich. Um sich diese Mehraufwendungen zu ersparen, wird mancherorts selbst auf ungeeigneten Standorten großflächig die Fichte gepflanzt, weil dieser Baum noch am ehesten vom Zahn des Wildes verschont bleibt. Die Phase der instabilen und biologisch verarmten Monokultur wird auf diese Weise um eine weitere Generation fortgeschrieben.

Vor Jahrhundertfrist hat die Kohle den europäischen Wald gerettet. Heute jedoch bedroht sie ihn, weil wir sie kurzsichtig verwenden. Bei der Verbrennung von Kohle und auch von Erdöl werden schwefelhaltige Abgase frei, die zusammen mit der übrigen Luftverschmutzung am zunehmenden Waldsterben in den Industrieländern beteiligt sind. Frühzeitig verendende Bäume bedeuten für den Forstbetrieb empfindliche Ertragsverluste, die niemand ersetzt. Für die menschliche Gesellschaft bedeuten sie – was schlimmer sein kann – Verlust an Schutz- und Erholungswirkung.

Auch der zunehmende Druck der erholungssuchenden Bevölkerung belastet die Forstwirtschaft. Besonders die stadtnahen Betriebe stecken beträchtliche Mittel in den Wald, damit dieser den vielfältigen Ansprüchen der Städter zu genügen vermag. In der Regel müssen auch diese Aufwendungen aus der Forstkasse bezahlt werden – ebenso wie Schäden durch den Erholungsbetrieb.

Klettern nach Feuerholz und Futter: Im sommertrockenen Tropengürtel ebenso wie am Himalaya und in den Anden nagen Mensch und Tier an Baum und Strauch. Brennholz sammelndes kambodschanisches Mädchen, hungrige Ziegen im Sahel (unten rechts).

Die Folgen all dieser ökonomischen Zwänge bleiben nicht aus: In abgelegenen Schutzwäldern muß der Waldeigentümer auf einen Pflegeschlag verzichten, wenn der Holzerlös den Aufwand nicht deckt. In der Schweiz und in Österreich ebenso wie in Italien und Frankreich setzt das Forstgesetz nach wie vor voraus, daß der Waldbesitzer die Kosten für solch sorgfältig auszuführende Maßnahmen alleine trägt, obwohl guter Schutzwald letztlich auch der Allgemeinheit dient. In den Schutzwäldern der Alpenländer sind aus diesen Gründen heute große Pflegerückstände zu verzeichnen.

In den tieferen Lagen zeichnet sich im Vordringen von Einheitswäldern eine andere unbefriedigende Entwicklung ab. Forstbetriebe, die nicht ausgesprochen wertvolles Holz verkaufen können – etwa Furniereichen, Eschen oder Kirschbäume *(Prunus avium)* –, versuchen die Kosten der Waldarbeit durch vermehrte Mechanisierung zu senken. Dadurch läuft die mitteleuropäische Forstwirtschaft heute mancherorts Gefahr, aus dem Wald eine Holzfabrik zu machen, ähnlich wie etwa in Skandinavien, Nordamerika oder Neuseeland. In großen Teilen dieser Länder versuchen Forstindustrien in möglichst kurzer Zeit möglichst viel Holz zu produzieren. Erntemaschinen mit hydraulischen Zangen und Scheren knipsen die Baumbestände flächenweise ab. Bulldozer oder kontrolliert gelegte Feuer bereiten das Terrain zur Pflanzung vor. Den Baumnachwuchs, vielfach genetisch uniform, stecken Maschinen in die Erde. Pflanzengifte halten ihm das Unkraut vom Leib. Fachleute fürchten die rasch erreichten biologischen Grenzen: Schädlinge drohen die ausgedehnten Monokulturen dahinzuraffen und fordern unter Umständen den Einsatz von Bekämpfungsmitteln. Ungenügend durchforstet, sind sie sturm- und schneedruckgefährdet. Fichten in Europa und Montereyföhren *(Pinus radiata)* in Australien zeigen auf ungeeigneten Standorten bereits in der zweiten Generation verminderten Zuwachs – nicht einmal die Holzmasse vermag man hier nachhaltig zu produzieren.

Noch rascher stößt der Kahlschlagbetrieb an die ökologischen Schranken. In den Vereinigten Staaten hat sich an dieser Frage ein heftiger Disput entzündet. Von den National Forests, den Wäldern des Staates, soll in nächster Zeit mehr zur Holznutzung gelangen. Geschieht dies im üblichen Kahlschlagverfahren, so leiden andere Waldleistungen. Die Wasserversorgung – auch in den Vereinigten Staaten ist das Trinkwasser eines der wichtigsten Waldprodukte – wird dabei ebenso gefährdet wie die Rolle des Waldes für die erholungssuchenden Menschen oder die Waldtiere, die auf Altholz angewiesen sind. Und noch etwas äußerst Wertvolles ginge mit dem groben Kahlhieb der Naturwälder verloren: Anschauungsmodelle für die Forstwissenschaft, an denen sie den Weg der Natur zur Schöpfung dieser großartigen Ökosysteme beobachten und zuhanden des Försters Folgerungen für eine feine, naturnahe Waldbewirtschaftung ableiten kann.

In Nordamerika ebenso wie in Skandinavien fordern zunehmend gesamtheitlich denkende Bürger eine Kurskorrektur der Forstwirtschaft. Auch in Mitteleuropa beginnt die Öffentlichkeit vermehrt auf die Überführung der Forste in naturnahe Wälder zu drängen. Ob dies zu bewerkstelligen ist, hängt nicht zuletzt von der Ertragslage der Forstbetriebe ab. Eine umfassend nachhaltige, naturnahe Waldwirtschaft braucht die Anerkennung und Unterstützung der Allgemeinheit. Wenn der Forstbetrieb die aufwendigen und langfristig orientierten Arbeiten – die Pflege des Jung-

wuchses zum Beispiel ist eine Investition, die erst späteren Generationen zugute kommt – nicht mehr tragen kann, dann muß ihm die Öffentlichkeit in ihrem eigenen Interesse unter die Arme greifen. Sie kann zum Beispiel notwendige Waldsanierungen und den Bau der wichtigen Infrastruktur, vor allem der teuren Erschließungsstraßen, wirksam unterstützen. Indirekte Hilfe ergäbe sich auch, wenn die Energie zur Gewinnung von Rohstoffen und die dabei entstehende Umweltbelastung besteuert würden. Holz, das sich laufend mit umweltverbessernden Effekten erneuert, ist hierbei im Vergleich zu andern Baustoffen wesentlich im Vorteil.

Waldfläche – bei uns stabil, schwindend in den Entwicklungsländern

In den Industrienationen hat der Mensch in den letzten Jahrzehnten ein neues Verhältnis zum Wald gefunden. Indem er rodete, hat er hier die Waldfläche zum Teil seit Jahrhunderten laufend reduziert. Seit kurzem ist dieser Trend in Europa ebenso wie in Nordamerika, Japan und der UdSSR gestoppt. Mancherorts nimmt die Waldfläche sogar zu. England etwa forstet in der letzten Zeit jährlich zwischen 30 000 und 40 000 ha auf, und die gesamte europäische Waldfläche wird bis zur Jahrtausendwende voraussichtlich um rund 10% zunehmen. In den industrialisierten Ländern bleibt zwar die Fläche, nicht aber die Verteilung des Waldes konstant. Der Wald verschwindet nach einheitlichem Muster aus den dichtbevölkerten Zentren und dehnt sich auf den verbrachenden Landwirtschaftsböden der Randgebiete aus. Die Bundesrepublik Deutschland opferte seit Mitte der sechziger Jahre 10 000 ha Wald für Stadt und Straße, in der Schweiz wurden 1971 bis 1981 über 800 ha allein für Verkehrszwecke gerodet, eine Fläche, die nach dem Gesetz allerdings wieder aufgeforstet werden muß. Wir setzen dem Wald also auch heute noch ausgerechnet dort zu, wo er am dringendsten gebraucht wird.

Während sich die Fläche im industrialisierten Norden stabilisiert, schwindet der Wald in den Entwicklungsländern des Südens, die zu einem guten Teil im Tropengürtel liegen. Das Verhältnis von Wald und Mensch in den beiden Regionen ist grundverschieden. Zwar sind die Waldreserven und der Holzertrag etwa gleich verteilt, doch verfügen die Industriestaaten pro Kopf der Bevölkerung über dreimal mehr Wald. Bei der erschreckenden Rate der Waldvernichtung – allein zwischen den Wendekreisen verschwindet gegenwärtig jährlich eine Waldfläche von mehr als der Hälfte der Bundesrepublik Deutschland – und der nach wie vor hoher Bevölkerungszunahme in den Entwicklungsländern nimmt diese Kluft noch laufend zu.

Blätter vom afrikanischen Affenbrotbaum (Baobab, *Adansonia digitata)* sind wertvolles Wildgemüse; von seiner Rinde können immer wieder Fasern zum Mattenflechten geschält werden. Auch viele andere Bäume liefern nicht nur Holz, sondern Nahrung, Medizin und Schatten für Mensch und Tier.

Von der Entwaldung sind die unterschiedlichsten Regionen betroffen: Gebirgsgegenden im Himalaya oder den Anden ebenso wie die Baum- und Strauchsavannen – etwa die afrikanische Sahelzone – oder die Regenwälder, die in einem Gürtel zu beiden Seiten des Äquators wachsen. Wichtige waldfressende Kräfte sind aus der europäischen Geschichte wohlbekannt: Rodung für Ackerland, ungeregelte Holznutzung und Waldweide.

Zwischen der Jahrhundertwende und 1965 rodeten die Menschen in den Entwicklungsländern die Hälfte ihrer Wälder, um Nahrung anzubauen. Haiti, einst die reichste französische Kolonie, ist heute nicht einmal mehr zu 10% bewaldet. Das begehrte Mahagoniholz haben die Europäer zu Möbeln gemacht, die Waldreste – häufig an den steilsten Hängen – muß-

◁ Südostasiatische Zapfer beim Abliefern des Saftes aus dem Kautschukbaum *(Hevea brasiliensis)*. Zur Gewinnung des Milchsaftes schneiden die Zapfer die Rinde in einer abwärts gerichteten Schraubenlinie ein. Kautschukplantagen, Lieferanten des vor allem für Industrieprodukte wichtigen Naturgummis, nehmen in Südostasien riesige Flächen ehemaligen Regenwaldes ein. Sie sind ein Beispiel für die mehr oder weniger erfolgreiche «Inwertsetzung» des Regenwaldes. Allerdings weisen die einschichtigen Monokulturen gegenüber der natürlichen Vegetation wesentliche ökologische Nachteile auf: Sie sind genetisch uniform und setzen den nagenden Kräften der Regengüsse viel weniger Widerstand entgegen als eine mehrschichtig aufgebaute Pflanzendecke.

Tropischer «Elfenwald» auf 3000 m ü. M. in Westjava. Während des ganzen Jahres kondensiert an den baumförmigen Rhododendren und dem dichten Moos- und Farnpolster Nebel. Selbst zur Trockenzeit sprudelt auf diese Weise wertvolles Naß bis in die Brunnen und Reisfelder der Ebenen. Dem Gebirgswald kommt hier im Sommer die gleiche Aufgabe zu wie den Gletschern in den Alpenländern.

ten Feldern für die wachsende Bevölkerung weichen. Mit den Wäldern verschwand die fruchtbare Erdkrume und mit ihr der Reichtum. Ähnliches tat und tut sich in Äthiopien und Indien; das Land an der Quelle des Blauen Nils, 1850 noch zu 40% bewaldet, ist gerade noch zu 4% baumbedeckt, Indien nur noch zu 20%.

Die Verwüstung wird vom Menschen gefördert

Die Industrieländer verbrauchen für Hauskonstruktionen, Inneneinrichtungen oder Papier 90% der verarbeiteten Holzprodukte der Welt. Die Entwicklungsländer hingegen verfeuern beinahe 90% ihres Holzes – meist in primitiven Feuerstellen, die gleichzeitig Hitze zum Kochen, Wärme und Licht bieten. Nicht weniger als 2 Milliarden Menschen, drei Viertel der Tropenbewohner, sind täglich auf diesen Energieträger angewiesen. Die Hälfte kann ihren Bedarf bereits heute nicht mehr aus dem Zuwachs nachhaltig decken, sondern muß die Ressourcen übernutzen. Besonders prekär ist die Lage in Afrika und Asien, wo die Energie zum Heizen des Topfes so teuer sein kann wie dessen Inhalt. Im westafrikanischen Benin zum Beispiel müssen Frauen und Kinder oft 15 bis 20 km laufen, um etwas Brennbares zu finden. Wenn das Holz im Haushalt knapp wird, bleibt die Hirse oder das Sorghum halb roh. Im lauen Wasser überleben Krankheitskeime und Parasiten. Auch gelangt weniger Gemüse in den Kochtopf: Einerseits bleibt der holzsuchenden Frau weniger Zeit für den eigenen Garten, andererseits verbrennen mit den Bäumen und Büschen auch die Lieferanten wertvoller Wildgemüse.

In der Gegend von Ouagadougou, der Hauptstadt Obervoltas, gedeihen in einem Umkreis von 50 bis 100 km kaum noch Gehölze. Als Holzersatz wärmen auch Reste von Feldpflanzen oder getrockneter Viehdung den Kochtopf – in Afrika ebenso wie in den Anden oder auf dem indischen Subkontinent. In Bangladesh gehen auf diese Weise jedes Jahr mehr als 20 Millionen Tonnen frischer Kuhmist und 11 Millionen Tonnen kompostierbare Pflanzenreste in Rauch auf – beides Lebenselexiere für einen fruchtbaren Boden. In Indien sind es gar 460 Millionen Tonnen Kuhmist, Dünger für 91 Millionen Hektar Ackerland, ein Verlust von 50 kg Getreide pro Tonne Mist.

Frauen mögen sich unter solchen Umständen für mehr Kinder entschließen, für mehr Hände und Füße, die Brennholz sammeln können. Damit wird ein Teufelskreis geschlossen, denn am Anfang der Übernutzung der natürlichen Ressourcen stand als wohl wichtigster Grund die Explosion des Bevölkerungswachstums, welche wiederum die verschiedensten Ursachen hat.

Zum Verlust von Baum, Strauch und Grasnarbe trägt in den empfindlichen Gebirgs- und Savannenökosystemen auch das Vieh bei, dessen Bestandeszahlen mit dem Bevölkerungswachstum der Menschen zugenommen haben. In der Sahelzone ebenso wie im Irak und im übrigen Westasien halten die Nomaden zum Zeichen von Reichtum und Ansehen möglichst große Herden – zu groß meist für den Lebensraum. Dort, wo moderne Tiefbrunnen das Grundwasser anzapfen, oder aus anderen Gründen wurden die traditionellen Wanderungen aufgegeben, an sich die ökologisch zweckmäßigste Form der Nutzung dieser marginalen Gebiete. Selbst in der Trockenzeit entfernen sich Mensch und Vieh nur noch Tagesmärsche von den Brunnen. Mit Baum- und Buschzweigen versuchen die Viehhalter ihre Herden in Notzeiten durchzufüttern. Setzt die Regenzeit verspätet ein oder bleibt der ohnehin spärliche nasse Segen einmal aus, so kommt es zu Dürre und Hungerkatastrophen, wie Anfang der siebziger Jahre im Sahel, der südlichen Grenzzone der Wüste Sahara.

Die zurückweichende Pflanzendecke läßt den Sand vordringen, in der afrikanischen Großlandschaft Sudan zum Beispiel mehr als 100 km seit den sechziger Jahren. Wind wirbelt die Erde auf, und der Regen, wenn er dann endlich kommt, wäscht sie weg. Verheerender noch als seinerzeit in den Alpentälern setzen die Monsungüsse den entwaldeten Flanken des Himalaya zu, der vielerorts kurz vor dem ökologischen Kollaps steht. Die 5000 mm Regen, die innerhalb weniger Monate fallen, fließen zum größten Teil gleich wieder ab, anstatt von der Walddecke zurückgehalten zu wer-

Nährstoff- und Wasserkreislauf im tropischen Regenwald und deren Zerstörung durch Brandrodung. Im ausgeglichenen Innenklima (knapp unter 30 °C und Luftfeuchtigkeit um 95%) entwickeln sich seit undenklichen Zeiten Zehntausende von Pflanzen und Tieren. Die Zerstörung ihres Lebensraumes vermögen sie nicht zu überstehen.

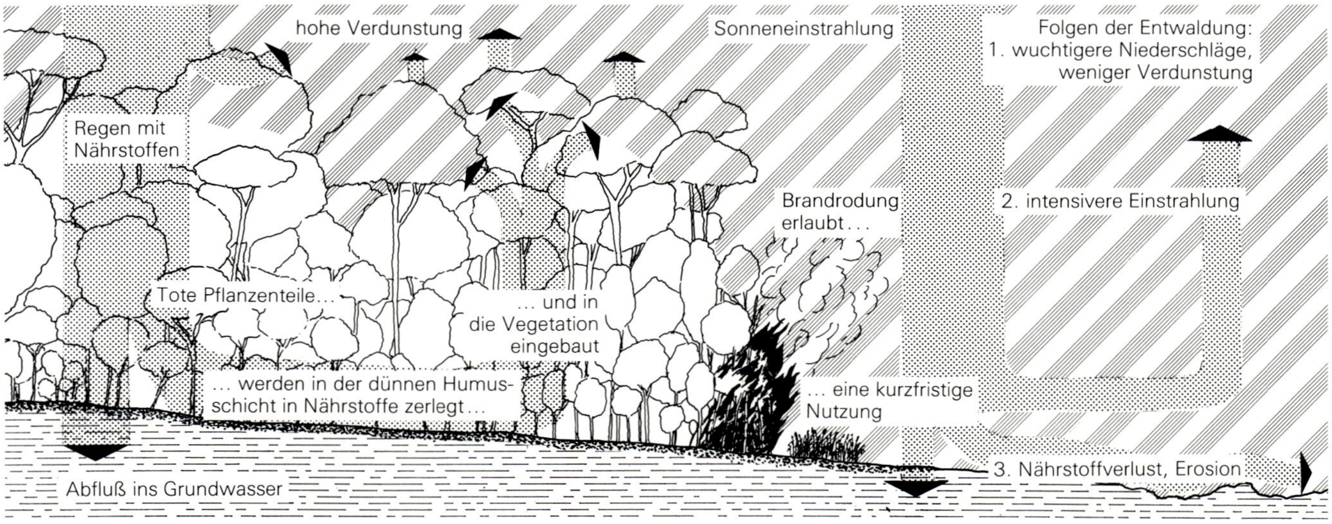

den. Wasser und Erosionsprodukte tun sich auch hier zur unheiligen Allianz zusammen: Auf dem Höhepunkt der Monsunflut war 1978 in Indien beinahe die zweifache Fläche der Schweiz überflutet. Hunderte von Menschen ertranken, Tausende von Häusern und ein Großteil der Ernte wurden zerstört.
Außerhalb der Monsunzeit fällt sehr wenig Regen. Schon kurz nach einem solch seltenen Ereignis liegen die zerfurchten Himalayaflanken wieder ausgedorrt in der flimmernden Hitze. Einst ergiebige Quellen sind zu traurigen Rinnsalen geworden, fruchtbarer Boden zu Wüste.

Motorsäge und Feuer – das traurige Schicksal der Regenwälder

Auch die tropischen Feuchtwälder, die immergrünen Regenwälder sowie die nur zur Regenzeit grünen Monsunwälder bleiben von der wachsenden Menschheit und ihren Bedürfnissen nicht verschont. Die rasende Abnahme der Feuchtwälder löst bei den Fachleuten besondere Besorgnis aus: Diese haben nämlich über ihr Verbreitungsgebiet hinaus wichtige ökologische Funktionen und sind das reichste Reservoir genetischer Ressourcen. Die Fronten der Zerstörung liegen überall dort, wo einer unterprivilegierten Bevölkerung nichts anderes übrigbleibt, als Baum um Baum in Flammen aufgehen zu lassen und in der fruchtbaren Asche während ein, zwei Jahren Trockenreis, Mais oder Maniok großzuziehen. Dann haben die Kulturpflanzen und das Klima ihre Wirkung getan: Der Boden ist ausgelaugt, die Bauern müssen neuen Wald brandroden.
Allein in Indonesien bleiben auf diese Weise jährlich eine halbe Million Hektar zurück. Der üppige Regenwald gaukelt Bodenfruchtbarkeit nur vor. Das Muttergestein ist in diesen Breiten hundertmal schneller und zu ganz anderer chemischer Zusammensetzung verwittert als in den gemäßigten Zonen. Die Nährsalze sind vor allem in der Pflanzendecke gespeichert oder befinden sich in Form zerfallender Blätter oder Zweige vorübergehend in der höchstens handbreiten Humusschicht. Das extrem dichte Wurzelwerk nimmt freiwerdende Nährstoffe gleich wieder auf und befördert sie in den geschlossenen Kreislauf zurück. Indem man die vielschichtige Pflanzendecke großflächig zerstört, um sie landwirtschaftlich nutzbar zu machen, liefert man den Boden seinen zwei größten Feinden ans Messer: Die Regengüsse – in extremen Lagen können jährlich bis zu 10 000 mm fallen, zehnmal mehr als in Bern – schwemmen den Nährstoffträger Humus weg, die sengende Sonne zerstört das wichtige Bodenleben. Im günstigeren Fall nimmt eine karge Strauchschicht den Platz des üppigen Regenwaldes ein, im ungünstigeren Fall webt Alang-Alang-Gras *(Imperata cylindrica)* seinen dichten Wurzelfilz über den Boden und verhindert damit das Aufkommen anderer Pflanzen. Die nackten Böden verbacken oft

Dipterocarpus-Same des Tieflagenregenwaldes von Borneo im Größenvergleich mit der Frucht unseres Feldahorns (links). Das Blüh- und Keimverhalten der meisten tropischen Baumarten ist ein großes Rätsel. Dieser Baum zum Beispiel blüht nur alle 5 bis 13 Jahre, dann jedoch über Quadratkilometer und gleichzeitig mit über hundert verwandten Arten.

zu einer steinharten, sterilen Kruste, und an Hügelflanken zeugen tiefe Rinnen von der Erosionskraft des Tropenregens.

Als Fluch für die Regenwälder erweist sich auch ihr wertvolles Holz. Unternehmen, oftmals aus den industrialisierten Ländern, erschließen die Wälder und beuten sie aus. Doch wo Baumriesen das eigentliche Kronendach überragen und Kletterpflanzen die Bäume fest miteinander verweben, wird die grobschlächtige, nur auf schnellen Gewinn ausgerichtete Holzerei zur Katastrophe. Der gefällte Baum reißt über seine Lianenverbindungen andere Bäume um oder beschädigt deren Kronen. Raupenfahrzeuge, welche die schweren Stämme aus dem Wald schleppen, verletzen Wurzelanläufe und Humusdecke. In Kalimantan, dem indonesischen Teil Borneos, nehmen dabei bis zur Hälfte der Bäume Schaden. Forstwirtschaft besteht hier gerade aus dem «Abrahmen» der besten Bäume und der Hoffnung auf die Regeneration des Waldes. Überlegungen zur nachhaltigen Nutzung bleiben Theorie.

Das Tropenholz ist für den japanischen, nordamerikanischen oder europäischen Markt bestimmt. Es zu verbrauchen wäre ökologisch jedoch nur dann zu verantworten, wenn die Nutzung dieser Wälder auf dauernden und

Früchte eines *Lithocarpus*-Baumes, eines Eichenverwandten aus dem tropischen Bergregenwald Asiens.

gleichbleibenden Ertrag ausgerichtet wäre, wenn die Wälder in nützlicher Frist ihre vielen günstigen Einflüsse auf die Umwelt wiedererlangen würden. Aber um sich zu erholen, braucht der geplünderte Wald Jahrzehnte bis Jahrhunderte. Doch dazu kommt es in der Regel gar nicht erst. Die Holzfäller bahnen mit ihren Straßen nämlich Brandrodern den Weg, die schließlich das Schicksal des Waldes besiegeln.

Durch die Regenwaldvernichtung provozierte Veränderungen im Wasserkreislauf wirken sich noch verheerender aus als bei uns. Auf der philippinischen Insel Mindanao machte 1981 eine Hochwasserkatastrophe 700 000 Menschen obdachlos. Die Ökologen sind sich darüber einig, daß die Ursachen dafür in den gewaltigen Waldzerstörungen zu suchen sind, die vorgenommen werden, um Holz zu gewinnen und Land zu roden, auf dem Ananas und Bananen für den Weltmarkt angebaut werden. In Amazonien wird nur die Hälfte des Regens mit den Passatwolken herbeigeführt. Die andere Hälfte befindet sich in ständigem regionalem Kreislauf. Mit dem Wald verschwindet der große Wasserverdunster. Die Niederschläge werden nicht mehr verdampft, sondern fließen direkt ab. Wenn weniger in den regionalen Wasserkreislauf gelangt, nimmt die Gesamtregenmenge ab. Solche Veränderungen im Niederschlagsmuster könnten sich bei gleichbleibender Zerstörungsrate auch auf andere Klimazonen auswirken.

In den tropischen Feuchtwäldern lebt die Hälfte aller Pflanzen- und Tierarten dieses Planeten. Einzelne Arten werden im gleichen Tempo wie ihr Lebensraum ausgelöscht: In den nächsten 20 Jahren – innerhalb eines Lidschlages, gemessen am Evolutionsprozeß – könnten es über eine halbe Million Arten sein. Mit dem Regenwald verschwinden auch die eigentlichen «Konstruktionsbüros» der Pflanzen und Tiere, die «Hauptbibliothek» der Natur, in der sich Jahrmillionen alte Lebenserfahrung angesammelt hat. Kommende Generationen würden daraus viel Nutzen ziehen. Jede Pflanze enthält ihre eigenen Stoffe, ihren eigenen «chemischen Fingerabdruck». Viele Tropenpflanzen sind schon heute für die Humanmedizin unentbehrlich. Zudem ist der Feuchtwald die wichtigste Quelle für natürliche Schädlingsbekämpfungsmittel – schließlich haben hier die Pflanzen in einer nach Jahrmillionen zählenden Evolution Seite an Seite mit Schädlingen verbracht und infolgedessen wirksame Abwehrstoffe entwickelt. Doch damit der Mensch genügend Zeit zur Erforschung des ganzen Artenreichtums hat, müssen bedeutende Regenwaldreservate erhalten bleiben.

Auch die forstliche Forschung braucht zur Entwicklung nachhaltiger Bewirtschaftungs-

Aufforsten, Wald machen – die große Zukunftsaufgabe. Menschengemachter Wald in der iranischen Provinz Chetal Gorgan (links) und in Nepal (unten rechts) zur Bekämpfung der Erosion. Aufforstungen müssen gepflegt und können später genutzt werden. In den Teakplantagen Ostjavas geschieht dies nachhaltig. Die Verwendung der Hand- anstatt der Motorsäge bedeutet für mehr Menschen mehr Arbeit (unten links). *Calliandra*, ein tropischer Hülsenfrüchtler, wächst viermal schneller als die Buche und wird alle 2 Jahre als Brennholz geschlagen (unten Mitte).

modelle noch sehr viel Zeit, denn diese Wälder sind, verglichen mit den unsrigen, unendlich viel komplexer aufgebaut. In Kalimantan kommen über 4000 Baumarten vor, und mit Sicherheit sind noch nicht einmal alle bekannt. In Bergregenwäldern Javas sind schon über 60 verschiedene baumförmige Pflanzen auf einem Hektar gezählt worden, in Kolumbien mehr als 200! Über die ökologischen Ansprüche der einzelnen Pflanzen ist kaum etwas bekannt. Wann bilden sie Samen, unter welchen Bedingungen keimen diese? Der mitteleuropäische Förster hat sich in einem naturnahen Wald höchstens mit einem Dutzend Bäumen abzugeben. Zeichnet er einen zum Fällen an, so weiß er, wie die Art nachzuziehen ist. Solches Wissen beginnt sich auch in den südostasiatischen Regenwäldern langsam zu bilden, wo einzelne Versuche mit behutsamem Holzen und ebenso behutsamer Pflege des Nachwuchses zeigen, daß auch der Regenwald nachhaltiger bewirtschaftet werden könnte.

Wald statt Wüste – Ergänzung statt Konkurrenz

Wälder können nicht einfach durch Gesetze geschützt werden, solange die Menschen zur Deckung ihrer elementaren Bedürfnisse auf sie angewiesen sind – das hat auch die Waldgeschichte Europas gezeigt. Erst die Einführung anderer Energieträger und verbesserter Landwirtschaftsmethoden hat bei uns den Druck vom Wald genommen. Andererseits sind die Bewahrung der verbleibenden Naturwälder und die Schaffung neuer Schutzwälder unbedingte Voraussetzung für die Erhaltung fruchtbarer Böden – in den Feuchttropen ebenso wie in den trockeneren Randtropen und erst recht in den Bergregionen.
Um im Kampf gegen die Waldzerstörung erfolgreich zu sein, müssen zahllose Schwierigkeiten überwunden werden. Die Durchbrechung des Teufelskreises von Bevölkerungswachstum, Ausbeutung, Hunger, Übernutzung der natürlichen Ressourcen, politischer Instabilität und wirtschaftlicher Depression wird um so schwieriger sein, als die Entwicklungsländer mit einer anderen Situation konfrontiert sind als zum Beispiel die europäischen

Industrieländer im letzten Jahrhundert: Einerseits steht ihnen weniger Energie zur Verfügung, was eine Industrialisierung europäischen Ausmaßes an und für sich schon verhindert, und andererseits erleiden Land- und Landwirtschaftsreformen immer wieder Rückschläge. Viele dieser Probleme liegen außerhalb des Einflußbereichs der Forstwirtschaft. Diese allein kann den Teufelskreis nicht durchbrechen – aber sie kann versuchen, bei der Lösung einer der wichtigsten Fragen unserer Zeit nach besten Kräften mitzuwirken.

Die forstlichen Bemühungen gehen heute in zwei Richtungen. Wo Holzmangel herrscht und Schutzwirkungen verlorengegangen sind, soll menschengemachter Wald diese Leistungen zurückbringen. Ebenso wichtig ist es, ein anderes Problem zu lösen. Wie können die empfindlichen Böden – besonders in den Feuchttropen, aber ebenso in den Randtropen – in stabilere Kulturlandschaft überführt werden, so daß der Bauer einen dauernd gleichbleibenden, einen nachhaltigen Ertrag erwirtschaften kann? Denn nur wenn die in den Feuchtwäldern lebenden Menschen ihre Nahrung auf andere, weniger mühsame Weise als durch Brandhackbau großzuziehen vermögen und nicht mehr Jahr für Jahr neue Flächen roden müssen, kann die Waldzerstörung dort vermindert werden.

Wollen die Entwicklungsländer ihren Holzbedarf in Zukunft selber decken, müssen sie bis zur Jahrtausendwende um die 250 Millionen Hektar aufforsten. Wenn im Tropengürtel heute erst ein Zehntel dieser Fläche besteht, so ist dies vorab auf wirtschaftliche und politische Gründe zurückzuführen und weniger auf mangelnde biologische Voraussetzungen. Im Gegenteil, diese sind oft sehr gut: Tropische Föhren- und Eukalyptusarten scheinen auf geeigneten Standorten geradezu in den Himmel zu wachsen; Föhren leisten mit 15 bis 45 m^3 Zuwachs pro Hektar und Jahr bis viereinhalbmal mehr als produktivster mitteleuropäischer Wald und werden unter Umständen bereits nach acht Jahren gefällt. Das wohl schnellwüchsigste Waldstück der Erde findet sich in Papua-Neuguinea. *Eucalyptus-deglupta*-Bäume sind dort in nur drei Jahren 24 m hoch aufgeschossen. Pro Hektar bildeten sie gegen 300 m^3 Holz – hochproduktiver mitteleuropäischer Buchenwald erreicht diesen Vorrat erst nach etwa 45 Jahren. Das Geheimnis des raschen Wachstums liegt in der intensiven Sonnenbestrahlung und der langen, oft ununterbrochenen Vegetationsperiode. Allerdings dürfen diese auf besten Standorten und in der ersten Generation erzielten Werte nicht darüber hinwegtäuschen, daß die ehernen biologischen Gesetze auch in den Tropen gelten. Tropische Naturwälder gehen mit ihren Nährstoffen sehr haushälterisch um und sind durch ihren Artenreichtum gegen großflächigen Schädlingsbefall gefeit. Baumplantagen hingegen bestehen oft aus einer einzigen Art und sind darum extrem schädlingsgefährdet. Zudem schützen sie den Boden ungenügend, solange sie nicht ähnlich stufig wie der Naturwald aufgebaut sind. Mit den ausgewaschenen Nährsalzen nimmt auch die Fruchtbarkeit ab. Doch vielerorts werden Holz und Schutz derart dringend gebraucht, daß das Problem des langfristig gleichbleibenden Ertrags momentan in den Hintergrund tritt.

Im Jacmel-Tal auf Haiti stellen Dorfgemeinschaften ihre zyklongeschädigten Kaffeehaine wieder her. Kombinierte land-forstwirtschaftliche Nutzung eignet sich dafür am besten. Die Bauern ziehen darum in ihren Pflanzgärten nicht nur Kaffeesträucher, sondern auch die überschirmenden Bäume nach.

Noch vor wenigen Jahrzehnten ▷ war dieses Tal in der Inneren Mongolei (China) völlig entwaldet – Folge jahrhundertelanger Übernutzung und Beweidung. Heute wachsen aus riesigen Pflanzlöchern Pappeln und Föhren an den erodierten Hängen, verbessern Bäume das Klima der Siedlung am Hangfuß und bewahren rechteckig angelegte Windschutzstreifen in der Talebene die Kulturen vor Erdverwehungen und übermäßiger Verdunstung.

Der Plantagenforstwirtschaft kommt in den Entwicklungsländern zweifellos eine wichtige Rolle zu. Das forstliche Wunderkind China zum Beispiel hat seine Waldfläche seit 1949 um etwa 30 Millionen Hektar vergrößert und will den Waldanteil von heute 13% der Landesfläche bis zur Jahrtausendwende auf 20% anheben. 600 Millionen Menschen werden jährlich einige Setzlinge der Erde anvertrauen, so daß das Reich der Mitte Jahr für Jahr um Milliarden Bäumchen grüner wird. In den einheitlichen Riesenaufforstungen der ersten Stunde sind in Form von Waldbränden und Insektenkalamitäten Probleme aufgetaucht, die es heute zu vermeiden gilt. Vermehrt sollen darum einheimische Baumpflanzen zum Zuge kommen, die uniformen Plantagen durch gemischte ersetzt werden. Das sind Anzeichen dafür, daß sich auch die chinesischen Förster auf den Weg einer naturnahen Forstwirtschaft begeben.

Hoffnung auf ein grünes Land keimt auch in Indien auf. In den Himalayatälern Uttar Pradeshs ist die Chipko-Bewegung entstanden, die sich gegen die Ausbeutung der Wälder durch Holzhändler aus dem Unterland wehrt. Menschen umarmen die Bäume und schützen sie so vor dem Gefälltwerden. Die Volksbewegung hat auch die Notwendigkeit von Aufforstungen erkannt und führt solche in größeren Kampagnen durch. Die Chipko-Initiative bringt mit ihren aufsehenerregenden Aktionen auch Grundsätzliches zum Keimen: daß die Krise des indischen Waldes ins Bewußtsein der Bevölkerung gehoben und bei ihr der Wille geweckt wird, diese zu bekämpfen. Im Staate Gujarat östlich des Indus-Flusses pflanzten Bauern 1981 50 Millionen Baumsetzlinge auf ihr Land. Die Forstbehörden demonstrierten ihnen, daß Bäume großzuziehen sich auszahlt, und lancierten eine breitangelegte Informationskampagne. Im nächsten Jahr mußten die Förster bereits doppelt so viele Pflanzen bereitstellen.

Aufforsten in den Entwicklungsländern ist eine außerordentlich anspruchsvolle Aufgabe. Es gilt nicht nur den Baum und seine Biologie zu berücksichtigen, sondern auch den Menschen und seine Kultur. Ein Nomade zum Beispiel wird seine Ziegen nicht vom menschengemachten Baumriegel über seiner traditionellen Wanderroute abhalten, wenn er dessen Sinn nicht einsieht. Verändert Brennholz aus Plantagen den Nahrungsgeschmack, dann wird es nicht akzeptiert. Oder der Ersatz scheinbar wertloser Savannensträucher durch Föhrenplantagen kann für die Frauen Verlust wertvoller Wildgemüse und traditioneller Medizinalpflanzen bedeuten.

Aufforstungen produzieren Holz und Schutz – besonders geschickt angelegte sogar Nahrung. In den Tropen gilt Agroforstwirtschaft – das Zusammenwirken von Baum und Kulturpflanzen – als einer der hoffnungsvollsten Schlüssel zur nachhaltigeren Nutzung der empfindlichen Böden, zur Schaffung ökologisch stabiler Kulturlandschaft. Der Baum ist hier nicht mehr Hemmschuh der Entwicklung (ein jahrtausendealtes Vorurteil!), im Gegenteil. In den trockenen Bereichen holt er Nährstoffe aus der Tiefe und spendet Schatten, für die Nutzpflanzen ebenso wie für das Vieh und die Menschen, die zudem von seinen Früchten profitieren und später sein Holz nutzen.

Im Regenwaldbereich muß das «Prinzip Wald» besonders auf nährstoffarmen Böden erhalten bleiben, um den Humus- und Nährstoffhaushalt nicht zu stören. Der Baumbestand, durch Frucht- oder rasch wachsende Bäume zur Nutz- und Brennholzproduktion angereichert, ist etwas gelichtet. Dies erlaubt den Anbau von Unterkulturen wie Kaffee, Bananen und vielen anderen Früchten.

Solche stufig aufgebauten Baumgärten haben gegenüber Monokulturen wie Kautschuk- oder Föhrenplantagen viele Vorteile: Sie sind als Simulation des Naturwaldes besser gegen Schädlinge gefeit, schützen den Nährstoffvorrat besser und liefern Früchte und Rohmaterial, die lokal vermarktet und weiterverarbeitet werden können.

Agroforstwirtschaft ist die konsequente Zuneigung der Forstleute zu den Bedürfnissen der Menschen, besonders der mittellosen Landbevölkerung. Das Motto des Weltforstkongresses 1978 in Jakarta drückt diese Haltung bündig und engagiert aus: Forests for People – Wälder für die Menschen.

Buschtrommel und Geige

Wie man Bäume zum Tönen bringt

Holz begleitet den Menschen schon seit über 300000 Jahren und dient ihm seit mehr als 10000 Jahren auch zum Bau von Musikinstrumenten. Es ist ein Werkstoff, der uns durch lange handwerkliche Erfahrung vertraut, der mit einfachen Werkzeugen leicht zu formen ist. Beim Instrumentenbau wie bei allen anderen unzähligen Verwendungsmöglichkeiten des Holzes ist die Fähigkeit des Handwerkers unerläßlich, auf die Eigenschaften des Naturstoffes einzugehen: Der Meister setzt die geeigneten Hölzer für den vorausbestimmten Zweck ein und versucht jedes einzelne Brett zu verstehen, dessen Holz nichts anderes als die individuelle Geschichte des Baumes widerspiegelt.

◁ Kunstvoll geschnitzter Elefanten-Drachenkopf eines geigenähnlichen Streichinstruments aus Bhutan (oben). Trommler des Azande-Volkes im Süden der Republik Sudan (unten).

Das Holz des Buchsbaumes, das schwerste und härteste Holz der gemäßigten Breiten Europas, war bereits im Altertum Rohstoff für Flöten. Seine Ähnlichkeit mit dem wertvollen Elfenbein spielte dabei eine ebenso wichtige Rolle wie die leichte Drechselbarkeit und die geringe Neigung zur Rißbildung.

Der Kameltreiber Mothar, so besagt eine arabische Legende, fiel vom Kamel und brach sich den Arm. In seinem Schmerz schrie er: Jah, Jaila! Als die Tiere seine schöne Stimme hörten, beschleunigten sie ihre Schritte. Die anderen Kameltreiber bemerkten dies und fingen laut an zu singen. Seither begleitet der Gesang der Treiber die Kamele auf ihrem langen, beschwerlichen Weg durch die Wüste. Ähnlich wie die Araber erzählen auch andere Völker in Sagen und Legenden die Geburt ihrer Musik.
Musik ist ohne Instrumente unvorstellbar, doch wie und wann der Mensch anfing, diese zur Tonerzeugung zu bauen, bleibt für immer ein Rätsel seiner ungeschriebenen Vorgeschichte. Durch Schlagen und Hämmern bricht der Mensch harte Früchte und Knochen, wehrt sich gegen seine Feinde und errichtet sich eine Behausung. Daß er dabei auf den erzeugten Ton aufmerksam wird, liegt auf der Hand, um so mehr als Geräusche oft nahende Gefahr signalisieren. Interessiert lauscht der Mensch dem Klopfen des Spechtes, das aus dem hohlen Baumstamm dumpf wiederhallt, dem Wind, der beim Vorüberstreichen gebrochenen Schilfröhren Pfeiftöne entlockt, dem Singen der Bogensehne beim Abschießen des Pfeiles. Aus den hohlen Baumstämmen baut er später die ersten Trommeln, um Signale über weite Distanzen zu übermitteln, aus Knochen und Röhren die ersten Pfeifen zum eigenen Vergnügen und aus dem Schießbogen den Musikbogen, dessen Ton er durch die mitschwingende Mundhöhle, später durch kleine Kürbisschalen verstärkt: Der Resonator, der tonverstärkende Körper, bei dessen Herstellung Holz eine derart wichtige Rolle spielen wird, ist erfunden.
Bald – so wird vermutet – wurden Instrumente nicht nur gespielt, sondern erhielten magische Bedeutung. Muschel und Rohr, Vorgänger der Horninstrumente und der Flöten, deuten Frau und Mann an, symbolisieren Fruchtbarkeit. Der Stierschädel, mit seinen ausladenden Hörnern Sinnbild der Kraft, dient zunächst als Trommel, dann aber mit eingespannten Sehnen als Zupfinstrument. Die später aus Holz gebaute Lyra und die Kithara aus Mesopotamien, Ägypten und Griechenland behalten die Ähnlichkeit mit dem Stierschädel noch über Jahrtausende.

Dieser Flötenspieler in einer ägyptischen Oase spielt auf einer einfachen Rohrflöte. Vielleicht waren es seine Vorfahren, die vor Jahrtausenden dem Pfeifen des Windes in gebrochenen Schilfröhren lauschten und aufgrund dieser Beobachtung die ersten Flöten bauten.

Das Gehäuse der Tritonschnecke wird durch das Loch in der Spitze angeblasen. In der griechischen Mythologie begleiten schneckenblasende Tritonen die Nereiden, die fünfzig Töchter des Meergottes Nereus. Seeschneckengehäuse dienten den Römern als Kriegstrompeten, und Mittelmeerfischer spielen sie noch heute – in friedlicher Absicht allerdings.

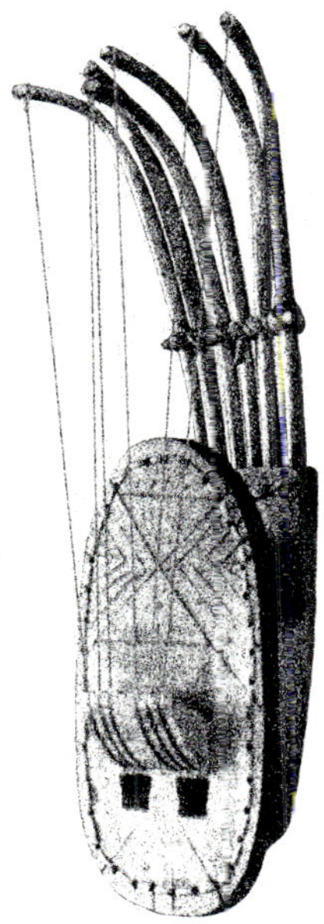

Schießbogenähnliche Harfe aus dem Regenwald Kameruns.

Mit fortschreitender handwerklicher Fertigkeit und zunehmender Erfahrung gewinnen Materialeigenschaften wie Bearbeitbarkeit und Haltbarkeit an Bedeutung, doch sie bleiben vorerst anderen Vorstellungen untergeordnet. Der Stoff, aus dem die Instrumente für kultische Zwecke gebaut werden, muß in erster Linie rein und von hohem Wert sein oder aber den gesellschaftlichen Stand des Besitzers andeuten. Also werden Instrumente aus Holz und anderen gut formbaren Materialien mit Gold- und Silberplättchen geschmückt und reichlich mit Ornamenten versehen. Erst mit der Weiterentwicklung der Herstelltechnik und der steigenden Anforderungen an den erzeugten Ton rücken die Materialeigenschaften immer stärker in den Vordergrund: Das Holz des Buchsbaumes *(Buxus sempervirens)*, das schwerste und härteste Holz der südlicheren Breiten Europas, wurde schon im Altertum zur Herstellung von Flöten verwendet. Seine Ähnlichkeit mit dem wertvollen Elfenbein spielte dabei eine ebenso wichtige Rolle wie seine leichte Drechselbarkeit und die geringe Neigung zur Rißbildung in trockenem Zustand. Die kultische Bedeutung des Instrumentes jedoch ging bis auf den heutigen Tag nicht verloren, mahnt doch das Glockengeläute zur Andacht, verleiht die Orgelmusik festlichen Anlässen Erhabenheit. Musikinstrumente aber dienen in unserer westlichen Zivilisation in allererster Linie alltäglichen Zwecken, nämlich der Unterhaltung und dem Broterwerb. Die Herstellung moderner Instrumente verlangt hohes technisches Können und profunde Materialkenntnis. Doch im Handel herrscht harte Konkurrenz. Marktzwänge diktieren die Instrumentenproduktion, bei der Holz zwar unentbehrlich ist, oft jedoch nicht in optimaler Qualität und in klassischer Form verwendet wird.

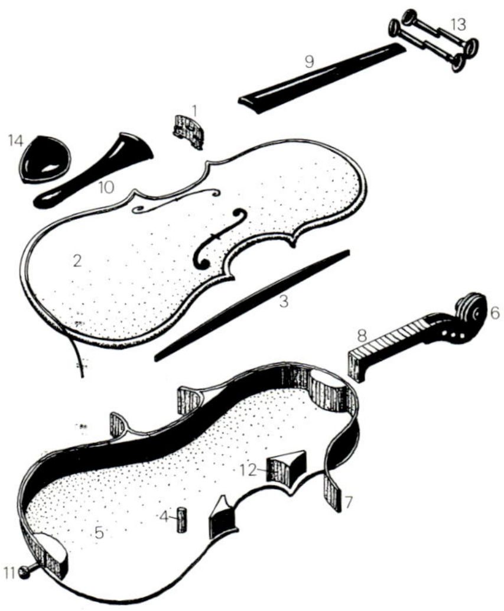

In der Geige werden die Saitenschwingungen über den Steg (1) auf die Deck- oder Resonanzplatte (2) übertragen. Der Baßbalken (3) sorgt für die Aussteifung und ein ausgewogenes Schwingverhalten der Platte. Der Stimmstock (4) zwingt die Bodenplatte (5) zum Mitschwingen. Außer der Schnecke (6) tragen alle Teile, so Zargen (7), Hals (8), Griffbrett (9) und Saitenhalter (10), ferner Form und Größe sowie der Lack zur charakteristischen Klangfarbe der Geige bei. Saitenhalterknopf (11), Eckklötze (12), Wirbel (13), Kinnstütze (14).

Die Geige: ein Instrument aus rund dreißig Einzelteilen

Die Königin der Streichinstrumente ist seit Jahrhunderten die Geige. Das formschöne Instrument erhielt seine heutige Gestalt vor gut 400 Jahren von dem italienischen Instrumentenbauer Andrea Amati (ca. 1500–1576). Die moderne Konstruktionsweise, ausgerichtet auf die höheren Spannungen als Folge der Anwendung von Stahlsaiten, entstand erst vor 100 Jahren. Die Anfertigung einer Geige erfordert viel Können, Erfahrung, auch Glück und ist die Arbeit eines Künstlers. Um die Einzelteile einer Geige auszuwählen, muß der Instrumentenbauer über umfangreiche Kenntnisse der Holzarten und ihrer Eigenschaften verfügen. Die Bodenplatte schnitzt er mit Vorliebe aus Ahornholz, das meist gefällige Strukturzeichnungen aufweist. Gutes Ahornholz stammt heute aus den Wäldern Dalmatiens und wird teuer gehandelt. Die Instrumentenhälse und

Der Geigenbauer lagert sein Holz sorgfältig in Form von sogenannten Kanteln, keilförmigen Baumstammsegmenten. Ein Resonanzboden entsteht aus zwei Segmenten, die Rücken gegen Rücken zueinander verleimt werden.

Die Tonqualität einer Geige hängt stark vom verwendeten Holz ab und davon, ob der Geigenbauer dessen individuelle Eigenschaften zu erkennen vermag. Mit feinen Höbelchen und scharfen Stechbeiteln macht er Kunstwerke aus dem Naturstoff. Damit das Holz bei wechselnder Luftfeuchtigkeit nicht quillt oder an Volumen verliert, werden die Instrumente lackiert. Die Lackrezepturen sind seit jeher geheimnisumwoben.

Bestes Holz für Resonanzplatten ▷ stammt aus hoch gelegenen Fichtenwäldern, wo die Bäume in kurzen Vegetationsperioden feine Jahresringe bilden. Nur noch selten gehen Instrumentenmacher mit dem Förster in den Wald und versuchen, «ihren» Baum zu finden. Den geeigneten Klangholzbaum aber erkennt der Fachmann erst am Jahresringaufbau des gefällten Baumes sicher.

manchmal auch die Seitenwände (Zargen) – beides Instrumententeile, die starker mechanischer Beanspruchung standhalten müssen – sind aus harten Laubhölzern, meist ebenfalls aus Ahorn, gefertigt. Die Wirbel, die dem Halten und Stimmen der Saiten dienen, und der Saitenhalterknopf am unteren Ende des Geigenkörpers werden grundsätzlich immer aus Buchsbaum gedrechselt. Die stilvoll geformten Köpfe oder Schnecken, die allenthalben wahre Meisterwerke der Schnitzkunst sind und die Handschrift des Meisters tragen, modelliert der Geigenbauer mit Stechbeitel und winzigen Höbelchen gern aus Birnbaum oder Ahorn. Das Griffbrett und die Saitenhalter, die abriebfest sein müssen, sind traditionsgemäß aus afrikanischem Ebenholz. Für etwas weniger Geld wird hier vielfach das Holz des Birn- oder Apfelbaumes verwendet, das sich mit schwarzer Farbe durchtränken läßt und somit den Eindruck des viel teureren Ebenholzes erweckt. Für Verzierungen und Halteklötze im Innern des Resonanzkastens eignen sich weiche und leichte Hölzer wie Weide und Linde. Wichtigster Teil des Geigenkörpers ist jedoch die Resonanzplatte. Auf sie wird über den Steg – aus harten Laubhölzern wie Ahorn oder Buche oft liebevoll geschnitzt – die Saitenbewegung übertragen. Dadurch entstehen Resonanzschwingungen, welche das Ohr deutlich wahrnehmen kann. Die schwingende Saite allein gibt wegen ihrer kleinen Ausmaße nämlich nur einen kaum hörbaren Ton von sich.

Holz – die Kehle des Instrumentes

Der Umweg der Schallerzeugung über die Resonanzplatte hat Konsequenzen: Der Klang des Instrumentes hängt in erster Linie von den Materialeigenschaften des Resonanzkörpers ab und weniger von der Beschaffenheit der Saite. Die Resonanzplatte wird sozusagen zur Kehle des Instrumentes. Der Instrumentenbauer wählt das Holz für die Resonanzplatte ebenso sorgfältig aus, wie er es bearbeitet. Zur Herstellung der Resonanzplatte der Geige wird in erster Linie Fichtenholz (Rottanne; *Picea abies*) verwendet.

Noch heute begeben sich einzelne Instrumentenbauer in den Wald, um einen geeigneten Stamm zu finden. Die Suche ist nach wie vor mit viel Zeremonie verbunden. Mancher entschwindet mit geschulterter Leiter im Wald, um die Stämme in unterschiedlicher Höhe mit einem Holzhammer zu beklopfen und den erzeugten Tönen zu lauschen. Andere verfolgen den Holzschlag mit Aufmerksamkeit und glauben die Qualität des Holzmaterials an den Ge-

00148
00144
00009

Klangholz wird zum Teil jahrzehntelang gelagert. Noch im letzten Jahrhundert fand man es nicht außergewöhnlich, wenn namhafte Instrumentenbauer im Abbruchmaterial niedergerissener Häuser oder Brücken nach «gut gelagertem» Holz suchten, das als wertvolles Resonanzholz galt.

räuschen zu erkennen, die Axt und Säge hervorlocken oder die der schwingende Stamm während des Fallens von sich gibt. Wieder andere schwören auf Zeichen, die sich dem Uneingeweihten entziehen. Diese Leute sind mit Rutengängern zu vergleichen, die sich von inneren Kräften zu dem gesuchten Objekt leiten lassen. Vieles mag dabei dem unbeteiligten Beobachter unnütz vorkommen. Die Ergebnisse neuerer Untersuchungen scheinen ihm recht zu geben, denn sie bestätigen, daß sich praktisch bei jedem Holzschlag Stämme aussondern lassen, deren Holz das prüfende Auge des Instrumentenmachers zum Aufleuchten bringt. Denn erst wenn der Baum gefällt ist, erkennt der Fachmann am Jahresringaufbau, ob sich der Stamm zu Klangholz verarbeiten läßt. Am stehenden Baum kann auch das Rindenbild darüber wenig sagen, und die Qualitäten des Holzes bleiben dem Auge verborgen. Immerhin weiß der erfahrene Instrumentenbauer, aus welchen Waldungen in der Regel geeignetes Holz stammt. Doch das Zeremoniell dürfte trotzdem seinen Sinn haben. Es ist Teil der geistigen Vorbereitung des Instrumentenmachers, der die persönliche Beziehung zu seinem Werkstoff bereits im Walde herzustellen versucht. Nichts motiviert besser zu kreativem Schaffen als die Liebe zum Werkstück, und diese beginnt mit dem Aussuchen des Holzes.

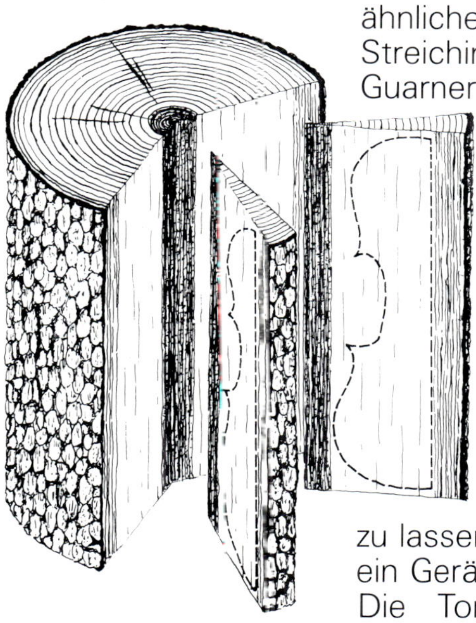

Klangholzkanteln werden aus dem Kernholz herausgetrennt, dem abgestorbenen inneren, mit konservierenden und vielfach farbigen Stoffen durchtränkten Bereich des Stammes. Der zentrale, in der Jugend gebildete Teil wird abgetrennt; er ist weniger fest, quillt mehr und verliert bei Feuchtigkeitswechsel auch mehr an Volumen. Abgetrennt werden auch die lebenden 15 bis 30 äußersten Jahresringe, das sogenannte Splintholz, das dem Wassertransport dient.

Klangholz ist in unserer Zeit ein außerordentlich teures Material. Im Handel gelten Preise, die jene des Brennholzes um ein Hundertfaches, diejenigen des Bauholzes um das Zwanzigfache übersteigen können. Immer weniger Instrumentenbauer sind darum in der Lage, selber in den Wald zu ziehen, um den geeigneten Stamm zu finden und fällen zu lassen. Es ist billiger und sicher auch einfacher, das Klangholz im Handel zu beziehen, wo es in Form von Brettern angeboten wird. Andere kaufen einzelne Bretter in Sägereien, wo sie der Einschnitt der Stämme an der Säge verfolgen können. Jedenfalls hat der Instrumentenbauer immer seltener die Möglichkeit, mehrere Instrumente aus dem gleichen Baumstamm zu schaffen. Er lernt so die Eigenart des Stammes kaum kennen und kann seine Erfahrungen beim Bau des nächsten Instrumentes nicht direkt verwerten. Ganz anders die alten Meister: Andrea Amati mußte laut Überlieferung dem französischen König Karl IX. 38 Instrumente für dessen Hoforchester bauen. Daß er dazu Material aus ein und demselben Baumstamm verwendete, liegt auf der Hand. Und auch das ähnliche Erscheinungsbild des Holzes mancher Streichinstrumente von Giuseppe Antonio Guarneri (Guarnerius del Gesù, 1698–1744) verrät, dass sie im wahrsten Sinne des Wortes aus demselben Holz geschnitzt sind.

Ton, Klang und Geräusch

Instrumente erzeugen neben den erwünschten Klängen auch Geräusche, deren Erzeugung nicht beabsichtigt ist. Die Kunst des Instrumentenbaus besteht darin, eine gute Klangfarbe zu treffen und möglichst wenig Geräusche entstehen zu lassen. Was ist nun ein Ton, ein Klang und ein Geräusch?

Die Tonempfindung entsteht durch Luftschwingungen, hervorgerufen durch einen schwingenden Körper. Der Ton wird durch Tonhöhe und Tonstärke gekennzeichnet. Der Klang hingegen setzt sich aus Tönen zusammen, bestehend aus dem Grundton, dessen Tonhöhe wir erkennen, und aus den Teil- oder Obertönen, die dem Klang Farbe verleihen. Beim Klang stehen Schwingungsfrequenzen des Grundtons und der Obertöne in ganzzahligem Verhältnis zueinander, beim Geräusch sind Töne mit beliebigen Frequenzen gemischt.

In jedem Instrument mischt sich eine typische Auswahl von Obertönen mit dem Grundton. Dadurch erhalten die verschiedenen Instrumente die ihnen eigene Klangfarbe. Der Instrumentenbauer kann die Klangfarbe auf verschiedene Weise modifizieren, so zum Beispiel durch die Materialwahl: Materialien mit hoher

Geigenbauschulen und berühmte Werkstätten entstanden in Europa vor allem rund um die an Resonanzholz reichen Alpen, z.B.: Bologna, Venedig, Mantua, Pavia um 1500, Wien, Budapest, Nürnberg, Florenz, Padua, Füssen um 1525, Brescia, Lyon um 1530, Cremona, Paris um 1550, Mirecourt, Nancy, Absam bei Innsbruck um 1650, Mailand 1690, Mittenwald, London, Prag um 1700, Markneukirchen, Klingenthal um 1710, Regensburg, München, Salzburg um 1750. Erste Geigenfabrik in Mirecourt um 1790.

◁ Holzflößerei in Finnland. Im geflößten Holz werden unter anderem die Wachstumsspannungen, die zu Rissen führen können, schneller abgebaut. Instrumentenbauer wußten um die günstige Auswirkung des Flößens auf die Holzqualität und verwendeten auf diese Art transportiertes Holz mit Vorliebe.

Dichte wie Metalle klingen schrill, da sie viele Obertöne mitschwingen lassen. Materialien mit niedrigem spezifischem Gewicht wie Holz tönen hingegen weich, sogar dumpf, und zwar deshalb, weil nur wenig Obertöne mit dem Grundton mitklingen.

Die Klangfarbe kann auch durch die Form und Gestalt des Instrumentes modifiziert werden, etwa durch konische oder zylindrische Längsbohrung bei den Blasinstrumenten und durch die Gestalt der Resonanzplatte bei den Streichinstrumenten. Auch die Größe des Instrumentes spielt eine wichtige Rolle; eine Panflöte mit kurzen Rohrlängen (8–18 cm) gibt einen Klang mit nur wenig Obertönen von sich, da viele davon schon im unhörbaren Ultraschallbereich liegen. Mit einem Alphorn von 4 m Länge hingegen kann eine ganze Reihe tiefer Grundtöne geblasen werden, begleitet von einer stattlichen Anzahl von Obertönen, die noch immer im Hörbereich liegen.

Klangholz – reif nach Jahrzehnten der Lagerung

Als Klangholz wird zum Bau von Musikinstrumenten verwendetes Holz bezeichnet. Bei Blasinstrumenten spielen die Materialeigenschaften des Holzes für die Klangbildung eine untergeordnete Rolle. Bei den Saiteninstrumenten und den Selbstklingern – das Xylophon ist ein solcher – bestimmen die Materialeigenschaften des Holzes die Klangqualität ganz wesentlich. Geeignetes Klangholz zu beschaffen ist aber in jedem Fall die Voraussetzung für den Bau guter Instrumente.

In antiken Zeiten überzogen ausgedehnte, vom Menschen kaum berührte Urwälder weite Teile Europas und anderer Kontinente. Berichte römischer Schriftsteller zeugen von unermeßlichen und nicht ganz geheuren Wäldern nördlich der Alpen. Noch im Frühmittelalter ist der Bodensee von «erschröcklichen» Waldungen und «grausenvollen» Sümpfen umgeben gewesen. Bäume wurden damals für einen bestimmten Zweck einzeln ausgesucht und gefällt. Heute gibt es in unseren Breitengraden nur noch in vereinzelten, dem Menschen schwer zugänglichen Gebieten Urwälder, deren mächtige Stämme einst Lieferanten von erlesenem Klangholz waren. Klangholz stammt heute aus Wäldern, die der Mensch zum Teil schon seit Jahrhunderten bewirtschaftet. Als wichtigste Wuchsgebiete gelten die Hochgebirgsregionen, in erster Linie die Alpen und Karpaten, aber auch die Vogesen, der Schwarzwald, der Böhmerwald sowie die Sudeten. Nur auf diesen hoch gelegenen Standorten bildet der Baum in den kurzen Vegetationsperioden schmale Jahresringe. Gleichmäßiges und weitgehend spannungsfreies Holz, welches vom Instrumentenmacher ebenso geschätzt wird wie vom Ohr, ist das Ergebnis. Weil der Mensch diese Wälder auf der Suche nach Klangholz systematisch ausgebeutet hat, sind die klangholzträchtigen Bäume heute weitgehend verschwunden.

Landschaftszerstörende Weltkriege haben zudem weite Waldungen vernichtet. Zur Abnahme der europäischen Klangholzvorräte hat nicht zuletzt die industrielle Instrumentenherstellung in Amerika und Japan beigetragen.

Instrumentenbauer im 16. Jahrhundert verarbeiteten nur Klangholz, welches im Winter geschlagen und mindestens 50 Jahre gelagert war. Auch heutige Instrumentenmacher versuchen sich an dieses Erfahrungsgut zu halten, sofern Finanzen und Marktlage dies zulassen. Schon Plinius dem Älteren – dem Naturforscher der Antike – war bekannt, daß im Winter geschlagenes Holz schneller trocknet und weniger pilzanfällig ist. Heute kennen wir die Gründe dafür. Die im Sommer geernteten Bäume stehen voll im Saft und führen zuckerhaltige und wasseranziehende Stoffe in den äußersten Jahresringen. Diese locken nicht nur Pilze und Insekten an, sondern zögern auch das Austrocknen des Holzes hinaus.

Ebenso wichtig wie der Einschlag im Winter ist es für den natürlichen Trocknungsverlauf, daß das Holz geflößt wird. Während des Flößens hilft das Flußwasser nämlich, die wasseranziehenden und zuckerhaltigen Stoffe aus dem Baum auszulaugen. Als Folge davon macht das Holz – ist es erst einmal an Land – einen günstigeren Austrocknungsverlauf durch. Helfend wirkt sich hier ein Ereignis aus, das beispielsweise mit dem Elektronenmikroskop gut verfolgt werden kann: Die Wasserlagerung führt zu einem Bakterienbefall, wie an Holz beobachtet wurde, das nach den Sturmkatastrophen der frühen siebziger Jahre in Norddeutschland zum Schutz vor Insekten- und Pilzbefall in großen Mengen im Wasser gelagert werden mußte. Die Bakterien tun sich an den Schließpfropfen der Wandöffnungen gütlich, welche die Nachbarzellen verbinden. Die Baumpflanze verschließt diese Öffnungen in den abgestorbenen Jahresringen des Kernholzes, die für den Wassertransport nicht mehr gebraucht werden. Mit dem Bakterienbefall der Schließpfropfen wird das ansonsten wasser- und luftundurchlässige Holz etwas durchlässiger und kann das Wasser, das sich in seinen Zellen und Zellwänden befindet, bei der Trocknung leichter an die Luft abgeben.

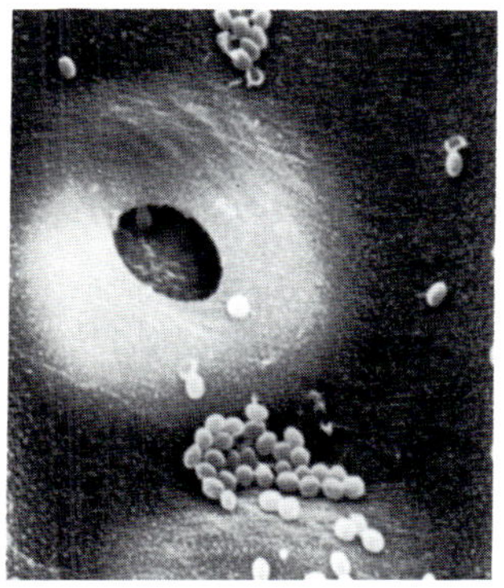

Kugelbakterien (hellere Kugeln) im Bereich von Hoftüpfeln in Tannenholz. Die Hoftüpfel sind Verbindungen von Zelle zu Zelle. Im Kernholz, welches die Pflanze zum Wassertransport nicht mehr braucht, werden die Hoftüpfel durch den Tüpfelpfropfen verschlossen. Wird Holz im Wasser gelagert, tun sich Bakterien an den Pfropfen gütlich; dadurch wird das Holz durchlässiger und kann besser abtrocknen (Rasterelektronenmikroskop, Vergrößerung ca. tausendfach).

Wenn der Baum im Wasser liegt, lösen sich zudem seine Wachstumsspannungen leichter. Wachstumsspannungen entstehen in der Baumpflanze im Verlaufe ihres Lebens und nehmen normalerweise mit dem Alter zu. Sie können in einzelnen Baumstämmen entsprechend der Erbanlage und den Standortsbedingungen so groß werden, daß sie den Stamm noch während des Fällens auseinandersprengen. Da das geflößte Holz länger naß und somit leichter verformbar bleibt, lösen sich die Wachstumsspannungen großenteils schon in kurzer Zeit, nach etwa einem halben Jahr. Das geflößte Holz verliert bei Wassergehaltswechsel weniger an Volumen und quillt weniger als das über Land transportierte und behält seine Form besser. Die Wachstumsspannungen vermindern sich auch in landtransportiertem Holz, doch braucht es dazu viel mehr Zeit. In Brücken und Häusern eingebautes, nichtgeflößtes Holz verzieht sich nach etwa 25–50 Jahren auch dann nicht mehr, wenn es stark durchnäßt wird. In Verbindung mit dem Flößen etablierten sich auch Vorstellungen, die sich mit den heute zur Verfügung stehenden genauen Untersuchungsmethoden widerlegen lassen.

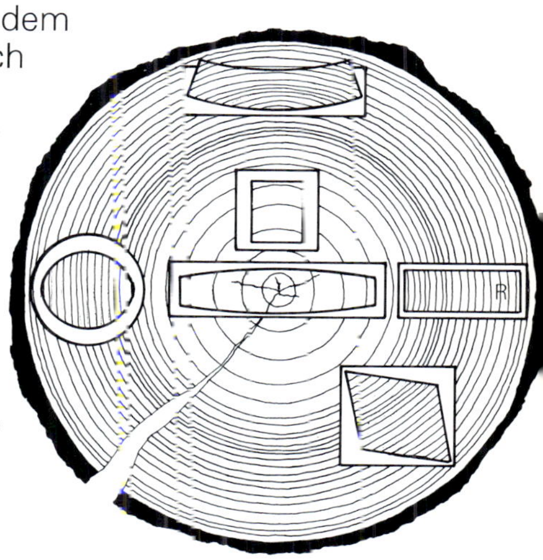

Wenn ein Holzkörper austrocknet, nimmt er in Abhängigkeit von der Jahresringstellung an Volumen ab. Das Riftbrett (R) behält seine Gestalt am besten und ist daher für Klangholz geeignet. Im Zentrum reißt das Holz immer.

So glauben viele Holzverarbeiter, daß sich der Gehalt an Mineralstoffen – in erster Linie Kalk – im Holz durch das Flößen erhöht und daß dadurch bestimmte Holzeigenschaften günstig beeinflußt werden. Dieser Auffassung muß jedoch entgegengehalten werden, daß die Analyse des Mineralstoffgehaltes von geflößtem und nichtgeflößtem Holz nur einen zufälligen Unterschied erbrachte.

Flammenzeichnung, Vogelaugenmaserung und Reaktionsholz

Der optische Eindruck, den ein Musikinstrument auf den Baumeister und den Spieler, nicht zuletzt aber auch auf die Zuhörerschaft ausübt, ist so stark, daß nach Aussage der Händler und Instrumentenmacher auch heute noch neun Zehntel des Klangholzes nach seinem Aussehen eingekauft werden. Besonderen Wert legt der Instrumentenbauer auf den gleichmäßigen Jahresringbau, der von einem ebenfalls gleichmäßigen, spannungsfreien Wachstumsverlauf zeugt. Astknoten oder Verwachsungen werden aussortiert, ebenso krankes oder schadhaftes Material. Gern verwendet wird Holz mit ansprechender Strukturzeichnungen wie Flammenzeichnung oder Vogelaugenmaserung. Die Flammen entstehen im Holzgewebe durch sogenannten Riegelwuchs, das heißt durch die wellenförmige Anordnung der Zellen in der Achsenrichtung des Baumes. Riegelwuchs kommt bei verschiedenen Holzarten vor, so bei Ahorn, Kirschbaum, Eiche oder Esche. Man trifft ihn relativ selten unter den Individuen derselben Baumart an; nur etwa 3–5% zeigen diese Wuchsform, die

Die Bodenplatte dieser Geige zeigt eine Vogelaugenmaserung. Die Vogelaugen entstehen durch Anschneiden «schlafender» Knospen, die als Folge eines gestörten Hormonhaushaltes im Stammfuß haufenweise entstanden, jedoch nicht ausgetrieben sind.

am stehenden Baum von außen nicht erkennbar ist. Hoch geschätzt ist Riegelwuchs vor allem beim Ahorn, dessen Holz für die Erstellung der Bodenplatten von Streich- und Zupfinstrumenten traditionsgemäß Verwendung findet. Die Säge schneidet diese Zellenwellen in Längsrichtung an, was die beliebte Flammenzeichnung durch Lichtbrechung entstehen läßt.
Was optisch schön ist, kann sich statisch schlecht auswirken: Geflammtes Holz besitzt niedrigere Festigkeit. Allerdings dürfte dies bei der kleinen mechanischen Belastung eines Instrumentes kaum eine Rolle spielen, keine so große jedenfalls wie etwa im Schiffsbau. Von türkischen Händlern wird erzählt, daß sie, um im Geschäft zu bleiben, den venezianischen Schiffsbauern absichtlich riegelwüchsigen Ahorn für die Ruderherstellung verkauften. Davon sollen dann die Instrumentenbauer profitiert haben, indem sie die gebrochenen Ruder für billiges Geld erstanden.
Musikinstrumente, deren Bodenplatte eine sogenannte Vogelaugenmaserung zeigt, zählen zu den Raritäten. Eine solche Maserung findet sich beim amerikanischen Zuckerahorn *(Acer saccharum)* und der Birke *(Betula sp.)* im Wurzelbereich der Stämme, wo sich als Folge eines gestörten Hormonhaushaltes haufenweise «schlafende» Knospen bilden, das heißt solche, die von der Baumpflanze nur angelegt werden, jedoch nicht austreiben. Bizarre und gefällige Zeichnungen werden beim Anschneiden dieser Zonen sichtbar. Die Bearbeitung solcher Platten erheischt viel Umsicht und Geschick, weil das Holz beim Trocknen und bei der Schnitzarbeit um die «Augen», die quergeschnittenen Knospen, leicht aufreißt.
Ein Baum kann in seinem langen Leben in Tausenden von Stürmen hin- und hergezerrt werden und biegt sich täglich in leichtem Wind. Erfolgen diese mechanischen Reize meist aus derselben Richtung, so bildet der Baum Reaktionsholz, durch chemische Einlagerungen verstärktes Holzgewebe, um diesen äußeren Kräften entgegenzuwirken. Ebenso geschieht dies beim hängenden Ast, im Stamm bei schiefem Wuchs an Berghängen oder unter dem unregelmäßig verteilten Gewicht einer asymmetrischen Krone. Für den Instrumentenbauer ist die Abtrennung des Reaktionsholzes vom Klangholz ein Gebot, denn Reaktionsholz weist technologische Eigenschaften auf, die sich von denen normalen Holzes stark unterscheiden. Mancher Mißerfolg findet hier seine Erklärung, denn Reaktionsholz zu erkennen ist oft schwierig und erfordert ein geübtes Auge.

Bestes Klangholz aus einem häufigen Baum

Welchen Anforderungen muß Klangholz genügen, das zum Bau der Resonanzplatte von Saiteninstrumenten (Streich- und Zupfinstrumente sowie Klaviere) verwendet wird? Der erlesene Werkstoff muß gleichmäßig gewachsen und leicht bearbeitbar sein sowie ausgezeichnete Festigkeitseigenschaften aufweisen. Er darf nur ein niedriges spezifisches Gewicht

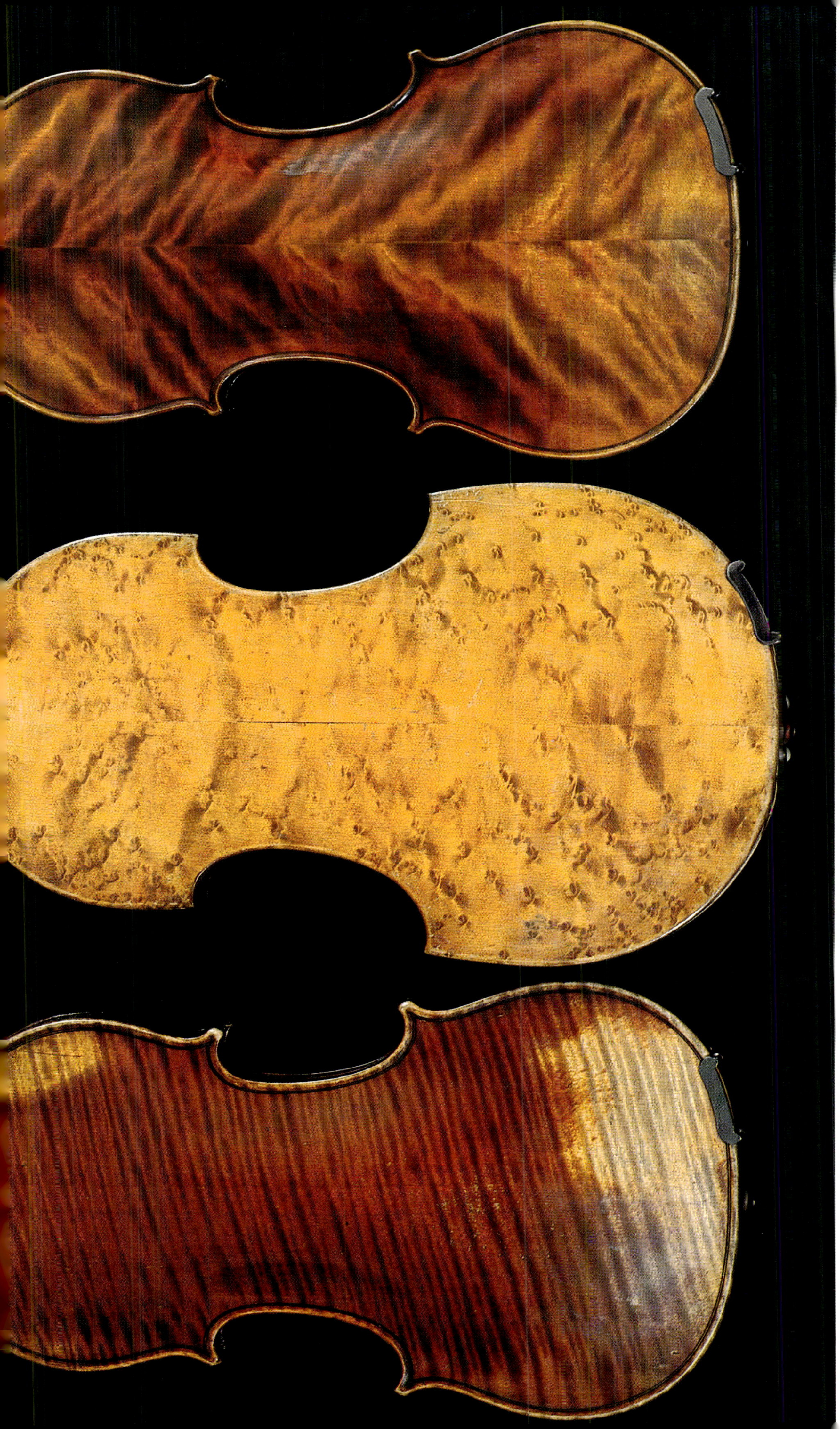

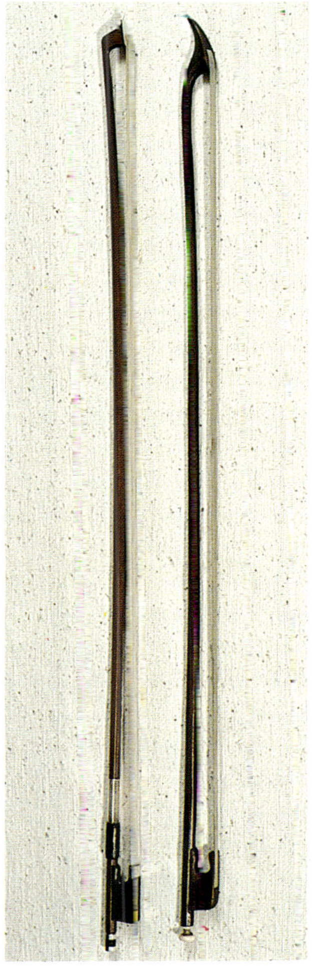

Geigenbogen werden vielfach aus Pernambukholz gefertigt, der Schraubenfrosch aus dunklem Ebenholz. Alte Meister stellten ihre Bogen selber her und verwendeten auch einheimische Hölzer.

◁ Drei Geigenböden, von oben nach unten: geflammtes Ahornholz; Ahornboden mit Vogelaugenmaserung, die Bodenplatten sind bei beiden in der Mitte zusammengefügt; geflammtes Ahornholz, die Bodenplatte ist aus einem Stück gefertigt.

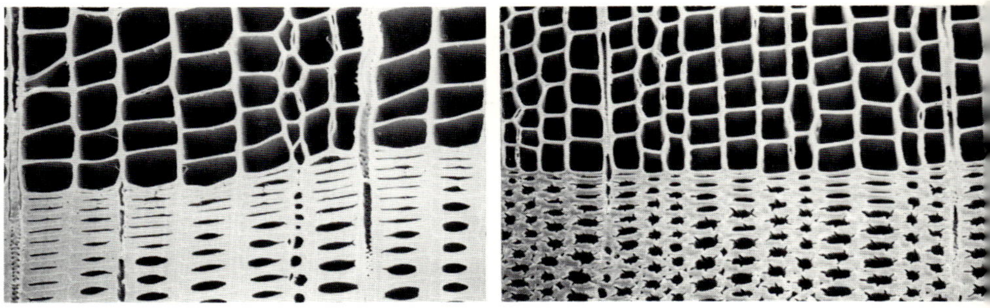

Nadelbäume reagieren auf ständige asymmetrische Belastung durch die Bildung von Druckholz, Laubbäume durch Bildung von Zugholz (unten). Die Bildreihe zeigt, was dabei in den Zellen passiert (oben, von links): normales Fichtenholz, Fichtendruckholz, im untern Bildbereich ist vermehrt Holzstoff (Lignin) eingelagert, der die Druckfestigkeit der Zelle erhöht; normales Buchenholz; Buchenzugholz, hauptsächlich aus zugfester Zellulose aufgebaut.

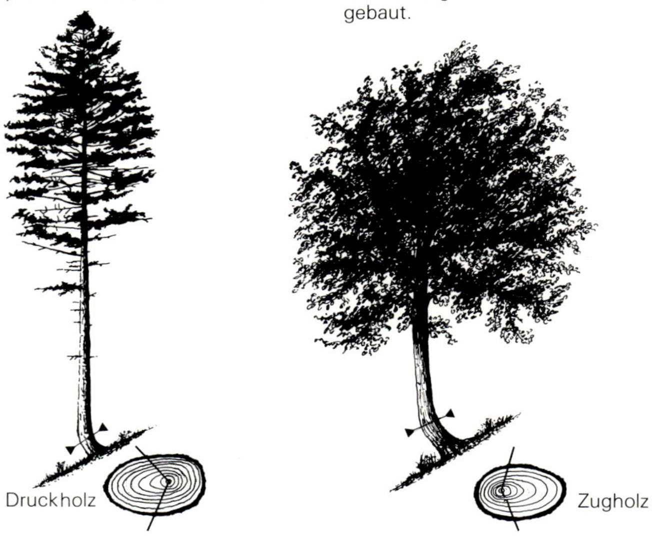

haben und sollte ohne Schwierigkeiten zu beschaffen sein. Bereits diese wenigen Anforderungen schränken die Auswahl von Holzarten stark ein. Demzufolge wurde das Holz der Fichte, eines bei uns weitverbreiteten Baumes, im europäischen Raum – der Hochburg des Saiteninstrumentenbaus – in den letzten 300 Jahren an erster Stelle zu Resonanzplatten verarbeitet.

Fichtenholz präsentiert im Mikroskop eine faszinierende Architektur. Die Hauptmasse des Holzes besteht aus schlanken, röhrenförmigen Zellen, den sogenannten Tracheiden, welche die Baumpflanze mit Wasser und darin gelösten Nährstoffen versorgen und den kronentragenden Stamm festigen. Die Tracheiden liegen mit ihren Längsachsen parallel zur Baumachse und sind vom Stammzentrum nach außen in radialen Reihen angeordnet. In regelmäßigen Abständen werden sie von Markstrahlen unterteilt. Die Markstrahlen verbinden die äußeren mit den inneren Stammzonen und besorgen nicht nur die Querverteilung von Nährstoffen im Stamm, sondern steifen das Gewebe in radialer Richtung zusätzlich aus.

Diese kurze Darstellung des anatomischen Aufbaus des Fichtenholzes macht eine Charakteristik deutlich, die grundsätzlich allen Holzarten eigen ist, nämlich die Richtungsabhängigkeit sämtlicher Eigenschaften. Die größte Festigkeit im Holz kann beispielsweise längs der Faserrichtung (parallel zur Baumachse) gemessen werden; quer zur Faser ist Holz im Mittel zehn- bis fünfzigmal schwächer. In allen anderen Richtungen weist es noch niedrigere Festigkeiten auf. Die Resonanzplatten werden daher in längsradialer Richtung aus dem Baumstamm gesägt oder gespalten.

Die Festigkeit des Holzes, bezogen auf die gleiche Masse, mißt sich durchaus mit jener des Stahls. Müßte aber eine Geige aus Stahl gebaut werden – gleiche Form und gleiche Saitenspannungen vorausgesetzt –, so wöge sie etwa 2,5 kg gegenüber den etwa 400 g der Holzgeige. Ein Violinist würde bei diesem Gewicht rasch ermüden, so daß ein Spielbetrieb im heutigen Stil nicht möglich wäre.

Streichinstrumente aus Stahl wurden in der Tat gebaut, und zwar in Form einer Diskantgambe, Philomele genannt, welche die Saitenstimmung der Violine hatte und auf den Schoß aufgestützt gespielt wurde. Dieses Instrument konnte sich vor allem wegen der Spielweise nicht durchsetzen. Auch klang es schrill und hart, was den Spieler ebenso wie den Zuhörer zur Umgewöhnung gezwungen hätte.

Zur Erstellung der Resonanzplatte wurde manchmal auch haselwüchsiges Fichtenholz verwendet, das im Stammquerschnit wellenförmige oder gezähnte Jahresringgrenzen aufweist. Haselwuchs, der auch beim Haselstrauch, der Buche und anderen Baumarten vorkommt, ist in der Erbanlage der Baumpflanze fixiert. Wegen der sich schlängelnden Wuchsweise der Zellen hat die Haselfichte höhere Festigkeitseigenschaften als die normal gewachsene. Resonanzplatten aus Haselfichte tönen darum heller, obertonreicher. Die Bearbeitung dieses Materials erheischt viel Geduld und setzt Erfahrung voraus, denn es reißt beim Hobeln gern ein.

Beim Spiel eines Streichinstrumentes wird recht viel Energie aufgewendet. Aber nur etwa 1% wird in Klänge umgewandelt, die restlichen 99% gehen in Form von elastischen Verbiegungen, Reibungswärme und materialinterner mechanischer Dämpfung verloren. Die mechani-

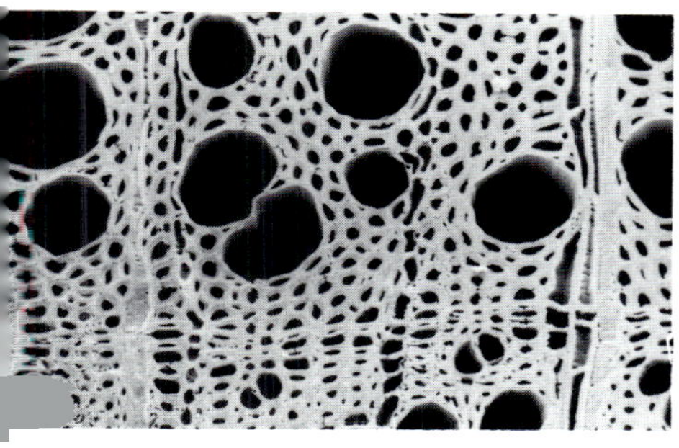

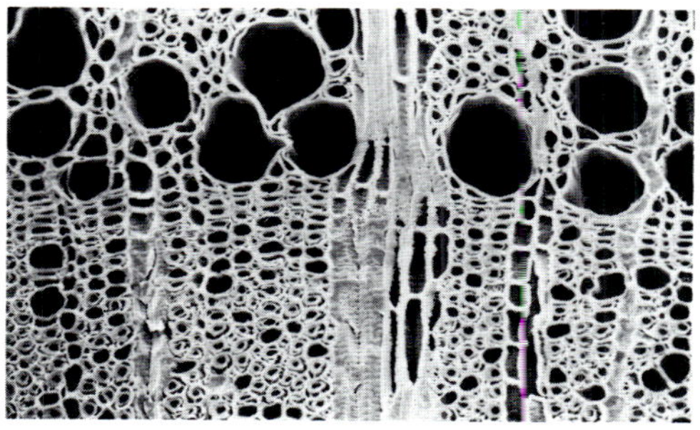

sche Dämpfung entsteht in jedem schwingenden Material, so auch durch die unvollkommene Weitergabe von Impulsen in der schwingenden Holzplatte. Der Energieverlust dieser Art bewirkt, daß die erzeugten Töne überhaupt abklingen. Er ist vor allem aber für die gleichmäßige Resonanzverstärkung aller Töne verantwortlich und verleiht dem Instrument bei jeder Tonlage eine annähernd gleichbleibende Klangfarbe. Im Vergleich zu anderen Materialien liegt die mechanische Dämpfung im Holz etwas zu hoch. Der Instrumentenbauer muß also zu ihrer Minderung jede Möglichkeit ausschöpfen. Eine davon bietet sich bei der Materialwahl: Fichtenholz entwickelt unter den bekannten, bisher geprüften Holzarten die niedrigste mechanische Dämpfung. Diese kann zusätzlich vermindert werden durch langsames, gleichmäßiges Abtrocknen und durch eine anschließende längere Lagerung.
Holz ist ein wasseranziehender Stoff, es entsteht in der Baumpflanze in einer wassergesättigten Umgebung. Wassergehaltsschwankungen ändern die Festigkeit und die Abmessungen von Holzkörpern. Die besten Festigkeitseigenschaften und die kleinsten mechanischen Klangdämpfungen sind nur bei einem niedrigen, konstanten Wassergehalt der Holzsubstanz gegeben, bei etwa 5–8%, bezogen auf das Trockengewicht. Im Holz stellt sich innerhalb von Wohnräumen ein dynamisches Gleichgewicht um 9–12% Stoffeuchtigkeit ein. Ein idealer Feuchtegehalt ist daher in unseren schwankenden Klimaverhältnissen nicht ohne besondere Schutzbehandlung zu erreichen.

Haselwüchsiges Fichtenholz: Im Stammquerschnitt erscheinen die Jahresringgrenzen wellenförmig oder gezähnt. Haselwuchs ist im Erbgut fixiert; der Steckling einer haselwüchsigen Fichte behält diese Eigenschaft bei. Allzu starke Haselwüchsigkeit – wie im Bild zu sehen – ist im Geigenbau unerwünscht.

Daß sich die Klangqualität mit den Witterungsverhältnissen ändert, ist auch schon den alten Meistern aufgefallen. Aus diesem Grunde sind sie dazu übergegangen, ihre Instrumente mit einem Lacküberzug gegen Feuchteeinwirkung zu schützen. Da der Lack, richtig angewendet, dünn auf die Oberfläche aufgetragen wird, ist sein Einfluß auf die Klangeigenschaft der Resonanzplatte nur unwesentlich. Er erhöht die mechanische Dämpfung vor allem der höheren Schwingungsfrequenzen ein wenig, mindert also die Mitschwingung hauptsächlich der oberen Teiltöne, was den Klang etwas sonorer, weicher macht. Dafür erhält das Instrument eine ausgeglichene Klangfarbe der verschiedenen Tonhöhen.
Die Lackrezepturen waren schon seit jeher von einer Aura des Geheimnisvollen umgeben, und in der Tat entwickelte jeder Geigerbauer in der Vergangenheit seine eigene Lackzusammensetzung und Auftragtechnik. Beim Musizieren wird die Platte zu Biegeschwingungen mit Dehnungs- und Kompressionsbewegungen der Oberfläche angeregt. Daher muß die Lackschicht genügend elastisch sein. Ein guter Lacküberzug verändert die Klanggüte des Instrumentes nur unbedeutend, während ein ungeeigneter diese verderben kann. Die Kunst der alten Instrumentenmacher lag in der Rezeptur und der Auftragtechnik der Lacke, die entgegen anderslautenden Berichten nie völlig verlorengingen. Im allgemeinen verwendeten sie früher weichere Lacke als heute; was wohl so manchen enttäuschen wird: eine Nachahmung der Alten würde nicht viel einbringen, weil sich seither der Geschmack hinsichtlich des Klangideals gewandelt hat.
Ob ein Instrument zum begehrten Meisterstück wird oder ein mittelmäßiges Produkt bleibt, hängt nebst einer Portion Glück doch in erster Linie immer noch vom Können des Instrumentenbauers ab.
Der Talentierte und Phantasiebegabte kennt keine Hindernisse, er baut Musikinstrumente entgegen der Überlieferung mit ungewohnten Formen, mit Asteinschlüssen in der Resonanzplatte, mit bisher verschmähten Holzarten, doch immer erst nach gründlicher Ausbildung. Zum Bau seines ersten Musikinstrumentes mußte auch er das Holz nach den hier beschriebenen Kriterien auswählen.

Klavierresonanzplatten werden aus ungefähr 10 cm breiten Fichtenbrettern mit feinen Jahresringen unter den Diskantsaiten und breiteren unter den Baßsaiten zusammengeleimt. Rippen auf der Rückseite steifen sie gegen den Saitendruck aus und erhalten sie schwingfähig. Infolge ständig steigender Saitenspannungen sind die Platten mit 8–11 mm in modernen Klavieren doppelt so stark wie vor 150 Jahren.

▽ Holz, Leder, Filz und Metall sind zur ausgeklügelten Klaviermechanik zusammengestellt. Das Gestänge der Tastenmechanik ist meist aus Hagebuche, die Tastatur selbst aus Fichte, Ahorn oder Linde. Die hellen Tasten werden mit Buchsbaumholz oder Elfenbein belegt, die dunklen meist eingefärbt.

Tausende von Musikinstrumenten aus Hunderten von Hölzern

Die Wiege vieler Musikinstrumente steht nach dem heutigen Stand des Wissens an den Ufern des Indus, von wo aus einige den Weg durch friedliche oder kriegerische Kontakte der Kulturen über Mesopotamien nach Afrika beziehungsweise nach Europa oder in Richtung China, Indonesien und sogar über die Beringstraße nach der Neuen Welt fanden. Um eine Übersicht der vielen Musikinstrumente aus Holz zu erhalten, teilt man sie nach der Art der Klangerzeugung am besten in drei Gruppen ein: Saiteninstrumente, Blasinstrumente und Schlaginstrumente.

Bei der Geburt der Saiteninstrumente stand der Musikbogen Pate, ein Stab mit einer aufgespannten Sehne, gelegentlich auch mit einer Kürbisschale oder Tierhautblase zur Tonverstärkung versehen. Der Musikbogen wird heute noch von manchen nordamerikanischen Indianerstämmen als Zupfinstrument gespielt, auch von den südafrikanischen Buschmännern, welche die Sehne mit den Zähnen halten, anzupfen und dazu Melodien summen. Der Bumbaß, sein europäisches Pendant, wurde noch im 18. Jahrhundert gespielt. Unter den heute gebräuchlichen Saiteninstrumenten gibt es je nach Spielart drei große Gruppen, nämlich die Zupfinstrumente (Lauten, Harfen und Zithern), die Streichinstrumente (Gamben und Violinen) und die Tasteninstrumente (Cembalo, Spinett, Klavier und andere). Der Streichbogen zur Geige ist übrigens aus erlesenem Pernambukholz *(Caesalpinia echinata)*, benannt nach dem brasilianischen Bundesstaat Pernambuco, von wo aus dieses in Mittel- und Südamerika wachsende Holz hauptsächlich nach Europa gelangt. Die Herstellung des Bogens ist derart delikat, daß sich manche Instrumentenbauer ausschließlich dessen Herstellung und Reparatur widmen.

Die Beschaffung von Pernambukholz wird laufend schwieriger, da infolge der großen Nachfrage mehr eingeschlagen wurde, als natürlicherweise nachwächst.

Das meistverbreitete Zupfinstrument unserer Zeit ist die Gitarre. Sie entwickelte sich auf vielen Umwegen aus der Kithara des Altertums und stellt in ihrer heutigen Form vermutlich eine Mischung aus der persisch-indischen Sitar und der abendländischen Guitarra latina dar. Wie die meisten Zupfinstrumente enthält die Gitarre keinen Stimmstock, der bei der Geige die Schwingungen der Resonanzplatte auf die Bodenplatte überträgt. Die Saiten sind direkt auf die Resonanzplatte montiert, ohne den bei den Streichern obligaten Steg. Die ebenfalls aus

Fichtenholz gearbeitete Resonanzplatte ist flach gegenüber der gewölbten Deckplatte der Geige. Der Boden wird aus Ahornholz erstellt. Es würde jedoch zu weit führen, die Zahl und die Namen der Holzarten zu nennen, die für den Bau der Zupfinstrumente auf anderen Kontinenten benutzt werden.
Daß eine aufgespannte Saite nicht nur durch Zupfen oder Anstreichen zum Klingen gebracht werden kann, sondern auch durch Anschlagen, war eine Entdeckung des Mittelalters. Wo und wann solche Instrumente zum ersten Male hergestellt wurden, blieb bis auf den heutigen Tag unentdeckt. Man spielte schon damals das Hackbrett in den Alpenländern und das Zimbal auf dem Balkan. Doch Instrumentenbeschreibungen fehlen aus rund 1000 Jahren des Mittelalters weitgehend, da die Kirche außer einigen auserwählten Instrumenten wie Orgel, Harfe und Glockenspiel sowie dem Gesang die weltliche Musik ablehnte und in den Instrumenten Werkzeuge des Teufels vermutete. Beschreibungen aus der Renaissance erwähnen dann bereits eine ganze Palette entwickelter Instrumente, so auch Tasteninstrumente wie das Klavichord und das Spinett. Die Urform all dieser Tasteninstrumente ist im Monochord zu suchen, das schon Pythagoras, dem griechischen Philosophen, im 6. vorchristlichen Jahrhundert zu seinen musiktheoretischen Untersuchungen diente. Die Saite war auch beim Monochord auf eine Resonanzplatte aufgespannt und durch einen beweglichen Steg unterteilt. Wie das Monochord im Altertum wird auch heute noch das Koto, das japanische Nationalinstrument, durch Zupfen, Schlagen und Schieben des Steges gespielt.
Die Tasteninstrumente müssen sich aus einer Anzahl aneinandergereihter Monochorde entwickelt haben. Die Tonerzeugung stand und fiel mit der Schlagmechanik. Es entstanden nebeneinander verschiedene Systeme. So wird die Saite beim Spinett und beim Cembalo auf Tastendruck angerissen und beim Klavier durch einen Prellhammerkopf kurz angetippt. Auch bei den Tasteninstrumenten ist es eine schwingende Holzplatte, der Resonanzboden, die den feinen Ton der Saiten zu einem Klang verstärkt, der Konzertsäle füllt.

Alphornbläser sind vor allem aus dem Alpenraum bekannt. Die typische gebogene Form ergibt sich aus den besonderen Wuchsbedingungen der Baumpflanze, die für die Erstellung des Alphorns verwendet wird, an steilen Hängen. Holztrompeten aus anderen Gegenden der Welt, zum Beispiel aus dem Regenwaldgebiet des Amazonas, haben meist Trichter ohne Krümmung.

Der Resonanzboden wird aus etwa 10 cm breiten, sorgfältig bearbeiteten Fichtenholzbrettern mit feinen Jahresringen unter den Diskantsaiten und breiteren Jahresringen unter den Baßsaiten zusammengeleimt. Eine gute Schallausbreitung im Resonanzboden und somit eine gleichmäßige Klangverstärkung auf allen Tonhöhen ist erst gewährleistet, wenn die Platte so ausgerichtet wird, daß die Faserrichtung – Richtung der Baumachse – diagonal vom Steg wegführt. Die über 200 aufgespannten Saiten üben einen ständigen Druck von mehr als 600 kg auf die Platte aus. Um ihn gegen diesen Saitendruck auszusteifen und schwingfähig zu erhalten, werden auf der hinteren Fläche des Resonanzbodens in 8–12 cm Abständen Rippen aufgeleimt (auch bei Geige und Gitarre finden wir eine ähnliche Aussteifung, den sogenannten Baßbalken).
Es ist nicht einfach, jenes Kräftegleichgewicht zwischen Saitendruck und Rippenaussteifung zu finden, das dem Instrument für lange Gebrauchsdauer eine schöne Klangfarbe sichert. Eine überdimensionierte Aussteifung reichert den Klang vornehmlich mit hohen Obertönen an, wodurch er unangenehm hart und schrill wird. Bei ungenügender Dimensionierung der Verstärkungen hingegen tönt das Instrument nur noch heiser und dumpf. Eine Behebung dieses Fehlers ist kostspielig und veranlaßt den Besitzer oft, sein Instrument mit noch intakter Mechanik frühzeitig zu ersetzen.
Die komplizierte, störanfällige Mechanik und die mit der Zeit auch bei Nichtgebrauch schwindende Resonanzfähigkeit der Platte verleihen dem Tasteninstrument eine relativ kurze

Flötenholz muß Jahre gelagert und sorgfältig bearbeitet werden. Erst nach langer Vorbereitungszeit können die Tonlöcher markiert und angebohrt werden. Ein Instrument verlangt liebevolle Pflege, denn die Tonqualität und der Tonbereich hängen von der exakten Form sowie der Oberflächenbeschaffenheit der Längsbohrung ab. ▷

Lebensdauer, im Vergleich etwa zur Geige. Aus diesen Gründen werden allein in Europa über 200 000 Klaviere pro Jahr hergestellt. Rechnet man dazu die Streich- und Zupfinstrumente, die für ihre Resonanzböden ebenfalls hochwertiges Klangholz benötigen, erkennt man das Problem der Klangholzbeschaffung, die in nicht allzu ferner Zukunft noch schwieriger werden dürfte.

Musik aus hölzernen Röhren

Die Holzblasinstrumente blicken auf eine lange Geschichte zurück. Entsprechend der Tonerzeugung unterscheidet man Flöten, Rohrblattinstrumente und Holztrompeten.

Die bekannteste Holztrompete ist das Alphorn, wie es auch im schweizerischen Alpenraum gespielt wird. Zum ersten Mal schriftlich erwähnt ist das Alphorn 1527: Im Rechnungsbuch des Klosters St. Urban im Kanton Luzern wird notiert, daß zwei Batzen für einen fahrenden Walliser Alphornbläser ausgerichtet wurden. Von da an existieren viele weitere Aufzeichnungen über dieses Instrument, das keineswegs nur zur Unterhaltung benutzt wurde, sondern auch zur Übermittlung von Nachrichten: Früher spielte der Senn das Alphorn allabendlich, um sich selber und die Talschaft zu beruhigen. Melodische Grüße waren an die Mutter, die Geliebte oder auch an die Kameraden auf der benachbarten Alp gerichtet. Kurze Signale meldeten Krankheit, Tod oder Verirrung eines Tieres.

Die erste Beschreibung der Alphornherstellung in deutscher Sprache stammt von einem bernischen Förster, welcher gerade und gekrümmte, andererseits kurze und lange Alphörner unterschied. Die kurzen, bis etwa 2,5 m, werden auch Büchel genannt. Trotz seiner Aufzeichnungen drohte die Kunst des Blasens und der Herstellung von Alphörnern in der Schweiz im Laufe des 18. Jahrhunderts in Vergessenheit zu geraten. Es wurden daher Kurse organisiert und Vereine gegründet, um dem Alphornspiel neuen Aufschwung zu geben. Auf die schönsten Instrumente mit guter Klangqualität wurden Preise ausgesetzt.

Für sein Instrument hat der Alphornbauer früher den Wald nach krummgewachsenen Fichten oder Tannen geeigneter Dimensionen abgesucht. Nachdem die ausgewählten Bäume gefällt waren, hat er sie grob zugehauen, der Länge nach in zwei Hälften aufgeschnitten und zum Trocknen für längere Zeit beiseite gelegt. Heute bevorzugt er erlesene Brettabschnitte, die er mit modernen Leimen zur geeigneten Form zusammenfügt.

Die Arbeitsstücke, aus denen schließlich die zwei Hornhälften entstehen sollen, werden alsdann in minuziöser Arbeit auf eine Wandstärke von 4 bis 7 mm ausgehöhlt. Passen die zwei Hälften zusammen, fügt sie der Instrumentenbauer aneinander, indem er sie mit Peddigrohr oder kunstharzgetränktem Gewebe umwickelt. Früher wurde dazu Birkenrinde, Bast oder Hanf benutzt, notfalls auch Draht oder Knochen-

Das Aushöhlen der zwei Alphornhälften auf wenige Millimeter Wandstärke mit Hammer und Stechbeitel ist Präzisionsarbeit.

Der Alphornbauer hat den Wald früher nach geeigneten Baumstämmen abgesucht. Heute leimt er das Holz für den gekrümmten Schalltrichter nach seinen Bedürfnissen zusammen, ähnlich wie der Holzbauingenieur relativ dünne Bretter zu mächtigen, tragfähigen und doch eleganten Holzbalken fügt.

Hauptverbreitung exotischer Hölzer für Musikinstrumente

Ⓐ Zuckerahorn *(Acer saccharum)*, Kanada
Ⓑ Kokusholz *(Brya ebenus)*, Jamaica, Kuba
Ⓒ Cocobolo *(Dalbergia retusa)*, Westküste Mittelamerikas
Ⓓ Zapate-Buchs *(Gossypiospermum praecox)*, Venezuela, Kolumbien
Ⓔ Bahia-Rosenholz *(Dalbergia frutescens)*, Brasilien
Ⓕ Königsholz *(Dalbergia cearensis)*, Brasilien
Ⓖ Pernambukholz *(Caesalpinia echinata)*, Brasilien
Ⓗ Rio-Palisander *(Dalbergia nigra)*, Brasilien
Ⓘ Bubinga *(Guibourtia sp.)*, Kamerun, Gabun
Ⓙ Grenadill *(Dalbergia melanoxylon)*, Kenya, Tansania
Ⓚ Sonokeling *(Dalbergia latifolia)*, Indien

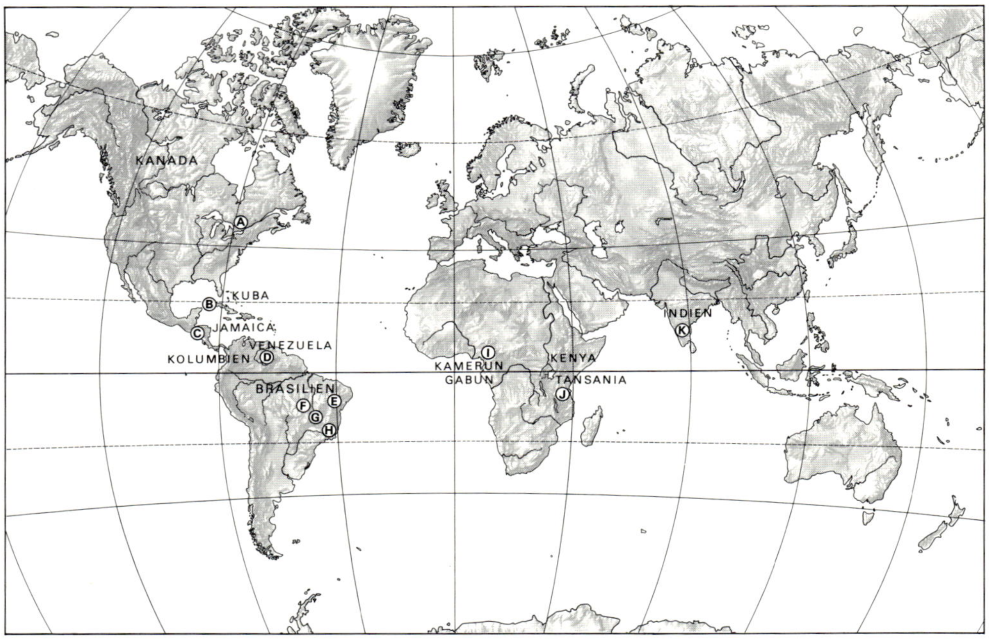

ringe. Eine weitere Möglichkeit, die sich heute bietet, besteht darin, die zwei Hälften einfach zusammenzuleimen. Für den Transport kann das Instrument in mehrere zusammenschraubbare Teile zerlegt werden.
Das Alphorn hat keine Grifflöcher oder Klappen – der Grundton hängt von seiner Länge ab. Mit dem Mundstück allein, häufig aus Buchsbaum gedrechselt, können praktisch alle Töne geblasen werden; ist dieses jedoch am Horn befestigt, reduziert sich deren Anzahl erheblich. Die Töne entstehen durch das Zusammenwirken der Lippenschwingung und der Schwingung der Luftsäule im Instrumentenrohr. Es sind die tieferen Obertöne, die es dem Alphornklang erlauben, sich über eine ganze Talschaft auszubreiten.

Mundstücke (von links): Klarinette, Alphorn, Fagott. Auf das Klarinettenmundstück kommt noch ein Rohrblatt zu liegen, durch den Atem des Musikers wird es in Schwingung versetzt; beim Fagott sind es zwei gegeneinander gebundene Blätter. Alphornmundstücke, aus Buchsbaum und anderen Hölzern gedrechselt, ertönen durch die Lippenschwingungen des Bläsers.

Das Alphorn ist zwar eines der schweizerischen Nationalsymbole, doch sein Klang macht ein Stück Urgeschichte der ganzen Menschheit lebendig. Denn das Alphorn ist eine von alters her gebräuchliche Holztrompete. Es gehörte zum Kulturgut der alten indoeuropäischen Völker, stammt vermutlich aus Indien und leitet sich von den Hirtenhörnern her, deren Funktion es ja auch in der Schweiz lange behalten hat. Holztrompeten sind auch heute noch auf der ganzen Welt verbreitet, bei südamerikanischen Indianerstämmen ebenso wie bei vielen europäischen Völkern.
Auch andere Holzblasinstrumente haben eine lange Geschichte. Flöten und Rohrblattinstrumente waren in Ägypten schon vor 6000 Jahren bekannt. Farbenprächtige Grabmalereien zeugen von deren Verwendung bei Festlichkeiten oder ausgelassener Unterhaltung. Auch die Panflöte ist ein uraltes Instrument; sie wurde, so erzählt eine griechische Sage, vom Hirtengott selbst erfunden: Pan liebt die schöne Nymphe Syrinx, die jedoch vor den Umarmungen des Ziegengestaltigen flieht. Dabei kommt sie an einen Fluß, der ein weiteres Entkommen vereitelt. Sie verwandelt sich darauf in ein Schilfrohr und klagt ihren Kummer in den Wind. Pan kann sie nicht finden, vernimmt aber im Seufzen des Schilfes ihre ersehnte Stimme. Nun bricht er einen Schilfhalm ab, schneidet ihn quer in sieben Teile, bindet diese zu einem Instrument zusammen und spielt darauf seinen Schmerz. Die Panflöte ist ein weltweit beliebtes Instrument der Volksmusik. Ihre Klänge hört man in den Anden Südamerikas genauso häufig wie auf dem Balkan und in Italien. Die Vertikalrohre, manchmal bis zu 28, werden aus Apfel-, Pappel oder Weidenholz, bei einfacheren Instrumenten aus Bambus- oder Schilfrohr hergestellt.
Ausgrabungsfunde und bildliche Überlieferungen belegen den Weg der Blockflöte von Zentralasien nach Europa. Sie gelangte aber noch im Altertum auch nach China und anderen ostasiatischen Regionen. In der europäischen Musikkultur geriet die Blockflöte vor etwa 200 Jahren praktisch völlig in Vergessenheit. Erst in diesem Jahrhundert ist sie wieder «entdeckt» und stark gefördert worden. Das Blockflötenspiel bereitet keine großen blas- und finger-

Zum Drechseln eignen sich dichte, schwere Hölzer am besten. Buchsbaum und Birnbaum, Bergahorn und Kirschbaum sind diejenigen Hölzer, die bei uns zum Flötenbau verwendet werden.

▽ Flöten aus Tropenhölzern. Schwarz: Grenadill; dunkelbraun: Palisander; rötlichbraun: Bubinga; rötlichbraun-hellbraun gestreift: Rosenholz; helles Holz: Zapate-Buchs

technischen Schwierigkeiten. Ohne dieses Instrument wäre die Volksmusik heute ebensowenig denkbar wie die musikalische Grundschulung. Die Blockflöte hat eine konische Längsbohrung, die sich gegen das Rohrende verjüngt und dem Instrument den typischen «hölzernen» Klang verleiht.
Die Urformen der Rohrblattinstrumente wie Klarinetten und Oboen entwickelten sich ebenfalls bereits in der Antike. Der Ton entsteht bei der Klarinette, einem ursprünglich afrikanischen Instrument, durch die Schwingung eines dünnen Holzplättchens, das die Rohrspalte öffnet und schließt. Sie war und ist ein beliebtes Instrument mit vielen Erscheinungsformen (Chalumeau, Bassetthorn, Tárogató, Saxophon) und ist Träger der Melodie in der Volksmusik, weitgehend in der klassischen Musik und im Jazz. Die Oboe ist dagegen ein sogenanntes Doppelrohrblattinstrument. Zwei gegensinnig schwingende Plättchen erzeugen den Klang. Auch diese Instrumentenfamilie hatte früher viele Kinder, etwa Schalmeien in den verschiedensten Varianten, die aber nicht alle überlebten: gros-bois (tiefes Holz) ging beispielsweise unter, während haut-bois (hohes Holz), eben die Oboe, noch heute gespielt wird.
Bei den Flöteninstrumenten (Panflöte, Blockflöte, Querflöte aus Holz) trifft der Luftstrom gegen eine scharfe Kante, auch Schneide genannt. An dieser Kante entstehen Wirbel, die den Luftstrom pendelnd mal nach außen, mal nach innen lenken. Diese Wirbel werden als Ton wahrgenommen. Die Rohrlänge der Flöten bestimmt die Tonhöhe, und von der Kantenbreite hängt die Tonstärke ab. Die Klangfarbe, die allen Instrumenten den unverwechselbaren Charakter verleiht, wird hingegen von der Form der Längsbohrung bestimmt, außerdem vom Material und von der Blasweise.
Die Entwicklung der Holzblasinstrumente ist stark von der technischen Entwicklung geprägt: Ihre Tonqualität richtet sich in erster Linie nach der Art und der Qualität der Längsbohrung sowie der Funktionsweise der Klappen. Ihr Wert variiert dementsprechend und nimmt meist mit der Zeit ab, im Gegensatz zu dem der Streichinstrumente.

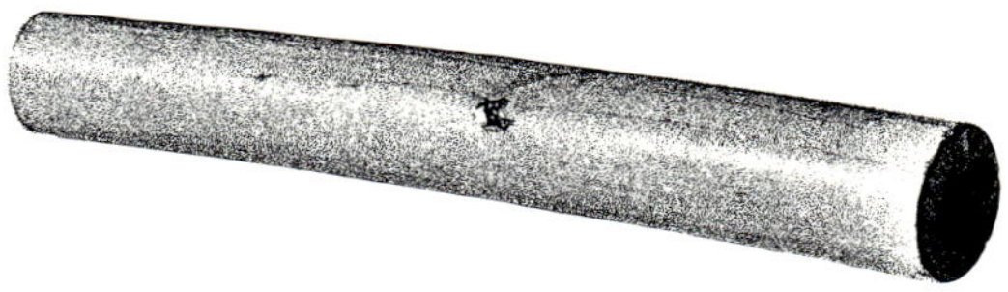

Dieses Stück Buchsbaum hätte ein Flötenteil werden sollen. Die erste Bohrung ist bereits gemacht; im anschließenden warmen Wachsbad hat es sich stark verzogen. Im Flötenbau wie allgemein im Instrumentenbau ist der Ausschuß an Holz groß.

Holzblasinstrumente schafft der Instrumentenbauer normalerweise aus harten Hölzern, die gegenüber Witterungseinflüssen unempfindlicher sind und der mechanischen Beanspruchung beim Spiel besser standhalten. Die Bearbeitbarkeit und die Dauerhaftigkeit des Holzes werden mit zunehmendem spezifischem Gewicht besser. Die verwendeten Holzarten, die vor allem aus tropischen Wäldern stammen, erreichen spezifische Gewichte von ca. 1 g/cm³.
Unter den im südlichen Europa heimischen Arten erreicht nur das Holz des Buchsbaumes *(Buxus sempervirens)* eine ähnliche Dichte. Strauchförmig von Wuchs, hat Buchsbaum elfenbeinfarbenes Holz, das schwer spaltbar ist und beim Trocknen unter Neigung zur Rißbildung stark an Volumen verliert. Langsam getrocknetes Material hingegen reißt und wirft sich nicht mehr und läßt sich vortrefflich drechseln und schnitzen. Ähnliche Eigenschaften zeigt Kokusholz *(Brya ebenus)*, das aus Kuba, Jamaica und anderen karibischen Inseln importiert wird. Der kleine Baum mit den stacheligen Zweigen und ledernen Blättern liefert ein sehr dekoratives, tiefbraunes Kernholz von abwechselnd hellerer oder schwärzlicher Äderung.
Wertvolles Holz für die Blasinstrumentenherstellung liefert die Gattung *Dalbergia*. Aus dem tropischen Ostafrika stammt Grenadill *(Dalbergia melanoxylon)*. Rio-Palisander *(Dalbergia nigra)* wächst in Brasilien als unregelmäßig geformter Baum. Der beim Einschnitt des frisch gefällten Baumes frei werdende süßliche Duft hat ihm den Namen «Rosenholz» eingetragen. Bahia-Rosenholz *(Dalbergia frutescens var. tomentosa)* und Königsholz *(Dalbergia ce-*

Birnbaumholz und Buchsbaumholz sind häufig zum Flötenbau verwendete einheimische Hölzer. Der Garten-Birnbaum *(Pirus communis)* wird seit der Antike vornehmlich aus dem südwestasiatischen *Pirus syriaca* und dem mitteleuropäischen *Pirus pyraster* durch Einkreuzung in vielen Sorten gezüchtet. *Pirus pyraster*, der Wild-Birnbaum, ist bei uns ein seltener Auenwald-Baum, gedeiht jedoch auch auf trockenen Standorten.

arensis) wachsen ebenfalls in Brasilien, und Cocobolo *(Dalbergia retusa)* stammt von der mittelamerikanischen Westküste und Süd-Mexiko. Das Kernholz all dieser Baumarten ist von rot- bis schwarzbrauner Farbe. Mit hellen oder schwarzen Adern durchzogen, wirkt es sehr dekorativ. Das spezifische Gewicht dieser Hölzer liegt durchwegs um 1,0–1,2 g/cm³. Sie lassen sich ausgezeichnet bearbeiten, wenn auch die Trocknung hin und wieder etwas Mühe bereitet.

Einige der wertvollen *Dalbergia*-Arten können beim Spieler allergische Reaktionen hervorrufen. Die gesundheitsschädigenden Wirkungen dieser Hölzer – besonders des Holzstaubes – sind schon seit über 100 Jahren bekannt, die Ursachen konnten jedoch erst in den sechziger Jahren unseres Jahrhunderts aufgeklärt werden. Die dafür verantwortlichen chemischen Verbindungen wurden in Anlehnung an den Gattungsnamen als Dalbergione bezeichnet. Mundstücke aus solchen Hölzern überzieht der Flötenbauer wegen des schwer kontrollierbaren Gehaltes an allergieerregenden Stoffen mit Lack oder stellt sie aus anderen Holzarten beziehungsweise Kunststoff (Ebonit) her.

Zum Bau von einfacheren Instrumenten wie Schulflöten werden auch einheimische, leichter erhältliche Holzarten wie Bergahorn *(Acer pseudoplatanus)*, Birnbaum *(Pirus communis)* oder Waldkirsche *(Prunus avium)* verwendet, deren Holz sich gut drechseln läßt. Weil sich diese Flöten mit zunehmendem Alter als Folge von Feuchtigkeitseinwirkungen leicht verziehen, büßen sie schneller als die aus dichteren Hölzern hergestellten Instrumente Teile ihres Tonbereiches ein.

Der Bau von Qualitätsblasinstrumenten ist ungewöhnlich zeitaufwendig. Das eingekaufte Rohmaterial wird so schnell wie möglich zu Kanteln geschnitten, eventuell kurz mit Heißdampf erweicht, um vorhandene Spannungen im Holz zu lösen, grob ausgeformt und etwa zwei bis drei Jahre lang im Freien unter Dach gelagert. In dieser Zeit sollte das Material den Großteil der inneren Spannungen und seine Neigung zur Rißbildung verlieren und auf einen Wassergehalt von ungefähr 15% abtrocknen. Nun wird es in einem trockenen Raum aufgeschichtet und weitere 6 bis 8 Jahre liegen gelassen. Nur diese behutsame, langsame Trocknung und sorgfältige Lagerung sichern dem Material eine spätere Formbeständigkeit. Erst jetzt wird dem Instrument seine endgültige äußere Form gegeben. Der Instrumentenbauer nimmt eine erste feine Längsbohrung vor, die er dann drei- bis viermal erweitert. Damit sich der Instrumentenkörper nicht verzieht, legt er zwischen den Erweiterungsbohrungen jeweils Pausen von etwa einem Jahr ein. Dann kann die Oberfläche poliert und gebeizt, können die Tonlöcher markiert und angebohrt werden. Je nach Holzart wird das Arbeitsstück zwischendurch in ein Ölbad gelegt oder sogar in heißem

Die zeitgenössische Darstellung aus einem Standardwerk des Orgelbaus von Dom François Bedos de Celles, «L'Art du Facteur d'Orgues», 1766–1778 entstanden, zeigt die wichtigen Elemente der Orgel: Windwerk mit Blasebalg, Pfeifenwerk und Regierwerk mit den Klaviaturen für Hände und Füße.

Wachs gekocht, um die Poren zu schließen und das Holz gegen spätere Feuchtigkeitseinwirkungen unempfindlich zu machen. Nach Montage und Anpassung der Klappen werden die Tonlöcher durchbohrt. Bei dieser sorgfältigen, langwierigen Herstellung ist es nicht verwunderlich, daß nur 5% des ursprünglich eingekauften Holzes in Instrumente verwandelt werden.

Zu den Holzblasinstrumenten darf mit Einschränkungen auch die Orgel gerechnet werden. Ihr direkter Vorfahre scheint die Panflöte zu sein: Auf einer alten syrischen Münze ist eine solche mit einer Art Blasebalg verbunden dargestellt. Die römischen Berichterstatter schreiben die Erfindung der Orgel jedoch Ktesibios aus Alexandrien zu, einem griechischen Ingenieur, der im 3. Jahrhundert v. Chr. gelebt haben soll. Seine Erfindung bestand in der Er-

Im Orgelbau ist Holz heute noch der meistverarbeitete Werkstoff, obwohl auch Metall und Kunststoffe eingesetzt werden. Aus Holz sind der Spieltisch, die Windlade zur Steuerung des Luftstroms, die Register zur Wahl von Pfeifen der gewünschten Klangfarbe, ein Teil der Pfeifen, ein Teil der Mechanik, der Rahmen und die oft kunstvoll verzierte Schauseite der Orgel.

Etwa ein Zehntel der Orgelpfeifen werden aus Holz erstellt (rechts oben). Dabei spielt nicht nur das Gewicht des Materials eine Rolle, sondern auch die Möglichkeit, das Material zu gestalten, die Reparaturfreundlichkeit, die Haltbarkeit und anderes mehr. Die gedrechselten Pfeifen aus Kirschbaumholz sind eine Rarität und stammen aus einer alten Orgel.

Diese winzigen Pfeifen (rechts unten) sind aus Nußbaumholz. Es sind Labialpfeifen, die wie Blockflöten funktionieren.

Hölzerne Modellstücke zur Herstellung der Pfeifenfüße aus Metallfolien.

zeugung des nötigen Luftstroms durch Wasserpumpen («Wasserorgel»); Hydraulis war daher der jahrhundertelang gebrauchte Name für die Orgel.
Die alten wie auch die modernen Orgeln enthalten zwei Arten von Flöten: Labialpfeifen, die wie Blockflöten funktionieren, sowie Zungenpfeifen, die in der Funktion Rohrblattinstrumenten entsprechen. Nur etwa ein Zehntel der Orgelpfeifen werden aus Holz gefertigt. Die Wahl der Holzart richtet sich nach der Dimension der Pfeife. Die längsten und größten werden aus langfaserigem, astfreiem Fichten- oder Föhrenholz mit schmalen Jahresringen erstellt. Mittelgroße Pfeifen stellt der Orgelbauer gern aus Eichenholz zusammen. Die Elemente der sichtbaren vorderen Pfeifenwand führt er auch in Ahorn, Kirschbaum oder Birnbaum aus. Die kleinsten sind aus Kirsch-, Birn- oder Nußbaumholz.
Daß das Wandmaterial einen modifizierenden Einfluß auf die Klangqualität der Pfeifen ausübt, erkannten die Orgelbauer bereits im letzten Jahrhundert. Zudem stellten sie fest, daß Pfeifen gleicher Dimension, jedoch aus verschiedenen Materialien in der Tonhöhe jeweils anders liegen. Im Vergleich mit Zinn-, Zink- und Bleipfeifen erschallt aus den hölzernen der tiefste Ton. Später wurde durch Messungen nachgewiesen, daß der Pfeifenkörper aus Holz vermutlich wegen des niedrigen spezifischen Gewichtes und der hohen Steifigkeit mit der vibrierenden Luftsäule in harmonische Schwingungen gerät. Damit wird der ausgestrahlte Klang zugleich farbiger, obertonreicher.
Obwohl zum Bau von Orgeln viel Metall und heute auch Kunststoff verwendet wird, ist Holz nach wie vor der meistverarbeitete Werkstoff. Weil sich das Holz in Faserrichtung auch bei wechselnden Temperatur- und Feuchtigkeitsbedingungen kaum verzieht – weniger noch als Metall –, wird es sogar für die Traktur allen andern Stoffen vorgezogen. Die Traktur ist ein ausgeklügeltes Verbindungssystem zwischen Tastatur und Pfeifen, welche die Spielbewegungen auf die Ventile überträgt und den Luftstrom steuert.
Der Orgelbauer muß über weitgreifende Materialkenntnisse verfügen, Gesetze der Akustik, der Mechanik und heute auch der elektronischen Steuerung kennen, Traditionen fortführen und doch noch freien Raum für schöpferische Neugestaltung haben. Nicht umsonst wuchs die Orgelbauliteratur zu einer schier unübersichtlichen Bibliothek.

Trommel, Teponaztli und Xylophon

Die ersten gesicherten Spuren von Trommelinstrumenten führen in die zeitlose Vorgeschichte zurück. Betrachtet man die Ähnlichkeit zwischen den Schlaginstrumenten, die von der Urbevölkerung auf dem asiatischen Kontinent und in der Neuen Welt noch vor der ersten Kontaktnahme über die Ozeane gespielt wurden, so neigt man zu der Annahme, daß die gemeinsame Urform dieser Instrumente vor der ersten Besiedelung Nordamerikas entstanden sein muß. Daß Holz von Anfang an dabei gewesen ist, zeigen die geheimnisvollen Sagen und Sitten um die Herstellung und den Gebrauch der Trommeln, in deren Mitte der Baum und das Holz standen.

Teponaztli gibt es in den mannigfaltigsten Varianten aus den verschiedensten Hölzern. Schlitze im Trommelkörper geben schwingfähige Zungen frei, die den Klang erzeugen.

Nach dem Schöpfungsglauben im alten Skandinavien wurde das Weib aus einer Erle geboren; darum durfte die Trommel nur von Frauen gerührt werden. Frauen waren es auch, die im Orient (Tamburin), bei den Juden (Toph), den Griechen (Tympanon) und den Römern (Trommel) in erster Linie die Schlaginstrumente spielten.

Tropischer Monsunwald auf der Insel Sumbawa im Kleinen Sunda-Archipel. In dieser Waldformation verlieren die meisten Bäume im trockenen Sommer ihre Blätter, wie Teak (*Tectona grandis*, im Vordergrund). Mit üppig-grüner Krone Sonokeling (Ostindischer Palisander, *Dalbergia latifolia*). Viele südamerikanische und afrikanische *Dalbergia*-Verwandte gedeihen unter ähnlichen ökologischen Bedingungen. ▷

Der Trommelbauer des südafrikanischen Xhosa-Stammes durfte die Erde so lange nicht mit den Füßen berühren, als er mit dem Aushöhlen des Baumes für eine Trommel beschäftigt war. Der Trommel sollten übernatürliche Kräfte verliehen werden, und so mußten die Erdgeister daran gehindert werden, deren Entstehung mit ihren Zauberkräften zu stören.

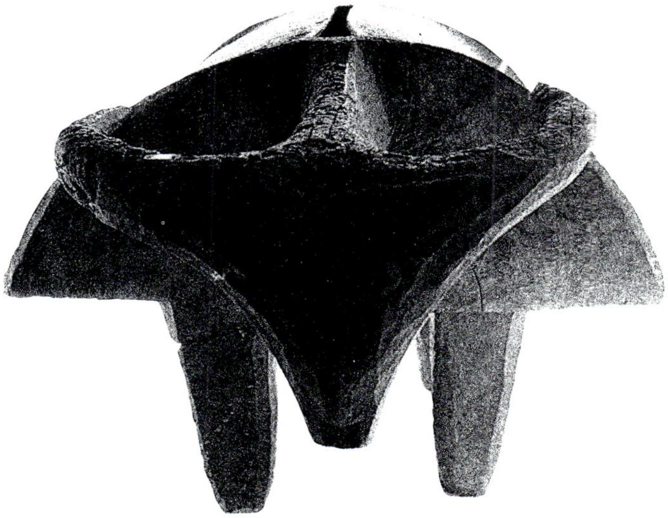

Die berühmte Büffeltrommel König Gbudwes, um die Jahrhundertwende Herrscher im Azande-Reich (heutige Republik Sudan). Die Schlitztrommel, aus einem einzigen riesigen Holzstück geformt, hat mehrere Feuersbrünste überstanden und steht heute im Ethnographischen Museum in Khartum.

Instrumente, die durch Schlagen zum Tönen gebracht werden, wecken im Menschen eine Art Urempfindung, das Rhythmusgefühl. Bei vielen afrikanischen und nordamerikanischen Naturvölkern ist der Rhythmus so vordergründig, daß Melodie-Instrumente sich in ihrer Musik erübrigen. Auch in unserer westlichen Musik gilt interessanterweise, daß der Rhythmus sowohl vom Komponisten als auch vom Hörer als ebenso wichtig, wenn nicht wichtiger denn die Melodie eingestuft wird. Die Trommel verbreitete sich von Asien aus über Mesopotamien vorerst nach Afrika. In Ägypten finden sich Abbildungen von trommelartigen Instrumenten auf Wandbildern seit 2000 v. Chr. Es sind in erster Linie zylindrische, mit Fellen bezogene Klangkörper. Sie wurden zur Betonung von Rhythmen bei Festlichkeiten mit der Flöte zusammen sowie bei militärischen Aufmärschen gespielt. Holz spielt für den Trommelbau in den westlichen zivilisierten Ländern eine untergeordnete Rolle. In anderen Kulturkreisen jedoch hat es Tradition. In Guatemala und Mexiko, in China und Japan finden sich faßförmige Holztrommeln, die man nach ihrer mittelamerikanischen Variante Teponaztli nennt, in großer Formenvielfalt. Ausgehöhlte Baumstämme oder kunstvoll geschnitzte Bretter sind das Ausgangsmaterial. Schlitze im Trommelkörper geben schwingfähige Zungen frei. Beim Anschlagen ertönen diese Zungen dumpf, doch mit einem warmen Klang.

Teponaztli sind eine Art Schlitztrommel, welche die musikalische Variante von uralten Frucht- oder Kornstampfgefäßen darstellt. Sie fehlen nicht bei buddhistischen Kulthandlungen in China und Japan, wo sie entsprechend der buddhistischen Vorstellungswelt vielfach die Gestalt einer monströsen Tierfigur annehmen. Auch in Mittelamerika und in Zentralafrika, wo zu Schlagtönen von Schlitztrommeln gebetet oder getanzt wird, gehören sie zur Tradition. Man kann in dieser kurzen Darstellung der großen Familie von Holztrommeln und Holzschlaginstrumenten nicht gerecht werden. Zu mannigfaltig ist sie, und zu reich sind die damit verbundenen Traditionen.

Selbstklinger aus Holz (Xylophone, Rasseln, Klappern und die sogenannten Schraper, zu denen die Ratsche gehört) gibt es in unseren Breitengraden von alters her. Das Xylophon, ein Melodie-Instrument mit einem stark gedämpften Klang, kommt in unserer Musik außer im Bereich des Variétés allerdings nur selten zum Zug. In Afrika sind Xylophone mit sorgfältig abgestimmten Kürbisresonatoren, in Südamerika solche mit kunstvoll geschnitzten hölzernen Rohrresonatoren verbreitet. Die Holzstäbe sind aus fehlerfreien Harthölzern (Nuß, Ahorn, aber auch Fichte, Tanne und verschiedenste Tropenhölzer) geschnitten und erklingen um so höher, je kleiner das Stabvolumen und je härter das verwendete Holz ist. Zwischen dem ersten Stabspiel, das möglicherweise von den zur Hetzjagd verwendeten Klappern herstammt, und dem Xylophon liegt ein weiter Weg.

Hecken und Feldgehölze

Inseln des Lebens in der Zivilisationslandschaft

Wälder, Feldgehölze und Hecken prägen das Gesicht der traditionellen mittel- und westeuropäischen Kulturlandschaft. Meliorationen mit normierenden Eingriffen haben sie in den letzten Jahrzehnten zur eintönigen, bis in den letzten Winkel genutzten Zivilisationslandschaft verwandelt. Tier- und Pflanzenwelt sind darin verarmt; viele Menschen fühlen sich in den gesichtslosen und verwechselbaren Landschaften nicht mehr zu Hause. Den verbleibenden Hecken und Feldgehölzen kommt heute eine wichtige ökologische Ausgleichsfunktion zu. Freiwillige, die dies erkannt haben, pflanzen seit einigen Jahren in verschiedenen europäischen Ländern kilometerlange Hecken in die ausgeräumten Meliorationsebenen.

◁ Der Neuntöter spießt seine Beute (Insekten, kleine Wirbeltiere) an Dornen auf – als Vorrat und um sie besser verzehren zu können. Wie Raubwürger, Rebhuhn oder Gelbspötter ist dieser Vogel auf Hecken angewiesen. Ihre Zerstörung hat ihn mancherorts auf die «Rote Liste» gebracht.

▽ Landschaftsveränderungen durch Meliorationen (oben): Hekken werden dabei häufig als störend betrachtet und in großem Maßstab zerstört. «Heimliche Meliorationen» (unten) gehen im kleinen vor sich: hier eine Aufschüttung, dort ein Abtrag, hier fällt ein Gebüsch, dort ein Strauch. Dabei verlieren auch immer seltene Tier- und Pflanzenarten ihren Lebensraum, wie hier die Gelbe Schwertlilie.

Äcker, Wiesen und Felder, Bäume, Büsche und Wälder gehören neben Hügeln, Bächen und Seen zum Bild, das wir uns von einer harmonischen Landschaft machen. Allzuoft aber weicht heute die eintönige und wenig harmonische Landschaft von diesem Bild ab. Eine Landschaft mit Hecken und Feldgehölzen – voller Leben und Anmut – erfreut nicht nur unser Auge und Gemüt, sondern birgt eine Fülle von Lebewesen, wie sie nur solche naturnahen Flecken bieten können. Diese Inseln sind somit nicht nur für den müden Städter von größter Bedeutung, sondern für die Menschheit schlechthin: Sie stellen die letzten Rückzugsgebiete für eine Vielfalt von kleinen und kleinsten Lebewesen dar, von Lebewesen, denen in unserer heutigen Welt kein Platz mehr eingeräumt wird, da sie scheinbar keine zweckmäßigere Aufgabe zu erfüllen haben, als nur dazusein. Hecken und Feldgehölze sind oft die einzigen Räume, die nicht systematisch verplant und nur unregelmäßig genutzt werden. Sie erinnern uns an Zeiten, als unsere Vorfahren ihren Wald auf die damals übliche Art und Weise nutzten: Jeder nahm sich, was er gerade brauchte – einmal viel, einmal weniger, Holz zum Feuern, Stecken für den Zaun, Balken für Hütten und Ställe. Was man nicht brauchen konnte, das beließ man; was die

In der Zivilisationslandschaft ist der Landwirt aus ökonomischen Gründen gezwungen, nur noch wenige Kulturpflanzenarten in immer größeren planierten Geländekammern anzubauen. Doch auch in der Agrarlandschaft haben Hecken insgesamt einen günstigen Einfluß; außerdem sind sie «unordentliche» Bereiche außerhalb unserer dauernden Kontrolle, sind Lebensraum für andere Wesen, prägen die Landschaft – und damit auch uns.

Ernte in der argentinischen Pampa. Der Bauer fährt ums Feldgehölz herum; er berücksichtigt die Naturinsel im Kulturmeer. ▷

Natur aufwachsen ließ, konnte ruhig weiterwachsen, und andere Lebewesen, die sich im Wald tummelten, wurden geduldet.
Diesen Wald aber hatten wiederum die Vorfahren unserer Vorfahren schon geformt und geprägt. Nicht nur ist ihnen die heutige Zusammensetzung nach Baumarten zu verdanken, sondern in ganz besonderem Maße auch die räumliche Verteilung von Wald und offenem Land: Die ersten Menschen, die unsere Breitengrade betreten hatten, fanden ein riesiges, nur durch Flüsse und Seen, Sümpfe und Felspartien unterbrochenes Waldmeer vor, welches, aus der Vogelschau betrachtet, uns Heutigen beinahe eintönig erschienen wäre. Ist man jedoch einmal im Urwald, so erscheint dieser alles andere als einförmig: Das Zusammenspiel von Wind, Wetter, Bodenbeschaffenheit und Geländeform mit der Verjüngungskraft der Natur sorgt für eine eindrückliche Vielfalt. Als unsere jagenden und sammelnden Vorfahren dazu übergingen, seßhaft zu werden und einen primitiven Ackerbau zu betreiben, lernten sie – wohl aus der Beobachtung und aus Mißerfolgen, dem berühmten Prinzip des «trial and error» – die kleinräumigen Unterschiede im Wald auszunutzen. Wer nur über primitive Werkzeuge verfügt, kann es sich nicht leisten, an schwierigen und sinnlosen Stellen zu roden. Rodungsinseln entstanden vornehmlich in geeigneten und ebenen Lagen. Ein derartiges Sicheinfressen des Menschen in das unendliche Waldgebiet kann man heute noch in den rasch abnehmenden Wäldern der Tropen und Subtropen beobachten.
Man vermutet heute, daß die Rodungstätigkeit in Mitteleuropa bereits im Hochmittelalter, im 12. Jahrhundert, ihren Höhepunkt erreicht hatte. Die heutige Verteilung von Wald und offener Flur stammt in etwa aus der damaligen Zeit. In einer Zeit, wo ungeregelte Waldnutzung betrieben wurde und die Ziegen und Schafe sich frei im Walde bewegten, legte man also den Grundstein für die Kulturlandschaft und ihre vielfältigen Lebensräume. Wo der Wald vollständig verschwunden war, entstand auf andere Art und Weise als neue Vegetationsform die Hecke – und zwar zur Bestockung von Lesesteinmäuerchen, entlang

Heckenreihen zwischen neuseeländischen Mais- und Kiwipflanzungen: Sie vermindern die Windgeschwindigkeit bis zu 60% und damit auch die Verdunstung. Die Kulturpflanzen profitieren vom günstigen Klima im Heckenbereich.

▽ Bachgehölze armieren die Ufer. Was kaum bekannt ist: Ihre Laubstreu steht am Anfang des weitverzweigten Nahrungsnetzes der bachbewohnenden Tiere. Insbesondere Eschen- und Erlenblätter werden rasch von Bakterien und Pilzen besiedelt und sind somit eiweißreiches Futter für Insektenlarven und Kleinkrebse, von denen sich wiederum die Fische ernähren.

Flurgrenzen oder zur Weideunterteilung. Demgegenüber sind die Feldgehölze oft Reste des aufgelösten Waldes. Derartige Waldungen und von der Natur zurückeroberte Kulturränder prägten die Landschaft noch vor 200 Jahren; sie waren gleichsam Ausdruck des Gleichgewichtes zwischen einer starken Natur und dem damals noch schwachen Menschen. Die Grenzen zwischen intensiv genutzten Flächen und dem mehr oder weniger ausgeprägten Niemandsland waren fließend, der Raum für «unnützes Leben» noch groß.

Beeinflussung von Klima und Vegetation

Nicht umsonst pflegten die alten Bretonen und die Kelten Cornwalls ihre Hecken, denn bereits ihnen ist ihr mildernder Einfluß auf das rauhe Klima des windumbrandeten Landes aufgefallen. Hecken und Gehölze prägen also nicht nur die Landschaft aus der Vogelschau, sondern beeinflussen auch ihre weitere und nähere Umgebung. Sie stehen in einer eng vernetzten Wechselbeziehung zu ihr – einer Wechselwirkung, welche um so stärker an Wirkung gewinnt, je feiner dieses Netz geknüpft ist. Was die Bauern in windreichen Landschaften bereits seit Jahrhunderten wußten, hat die Wissenschaft bestätigt. Dort, wo es gilt, Ackerland gegen die ständig anrennenden Winde und die aufreibende Kraft des Sandes zu schützen, ist man gewohnt, Hecken als Windschutzstreifen zu pflanzen und zu pflegen. Umfangreiche Untersuchungen in zahlreichen Ländern haben festgestellt, daß diese Windschutzstreifen die Windgeschwindigkeit bis zu 60% vermindern können, wobei die Wirkung bis in eine Entfernung der zehnfachen Hindernishöhe anhält. Eine 5 m hohe Hecke beeinflußt damit einen benachbarten Acker auf einem Streifen von mehr als 50 m Tiefe. Wider Erwarten ist es nicht die Dichte der Hecken, die eine günstige Rolle spielt. Je undurchlässiger das Hindernis beschaffen ist, desto größer wird die Gefahr der Wirbelbildung auf der windabgekehrten Seite. Luftwirbel sind sehr gefährlich und zerstören bei weitem mehr als ungestörte, starke Winde. Windschutz bedeutet zunächst einmal Schutz vor Erosion, mit

Sandsturm auf der tunesischen Insel Djerba. Dattelpalmen und aus Palmwedeln geflochtene, quer zur Windrichtung erstellte Zäune schützen Siedlungen und Gärten vor dem Flugsand. Auch in anderen Erdteilen wirkt der Wind erodierend: In der Schweiz wird die Ackerkrume nach langer Trockenheit zum Beispiel im Wallis oder im bernischen Großen Moos mit starken Winden fortgeweht. Wieder angelegte Heckensäume sollen dies nun verhindern.
Die großen nordamerikanischen Prärien verwandelten sich in den trockenen dreißiger Jahren nach Jahrzehnten der Überweidung und unangepaßter Nutzung in eine «Staubschüssel» (dust bowl). Millionen von Hektaren fruchtbaren Bodens sind mit dem Wind verfrachtet worden, um andernorts Riesenflächen zuzudecken. Hecken und dem Gelände angepaßtes Pflügen sollen die Winderosion in Schach halten.

Blühender Mandelhain in der spanischen Sierra Nevada. Diese Landschaft wird, ähnlich wie die Kastanienhaine der Alpensüdseite, agroforstlich genutzt. Erst die Kombination von Baumschicht und Wies- oder Weideland erlaubt ihre nachhaltige Nutzung. Die Baumkronen dämpfen die Erosionskraft der Winterregen, die Wurzeln halten das Erdreich zusammen. Im heißen Sommer schafft das kühlere und feuchtere Bodenklima im Baumschatten bessere Bedingungen für das Graswachstum.

Heckenlandschaft in der südenglischen Grafschaft Sussex. Diese Landschaft – ihr entspricht die französische Bocage – entstand zwischen Bronzezeit und dem 17. Jahrhundert. Sie ist das Land der dichten Hecken und Weiler, das Land der Hohlwege und verwinkelten Fußpfade. Das Gegenstück dazu bildet die geradlinige Landschaft Mittelenglands, welche die Planer nach 1700 auf dem Zeichenbrett entwarfen.

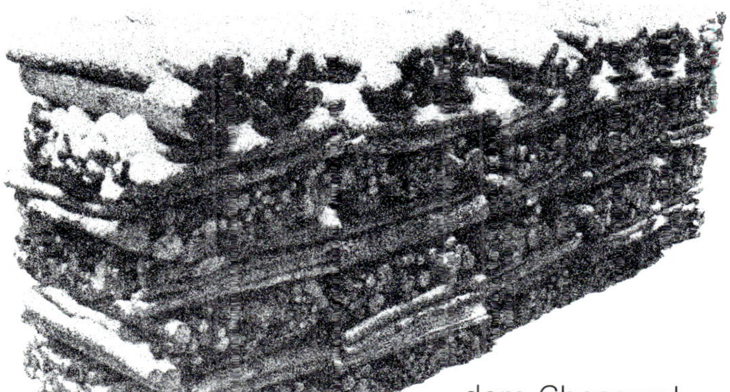

Hecken müssen gepflegt werden. Dabei fällt Brenn- und manchmal auch wertvolles Nuß- oder Kirschbaumholz an. Im schweizerischen Thurgau könnten zum Beispiel jährlich 1000 m³ Brennholz aus rund 200 ha Hecken und Bachgehölzen gewonnen werden

anderen Worten: er verhindert, daß Erde luftverfrachtet, also wegtransportiert wird. Zum zweiten wird durch die Windbremsung die Austrocknung der obersten Bodenschichten verlangsamt, was wiederum den ganzen Wasserhaushalt günstig beeinflußt.
Es ist bekannt, daß im Wald die Wasserabflußbedingungen ganz anders geartet sind als auf dem freien Felde: Während der verdichtete Boden auf der Wiese oder im Acker nur einen geringen Teil des Niederschlagswassers zu schlucken vermag, versickert im Wald, wo Wurzelwerk und Millionen von Bodentierchen das Erdreich durchwühlen, das Wasser in ungleich größeren Mengen, wie in einem Schwamm. Feldgehölze, aber auch Hecken verhalten sich wie Kleinstwälder auf offener Flur oder vielmehr – um es paradox auszudrücken – wie Waldränder außerhalb des Waldes. So leuchtet es ein, daß gerade an empfindlichen Stellen Kleingehölze, die mit ihren Wurzeln das Erdreich festigen können, von Nutzen sind, wie an Steilhängen, Kulturterrassen und entlang Bächen und Kanälen, wo die Erosion besonders schaden kann. Wegen der günstigen Lichtverhältnisse setzen sich die Kleingehölze oft aus zahlreichen Pflanzenarten zusammen und bieten somit einer reichen Tierwelt Unterschlupf und Nahrung.

Begünstigung der Tierwelt

Aus Untersuchungen im Münsterland (Bundesrepublik Deutschland) weiß man, daß die Bestandesdichte der Vögel in Kleingehölzen rund dreieinhalbmal so groß ist wie in dichten Wäldern. In der Slowakei war die Vogeldichte an Hecken und Waldrändern mit 10 je 100 m zehnmal höher als im Waldesinnern. In einer 25 km² großen Heckenlandschaft zwischen dem Chasseral und dem Bieler See in der Schweiz stellten Ornithologen 122 heimische Vogelarten fest. Von den vielen Formen der Hecken und Gehölze soll hier nur auf eine der weitestverbreiteten eingegangen werden, nämlich auf die Bestockung von nichtbewirtschafteten Bereichen unserer Kulturlandschaft: Böschungen, Wegränder, Lesesteinhaufen und Bachufer. Betrachtet man nun ein derartiges Kleingehölz aus der Nähe, so muß man vorerst einmal feststellen, daß man nicht einfach von «der Hecke» reden kann. Einerseits gibt es davon zahllose Typen und andererseits sind innerhalb der Hecke verschiedene Zonen zu unterscheiden. Der Lesesteinhaufen, auf dem eine Hecke stocken kann, wird bewohnt von Wieseln und Mäusen, Eidechsen und Erdkröten, während im Winter zahlreiche Reptilien und Amphibien in den Ritzen zwischen den Steinen Unterschlupf suchen. Geschützt werden sie auf doppelte Weise: erstens durch die Steine und zweitens durch das Gebüsch und die tarnenden Pflanzen. Etwas darüber, in der Boden- und Krautschicht, leben wirbellose Tiere wie Raupen und Schnecken in großer Zahl. In den langsam verfaulenden Holzhaufen sucht der Igel Zuflucht, während freibrütende Vögel, wie zum Beispiel der Goldammer, in den niedrigen Dornbüschen ihre Nistplätze beziehen. Freibrütende Vogelarten finden im ganzen Heckenraum Platz und Zuflucht, die Höhlenbrüter jedoch vorwiegend in den alten Bäumen der Feldgehölze: Hier nisten sich der Grünspecht, die Hohltaube und der Kleiber ein. Auch Fledermäuse und Siebenschläfer finden ihre Schlafstätte in diesem Stammraum.

Zahlreiche Untersuchungen aus ganz Europa zeigen, daß Schutzhecken den Kulturertrag steigern. Längs der Hecke bedingen Schatten und Wurzelkonkurrenz zwar eine Ertragseinbuße (–), doch wird diese durch den gesteigerten Gesamtertrag auf der geschützten Parzelle mehr als wettgemacht (+).

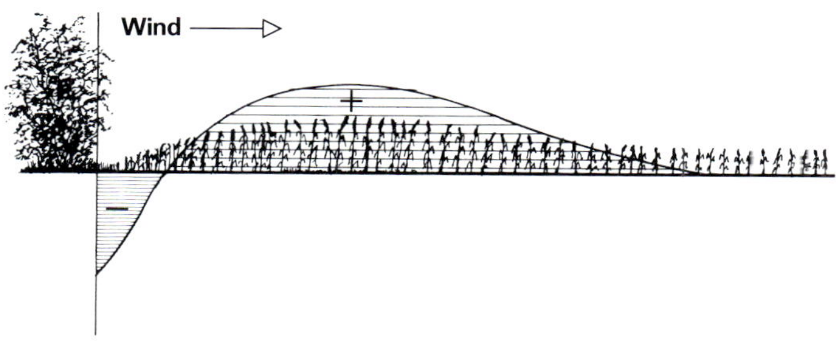

Anschauungsunterricht für ökologische Zusammenhänge

Eine Hecke eignet sich vorzüglich, um die Beziehungen der verschiedenen Lebewesen untereinander und zu ihrem Lebensraum zu beobachten, um die ökologischen Zusammenhänge zu studieren und kennenzulernen. In der Folge seien aus Tausenden von Beispielen nur einige wenige herausgegriffen.

Die Lehmwespe lebt als Einzelgängerin und verköstigt sich mit Nektar aus Blüten, unter anderem der Brombeere. Das Weibchen nistet in ausgehöhlten Stengeln abgebrochener Brombeerstauden. Diese werden mit Lehm ausgekleidet und für die Aufzucht der Larven verwendet. Zur Ernährung der Nachkommenschaft trägt die Wespenmutter zahlreiche Rüsselkäferlarven in die Brutzellen. Die Wespenbrut wird allerdings oft von Schmarotzern heimgesucht, so von den Gold- oder Schlupfwespen, deren Nachkommen sich dann ihrerseits von den Lehmwespenlarven ernähren. Diese gegenseitige Abhängigkeit sorgt dafür, daß keine Art übermächtig wird, daß also keine Tierart als ausgesprochener Schädling auftreten kann.

Hecken sind eigentlich doppelte Waldränder. Je nach Feuchtigkeits-, Licht- und Temperaturverhältnissen bestehen sie aus den verschiedensten Pflanzen. Die vielfältige Dornenhecke mit Schwarzdorn und Eiche gedeiht auf eher trockenen Standorten (rechts). Das Rote Waldvögelein (oben) braucht ähnliche Bedingungen, und auch der Scheckenfalter (*Mellicta*, oben links) zieht sonnigen Lebensraum an trockenen Hängen vor.

▷ Bärlauch (unten) und Pfaffenhütchen sind auf frischere Standorte angewiesen. Der Wanderer findet sie bevorzugt in den bachbegleitenden Gehölzstreifen.

Sehr zahlreich sind die Wechselwirkungen der Bewohner der Gehölze zu den benachbarten Fluren. Sowohl der Turmfalke als auch die Waldohreule, welche beide Feld- beziehungsweise Spitzmäuse fressen, haben ihren Beobachtungsstandort auf den höheren Bäumen. Von dort aus machen sie Jagd auf ihre Beute, die sich ihrerseits von anderen Lebewesen ernährt. Die Feldmaus hält sich beispielsweise an den Runkelrüben schadlos, während die Spitzmaus von Kulturpflanzen schädigenden Insekten wie Heuschrecken lebt. Der direkte Nutzen der Hecken für den Menschen ist nicht leicht in Zahlen oder Geldwert wiederzugeben. Es ist äußerst schwierig, die ökologisch-ökonomischen Zusammenhänge vollständig auszuleuchten. Die Bedeutung der Feldgehölze, Waldränder und Hecken kann vielleicht mit dem Wort «Regler» oder «Ausgleicher» umschrieben werden.

In diesen Kleingehölzen – von ihrem Aufbau her sozusagen doppelte Waldränder – kann

sich ein Grundstock von Lebewesen aller Art erhalten. Denn sie sind derart differenziert aufgebaut, daß sie ständig für außerordentlich viele Vögel, Nager, Insekten, Schnecken und Würmer sowie viele andere Tiere Nahrung anbieten können. Aus diesem Grundstock rekrutieren sich dann auch die Räuber, die sich von denjenigen Arten ernähren, welche sich in den angrenzenden Feldern zu stark vermehren und daher zu Schädlingen werden. A propos Schädlinge: Keine Art ist als solche schädlich, auch wenn eine etwas ausgeprägtere Tendenz in eine Richtung besteht. Maßgeblich ist vielmehr die Entwicklung der Population; selbst eine an und für sich nützliche Art kann bei allzu starker Vermehrung zum Schädling werden. Auf der anderen Seite kann sich eine störende Art durch bestimmte Aspekte ihrer Lebensweise als sehr nützlich erweisen.

Der Wert von Kleingehölzen wird leider oft erst erkannt, wenn sie schon verschwunden sind, wenn sie den «Kulturlandverbesserungen» zum Opfer gefallen sind. Fehlt nun ein Grundstock von Räubern bei einer Schädlingsvermehrung, so ist die Natur nicht mehr in der Lage, für Abhilfe zu sorgen. Abhilfe tritt erst dann ein, wenn der betreffende Schädling alles abgefressen und sich somit selbst seiner Nahrung beraubt hat oder wenn der Mensch Gift einsetzt. Der Einsatz von Gift wiederum bedeutet nicht nur eine Belastung der Umwelt, sondern eine weitere und noch unberechenbarere Beeinträchtigung des Gleichgewichts. Es fallen diesem Gift nicht nur die Schädlinge zum Opfer, sondern auch deren Räuber und Feinde. Ganze Nahrungsketten können somit unterbrochen werden. Ebenso werden viele Tiere davon betroffen und vernichtet, die nicht

Nahrungsbeziehungen in der Hecke und Aktionsradius einzelner Tiere. Die Heckenbewohner suchen sich ihre Nahrung nicht nur innerhalb des Kleingehölzes, sondern dringen dazu auch mehr oder weniger weit in die Feldflur ein. Der Neuntöter etwa holt sich nach polnischen Beobachtungen über 80% seiner Nahrung auf offener Fläche. In der Darstellung ist nur ein Ausschnitt aus dem in der Natur viel komplexeren Nahrungsnetz wiedergegeben.
1→10: 1 ernährt sich von 10

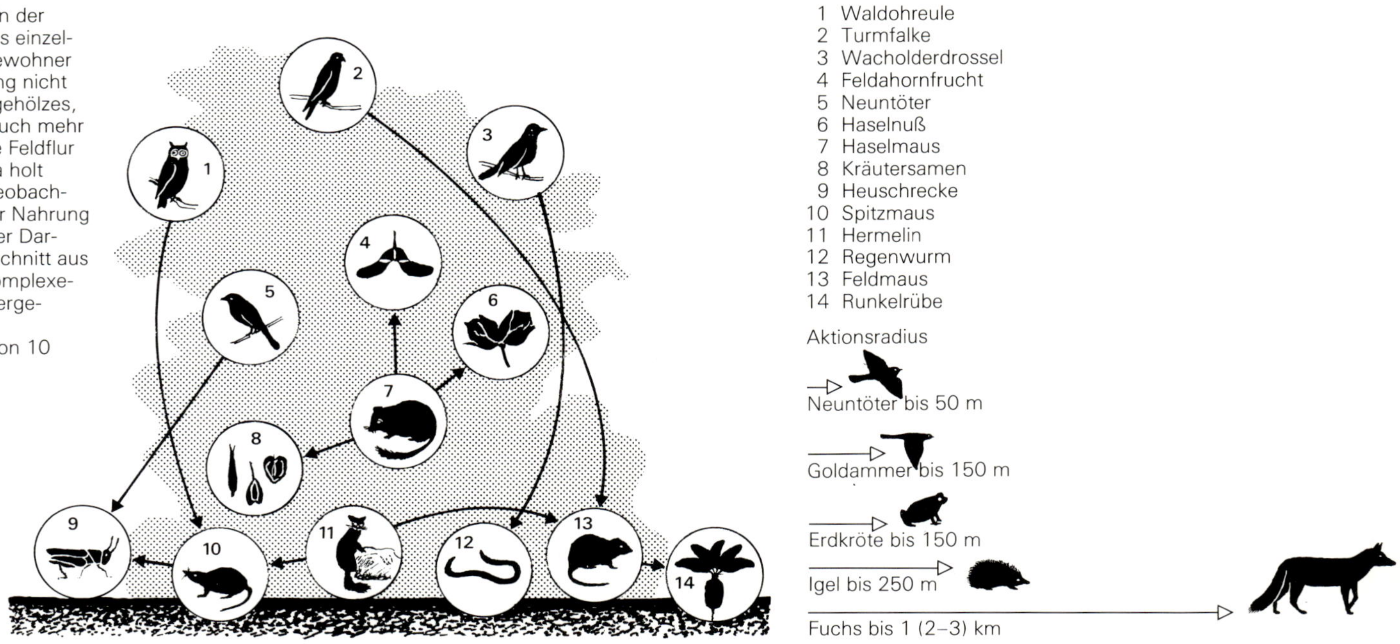

ins Schädling/Nützling-Schema passen, Lebewesen, die man als «indifferente Arten» bezeichnet. Sterben die Schmetterlingsmücken aus, so können die Aronstabblüten nicht mehr bestäubt werden, und die nicht entstehenden Früchte fehlen somit den verschiedenen Drosselarten, die sich auch von Würmern ernähren oder sich an Beerenkulturen schadlos halten. Die Mäuseplagen, die seit einigen Jahren in Mitteleuropa große Schäden verursachen, sind nicht zuletzt auf den Rückgang der mäusevertilgenden Falken und Eulen zurückzuführen. Einer der Gründe dafür liegt in der Anfälligkeit der Schale der Greifvogeleier gegenüber Insektengiften. Diese reichern sich über die Nahrungskette an und verursachen dünne und zerbrechliche Schalen.

Günstiger Einfluß auf die Landwirtschaft

Besser vorstellbar als ihre «Regler»-Funktion sind die meßbaren Einflüsse der Hecken und Feldgehölze auf die umliegenden Äcker. Hekken bremsen den Wind und gleichen den Wasser- und Temperaturhaushalt aus. Die Ertragseinbußen in unmittelbarer Nähe der Windschutzstreifen infolge Beschattung und Wurzelraumkonkurrenz werden bei weitem wieder durch die Mehrerträge auf dem Hauptteil des Ackers wettgemacht. In der Sowjetunion haben umfangreiche Untersuchungen dies bestätigt: Von Windschutzstreifen geschützte Äcker bringen höhere Erträge als ungeschützte Felder. In den geschützten Zonen wurde bis zu 41% mehr Winterweizen und bis zu 94% mehr Luzerne geerntet. Windbrecher in Jütland (Dänemark) erhöhen die Produktion in Kulturen um 5–10%, auf Wiesen um 20% und in Obstgärten um 25%. Durchschnittlich ist nach dem französischen Heckenspezialisten Dominique Soltner mit 6–20% Mehrerträgen zu rechnen. Diese sind folgendem biologischem Vorgang zuzuschreiben: Im offenen, ungeschützten Feld übersteigt die Wasserverdunstung der Pflanze oft einen Schwellenwert, von dem an die Spaltöffnungen der Blätter, die winzigen, den Gasaustausch regulierenden Poren, sich schließen. Dadurch schützt sich die Pflanze vor zu hohem Wasserverlust und dem Verwelken. Bei geschlossenen Poren kann jedoch auch kein Kohlendioxid, das für die Photosynthese so wichtige Gas, mehr aus der Luft in die Pflanze gelangen. Die Folge ist eine Einschränkung oder gar Blockierung der Photosynthese und damit der Bildung von pflanzlichem Gewebe und ein verminderter Ertrag.
Bessere Erträge haben jedoch auch noch andere Gründe als die Verminderung der Verdunstung. Die Erzeugung von Kleesamen – in der Heckenlandschaft dreimal so hoch wie auf der offenen Feldflur – ist der Blütenstaubübertragung durch die Hummeln zu verdanken. Hecken dienen diesen Insekten als sicherer Nistplatz, denn die hummeldezimierenden Feldmäuse werden von den regelmäßig auftauchenden Raubvögeln in Grenzen gehalten.
Neben dem günstigen Einfluß auf die Vogelwelt und damit auf die Bekämpfung der Schad-

Die Echte Nelkenwurz, häufige Heckenpflanze auf nährstoffreichem Boden, wird durch Insekten bestäubt. Säuger, an denen ihre mit Widerhaken versehenen Früchte hängenbleiben, verbreiten sie.

insekten vermögen Hecken und Kleingehölze der Landwirtschaft in vielen anderen Belangen nützlich zu sein: In diesen «Urwäldern nach Maß» blüht im Frühjahr eine Unzahl von Pflanzen und Sträuchern, die unter anderem Hunderte von Bienenvölkern anlocken. Ohne vom Wind verweht zu werden, können diese ihrer Arbeit nachgehen und unseren Frühstückshonig vorbereiten. Aber auch die Fischer können an Bachgehölzen ihre Freude haben. Beschattete Gewässer enthalten erwiesenermaßen mehr Sauerstoff als stark besonnte und erwärmte und sind dadurch fischreicher. Nicht zu vergessen ist in diesem Zusammenhang die Bedeutung des Wurzelwerkes am Rande der Gewässer als Unterschlupfmöglichkeit für die Wasserbewohner. Im Herbst reifen die von uns geschätzten Beeren und Nüsse wie Holunder, Wacholder, Süßkirsche, Haselnuß, Walnuß und andere mehr. Daneben produzieren die Kleingehölze eine nicht zu unterschätzende Menge Brennholz. Gezielt aufgebaute Windschutzstreifen liefern auch Nutzholz; zu denken wäre hier an die Pappelpflanzungen der Poebene, an die Windschutzstreifen der Ukraine oder an die Holzerträge, welche Chinas «Grüne Mauer» im holzarmen Riesenland jetzt schon liefert.
Es ist nicht nur der Mehrertrag für die Landwirte, der die Kleingehölze wertvoll macht; sie liefern vielmehr einen Beitrag zur Bereicherung der ganzen Landschaft. In einer verplanten, genau aufgeteilten Umwelt bilden Hecken, Feldgehölze, Büsche und Baumgruppen Orte, wo die Natur noch Natur sein kann.
Eine unterbrochene und gegliederte Landschaft bietet uns Abwechslung von unserer technisierten und normierten Umwelt und befriedigt unsere Sehnsucht nach Unberührtem und Natürlichem. Die Heckenlandschaft ist für den geplagten Städter wirklich ein Erholungspark.

Mit Polykulturen gegen den Hunger und für den Wald kämpfen

Erholung ist freilich nur für die privilegierte Bevölkerung der Industrieländer ein Thema; für Hunderte von Millionen Menschen stellt es sich erst gar nicht, denn diese wissen oft am Morgen nicht, was sie abends essen sollen. Praktisch in der gesamten Tropenzone zerstört die rasch wachsende Bevölkerung ihre natürlichen Lebensgrundlagen und unterminiert auf diese Weise jede Möglichkeit zu einem besseren Leben. Armut und Nahrungsmangel zwingen immer mehr Menschen, mit Feuer Wald zu roden und in der fruchtbaren Asche während zwei, drei Jahren ihre Nahrung großzuziehen. Dann ist der Boden ausgelaugt. Die Menschen ziehen danach weiter, um neuen Wald zu roden.
Die Bewahrung der Regenwälder und anderer tropischer Waldformen ist nur möglich, wenn sich die weltweit schätzungsweise 250 Millionen Tropenwaldbewohner ihre Nahrung auf andere, weniger mühsame Weise als durch Brandhackbau beschaffen können. Einer der Schlüssel zur besseren Nutzung empfindlicher tropischer Ökosysteme heißt Agroforstwirtschaft – das Zusammenwirken von Baum, Strauch und Kraut zum Nutzen der Menschen und ihrer Umwelt. Agroforstwirtschaft kann als eine extreme Verdichtung des Netzes aus Hecken und Feldgehölzen verstanden werden. Ein bekanntes Beispiel ist der mehrschichtige javanische Baumgarten: Kokospalmen, Durian-, Jackfrucht- oder Leguminosenbäume breiten ihre Kronen in der obersten Lage aus; Papaya, Gewürznelkensträucher und Bananenstauden bilden die Mittelschicht. Unter diesem lichtdurchlässigen Schirm gedeihen Maniok, Mais oder verschiedene Bohnenarten. Hühner picken zwischen den Stauden ihr Futter auf, und im Teich sonnen sich Goldfische und Karpfen. Ein anderes Beispiel: süd-

Ein Bauer pflügt am Steilhang im äthiopischen Hochland – mit verheerenden Folgen. 60–80 t spült der Regen jährlich von diesem Hang. Die Erosion ist nur durch Terrassierungen und Aufforstungen zu mildern. Diese sollen Schutz, Bau- und Brennholz sowie Futter für das Vieh (Gras und Laub) bieten.

amerikanische Kaffeepflanzungen, die zum Teil selbst an den steilen Kordillerenhängen seit Jahrzehnten betrieben werden. Schattenbäume überragen die Kaffeesträucher; es sind dies meist Schmetterlingsblütler, die Wurzelknöllchen mit luftstickstoffixierenden Bakterien besitzen und den wertvollen Pflanzennährstoff im Boden anreichern.
Solche menschengeschaffene, raffiniert ausbalancierte Kulturlandschaft schwebt den Leuten vor, welche die Waldnomaden zu seßhaften Bauern machen möchten und Alternativen zum Vabanquespiel der gegenwärtigen tropischen Landnutzung suchen. Die Erhaltung des

«Prinzips Wald» verspricht eine schonendere Umwandlung der Natur- in Kulturlandschaft, verspricht geringere Bodenerosion, einen ausgeglichenen Nährstoffhaushalt und einen dauernd gleichbleibenden Ertrag für den Bewirtschafter. Besonders im Regenwaldgebiet sind Tausende von Kombinationen mit Hunderten verschiedener Arten denkbar. Viele potentielle Bausteine agroforstlicher Modelle sind noch nicht einmal kultiviert und stehen in Gefahr, im Zuge der Regenwaldvernichtung genetisch erodiert oder gar ganz ausgelöscht zu werden.
Baumgärten versprechen gesteigerten Ertrag und viele verschiedene Produkte. Ihr Vorteil gegenüber der Monokultur besteht in der besseren Ausnutzung von Licht, Wasser und Nährstoffen. Zwar behindern sich die Pflanzen auch gegenseitig. Doch drei Arten, die deswegen nur je 80% ihres Ertragsvermögens leisten, erbringen theoretisch einen Gesamtertrag von 240% gegenüber höchstens 100% der Monokultur. Der Baumgarten ist ökologisch stabiler und das Risiko, die Ernte durch Schädlinge zu verlieren, kleiner.
Beispiele für agroforstliche Landnutzung finden sich auch in Europa, zum Beispiel die Kastanienselven (Fruchthaine) in den Tälern der Alpensüdseite. Diese während Jahrhunderten gepflegte, heute mehr und mehr verkommende Kulturart ist nichts anderes als eine intensive und kleinräumige Vermischung von Viehzucht, Früchtegewinnung und Holzproduktion – eine Art, den Boden zu nutzen, die bei den modernen Landwirtschaftsspezialisten als hoffnungslos veraltet gilt. Seit einigen Jahrzehnten werden überall die verschiedenen Nutzungsarten entflochten und auf größere Räume konzentriert. Die Umwandlung der Kastanienselven in hochgradig produktive Bestände sind nur *ein* Ausdruck für ein gewandeltes Kulturlandschaft-Verständnis.

Förderung der Landwirtschaft auf Kosten der Umwelt

Wohl ist es in Europa durch gezielte Maßnahmen wie Vergrößerung der Parzellen, erhöhte Mechanisierung und Einsatz von Dünger auf eindrückliche Art und Weise gelungen, die Produktivität in der Landwirtschaft zu versechsfachen. Die Kehrseite dieser Medaille muß aber auch in die Bilanz einbezogen werden: Veränderung der ganzen Landschaft und Verlust der Kleinräumigkeit. Weniger Arbeitskräfte verlangen nach größeren Maschinen, größere Maschinen nach größeren zusammenhängenden Flächen ohne Hindernisse, wie sie unregelmäßige, baumbestandene Bachläufe, Hecken, Feldgehölze, Hohlwege und sonstige kleine topographische Geländefor-

Baumgarten auf Sumatra. Auf kleiner Fläche sind hier Dutzende von Pflanzenarten zu einer Polykultur vereint: Kaffeesträucher (mit gerippten Blättern) und Bananenstauden, Nelkensträucher und Palmen, Durian- und Jackfruchtbäume... Diese Kulturform simuliert den Aufbau des tropischen Regenwaldes – der hier natürlicherweise gedeihen würde – und ist am ehesten in der Lage, langfristig gleichbleibende Erträge zu erbringen.

▽ Die Blüten des Kakaostrauches werden von speziellen Fliegen befruchtet, die auf feuchtes, warmes und windstilles Klima angewiesen sind. Darum wird der Strauch unter Bäumen angebaut und eignet sich bestens für den Baumgarten. Kakao ist wie viele Regenwaldarten kauliflor: Die Blüten und Früchte entstehen am Stamm und an stärkeren Seitenästen. Die Fruchtschalen finden als Dünger oder Viehfutter Verwendung, die nahrhaften Bohnen (20% Eiweiß, 38% Kohlenhydrate, 25% Fett) ergeben traditionelle Gerichte und Kakaopulver.

men darstellen. Der Preis, den wir bezahlen müssen, heißt Ausräumung der Landschaft, Verdrängung naturnaher Inseln und Ausrottung zahlloser Tier- und Pflanzenarten. In Dithmarschen (Bundesrepublik Deutschland) hat man beispielsweise herausgefunden, daß in einem natürlichen Bachlauf auf 1 m² Wasserfläche 3180 Tiere aus 486 Arten zu finden sind, während es in einem verbauten Wasserlauf

Seit einigen Jahren pflanzen Freiwillige in den verschiedensten Ländern Europas kilometerlange Hecken in die ausgeräumten Meliorationsebenen. Mit dem wachsenden Verständnis für ökologische Zusammenhänge und der Initiative einzelner und ganzer Gruppen wandelt sich die heutige Zivilisationslandschaft weiter – in absehbarer Zeit wird sie hoffentlich wieder mehr der traditionellen Kulturlandschaft gleichen.

nur 450 Tiere aus 281 Arten sind. In einem Ausmaß wie nie zuvor ist die Zahl der Arten in Mitteleuropa zurückgegangen: Vor hundert Jahren kamen in der Schweiz 190 Brutvogelarten vor, während 83 davon 1977 in die sogenannte «Rote Liste» der ausgestorbenen oder höchst gefährdeten Brutvogelarten eingetragen waren. Gemäß einer Studie des Europarates sind 30% der Amphibien- und 45% der Reptilienarten in ihrem Verbreitungsgebiet vom Aussterben bedroht. Vögel sind erwiesenermaßen sogenannte Bioindikatoren, das heißt, sie zeigen an, ob eine Landschaft noch vielfältig oder bereits ausgeräumt ist. Mit jeder Art, die aus der Lebensgemeinschaft ausscheidet, kann das Gleichgewicht gestört werden, wird ein Glied aus der Nahrungskette herausgebrochen, für das der Ersatz nicht immer gewährleistet ist.

Weitere Beispiele für die Folgen von Gleichgewichtsstörungen im Naturhaushalt liefert die Urbarmachung riesiger Steppengebiete in der Sowjetunion, der Prärien in den USA und Kanada sowie der argentinischen Pampas. Die Schaffung großer Ackerbauflächen hat die ursprüngliche Vegetationsdecke zerstört und die Erde für die Erosion freigelegt. Wenn dieses Gleichgewicht nicht mit Windschutzstreifen oder angepaßten Wirtschaftsformen wieder einigermaßen hergestellt wird, so ist in absehbarer Zeit weltweit – trotz größter Maschinen und neuer Weizensorten – mit einer drastischen Abnahme der Getreideproduktion zu rechnen, mit Hunger und Elend. Eine bei uns feststellbare Tendenz zur Umkehr und Rückbesinnung hat ihre Ursachen zweifellos nicht nur in den wirtschaftlichen Verlusten durch Insekten oder Erosion, sondern weit mehr noch in der zunehmenden Verstädterung, Verplanung und Einengung des Menschen, hervorgerufen durch seine eigene Maßlosigkeit im Verbrauch von Gütern und Rohstoffen, sowie in der Zerstörung der Landschaft. Der Mensch ist heute im Begriff, die Folgen seines Handelns zu begreifen und Korrekturen anzubringen, die im Augenblick vielleicht lächerlich gering scheinen, in Tat und Wahrheit aber eine Änderung der Denkweise erhoffen lassen. Man ist beispielsweise nicht nur dazu übergegangen, auch die biologische Schädlingsbekämpfung voranzutreiben, sondern auch die zerstörten Nahrungsketten teilweise wiederaufzubauen. Die Aufstellung von Nistkästen in den Wäldern, die Förderung von Greifvögeln in mäuseverseuchten Gegenden, das Aussetzen des Luchses und viele andere Beispiele zeugen von einer neuen Einstellung zu den Kreisläufen der Natur. Auch auf politischer Ebene hat sich manches gewandelt. Naturschutzgesetze, Schutzverordnungen, die Möglichkeiten der Raumplanung und sogar internationale Übereinkommen (zum Beispiel die «Konvention von Bern» des Europarates) sollen den Schutz der Arten und ihrer Lebensräume ermöglichen.

Neue Zukunft für die Hecken

Weitere Anstrengungen – gerade im Bereich der Hecken und Feldgehölze – lassen hoffen. Seit einigen Jahren pflanzen Freiwillige in den verschiedensten europäischen Ländern in baum- und strauchlosen Meliorationsebenen kilometerlange Hecken. Unsere Landschaft wandelt sich weiter und mit ihr auch die Naturverbundenheit – vorerst durch das «Heckenbewußtsein» eines Teils der Bevölkerung symbolisiert. Hatten vor nicht allzulanger Zeit die Hecken, die für unsere Vorfahren noch eine praktische Funktion erfüllten, plötzlich keinen Platz mehr in unserer Umwelt, so erkennt man heute und wohl noch vermehrt in der Zukunft, daß Hecken neben den bisherigen neue Aufgaben übernehmen können: Schutz des Menschen vor den Auswirkungen der Zivilisation wie das Fernhalten von Immissionen oder das Verdecken von häßlichen und störenden Objekten, von Wunden in der Landschaft. Hecken haben – mehr denn je – ihren Platz in der modernen Zivilisationslandschaft.

Das Haus als Spiegel des Waldes

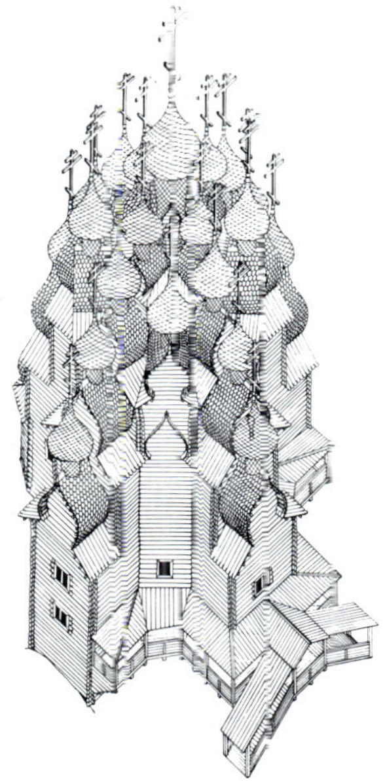

Wald, Holz und Bauweise

Holzhäuser spiegeln nicht nur Wesen und Tradition ihrer Bewohner wider, sondern auch den Wald, aus dem das Baumaterial stammt. Oft gleichen sich darum traditionelle Bauten in ähnlichen Vegetationszonen, auch wenn sie Tausende von Kilometern auseinanderliegen. Wie der Wald das Gesicht des Hauses bestimmt, so formt der Mensch diesen um, sobald er ihn nutzt.
Wuchs und Größe der Bäume bestimmen die Maße von Balken und Brettern; vor der Zeit großer technischer Hilfen hielt auch das menschliche Maß – die Möglichkeit, einen Balken überhaupt zu tragen – die Bauten in überschaubaren Grenzen. Heute helfen Hydraulik und Leim, diese Grenzen zu sprengen: Schichtverleimte Holzträger überspannen mit Eleganz riesige Hallen. Auch in dieser Form – und nicht nur von der Sonne verbrannt und von der Zeit patiniert – bringt Holz die Lebendigkeit des Waldes unter Dach.

◁ Stabkirchen – eine nordgermanische Bauweise, die vor allem in Norwegen beheimatet ist – gehören zu den ältesten noch erhaltenen reinen Holzbauten.

◁ ▽ Fachwerkwand im französischen Burgund. Die Gefache aus Flechtwerk zwischen den eichenen Ständern und Streben sind mit Lehm verstrichen. «Wand» kommt von «winden»; bereits die sogenannten Pfahlbauer kannten dieses Bauprinzip.

Lärchen-Arven-Wald im Engadin. Dieser ist in den Zentralalpen weit verbreitet und von großer Bedeutung sowohl für den Lawinen-, Hochwasser- und Steinschlagschutz wie auch für die Holzproduktion.

Nadelholz prägt in den waldreichen Gebieten der Alpen ebenso wie in Nordeuropa und in Teilen Japans das Gesicht des Hauses. Die langen, geraden Stämme erlauben die Konstruktion von Blockbauten; das Holz wird dabei liegend verwendet. Bestimmend für den Grundriß des Hauses ist unter anderem die Balkenlänge.

«Es ist eine Freude, eine Hütte zu bauen, die Bäume im Walde zu fällen und sie zu Pfosten zu behauen, die Pfosten dann aufzurichten, das Dach darüber zu wölben und am Ende, wenn Pfosten und Träger und alles andere gut mit Kokosfaden verbunden ist, es mit dem trockenen Laube des Zuckerrohres zu decken.» Der Papalagi: Die Reden des Südsee-Häuptlings Tuiavii aus Tiavea.

Ein Haus bietet Schutz. Es schirmt Hitze, Kälte, Regen oder Sandstürme ab – es schützt vor der unberechenbaren, unwirtlichen Natur, schützte früher auch vor feindlichen Stämmen. Ein Haus bedeutet Raum für Arbeit und Nahrung, für Ruhe und Schlafen, für Geräte, Werkzeug, Vorräte und Vieh. Unterschlupf, Schutz und Behausung bieten bereits Höhle und Felsnische, finden sich auf dem Schiff, im Zelt, im Iglu und ganz bestimmt im Hause. Steine, Lehm, Stroh, Felle und Häute, Äste und Holz – damit statteten Menschen ihre Höhlen aus, bauten sich Hütten, Häuser und Paläste. Das örtliche Klima, Bodenverhältnisse und in der Natur vorhandene Baustoffe, aber auch Lebensweise, Volks- und Stammessitte bestimmen die Gestalt der Behausung. Ihre Form und Funktion bilden sich sowohl aus Traditionsbewußtsein wie aus dem Drang zu Neuem. Eine Summe von Erfahrungen, abhängig vom Können und vom Willen der Baumeister und Benutzer, prägen jedes Bauwerk.

Hausbau heißt vorerst: Baumaterial beschaffen, dieses mit geeignetem Werkzeug bearbeiten und gemäß einem Plan oder bestehendem Vorbild zusammenfügen. Ursprüngliche Bauformen sind weitgehend durch die örtlich vorhandenen Materialien geprägt. Bei fast jedem Hausbau wird Holz in offener oder auch in verdeckter Form verwendet. Wo Bambus, Schilf, Büsche oder Bäume wachsen, machen sich die Menschen diese Pflanzen als Werkstoffe immer wieder zunutze. Holz ist mit verhältnismäßig geringem Aufwand zu gewinnen und

Die Stämme werden beim Blockbau entweder rund belassen oder vierkantig gesägt (früher behauen). Moos dichtet die Ritzen ab.

PETER RÖST ER.WANDKNÄCHT Im 1698 IAHR

◁ Fachwerkhaus in Colmar und Eichenkrone. Die vom Menschen stark beeinflußten Laubwälder der europäischen Tieflagen vermochten meist nur kurze Balken zu liefern. Fachwerkbauten sind eine Anpassung an diesen Umstand: Das Gerüst wird sparsam aus Holz erstellt, die Gefache mit Ruten und Lehm oder Steinen und Mörtel gefüllt.

Selbst die in den südlichen Alpentälern vorwiegend anzutreffenden Steinbauten sind vom Holz mitgeprägt: Die kurzen, knorrigen Kastaniensparren aus dem Niederwald bestimmen die Spannweiten von Decken und Dächern. Niederwald wird periodisch kahlgeschlagen, um Brennholz zu gewinnen. Die Bäume schlagen anschließend wieder aus dem Stock aus (kleines Bild).

Bambus – Sammelbegriff für verholzte Gräser mit weiter Verbreitung vor allem in Asien – vereinigt geringes Gewicht mit Festigkeit. In gespaltenem Zustand kann er geflochten werden; ganze Stämme bilden den konstruktiven Rahmen des Hauses, das die kunstvoll verarbeiteten Wandschirme und Dächer aus Palmblättern vollenden. Bambushaus und -wald in Indonesien.

zu verarbeiten, nach erstem Gebrauch nochmals verwendbar und letztlich immer noch als Brennmaterial gut genug, kurz: ein ursprünglicher, in alter wie in neuer Zeit verwendeter Werkstoff aus dem Walde.

Was im Wald wächst – Art, Größe und Eigenschaften der Bäume –, bestimmt vielfach auch die örtlichen Bauformen. Ein Haus spiegelt deshalb nicht nur das Wesen seiner Bewohner, sondern darüber hinaus oft auch den Charakter des Waldes, in dem seine Balken geschnitten worden sind. Ebenso formt der Mensch den Wald, sobald er ihn nutzt.

Wo hohe, regelmäßig geformte Nadelhölzer wachsen, ist der reine Holzbau verbreitet. Im nordosteuropäischen Raum finden sich Blockbauten aus massiven Fichten- und Föhrenstämmen. Einen vergleichbaren Haustyp erstellen die Bewohner waldreicher Gebirgsgegenden wie der Alpen oder Karpaten aus Fichten, Lärchen und manchmal auch aus Weißtannen. Beim Blockbau werden die Stämme entweder rund belassen oder in behauenem Zustand waagrecht aufeinandergelegt. Einkerbungen in den Hausecken verbinden die Balken untereinander. Die Fugen zwischen den Balken sind ursprünglich mit Moos abgedichtet.

Säge- und Nagelmaschine führten zur Entstehung des Rahmenfachwerkhauses. Dieses Haus in viktorianischem Stil, eine reine Holzkonstruktion, wurde vor Jahrhundertfrist in San Francisco erbaut. Eine aufgenagelte Holzschalung hält die leichte Tragkonstruktion zusammen. Als der ursprüngliche Standort überbaut wurde, konnte der ganze Bau auf Rädern an einen neuen Platz versetzt werden. ▷

Wie sehr die traditionelle Bauweise vom Gesicht des Waldes abhängt, ist im nördlichen Tessin zu beobachten: Dort, wo die Nadelwälder mit abnehmender Meereshöhe von den Kastanienwäldern abgelöst werden, liegt auch die Verbreitungsgrenze des reinen Blockbaus. Von hier gegen Süden nimmt die Bedeutung des Holzes als Baustoff zugunsten des Steins ständig ab. Denn in den tiefergelegenen Regionen des Tessins stehen dem Hausbauer seit Jahrhunderten praktisch nur noch kurze, knorrige Kastanienbalken zur Verfügung. Diese stammen aus den bereits in römischer Zeit gegründeten Kastanienselven (Fruchthainen) oder den später entstandenen Niederwäldern. Niederwälder ergeben sich aus besonderer Bewirtschaftung: Als Holz noch einziger Energieträger war, wurden im Tessin große Waldteile

COAST
House Movers

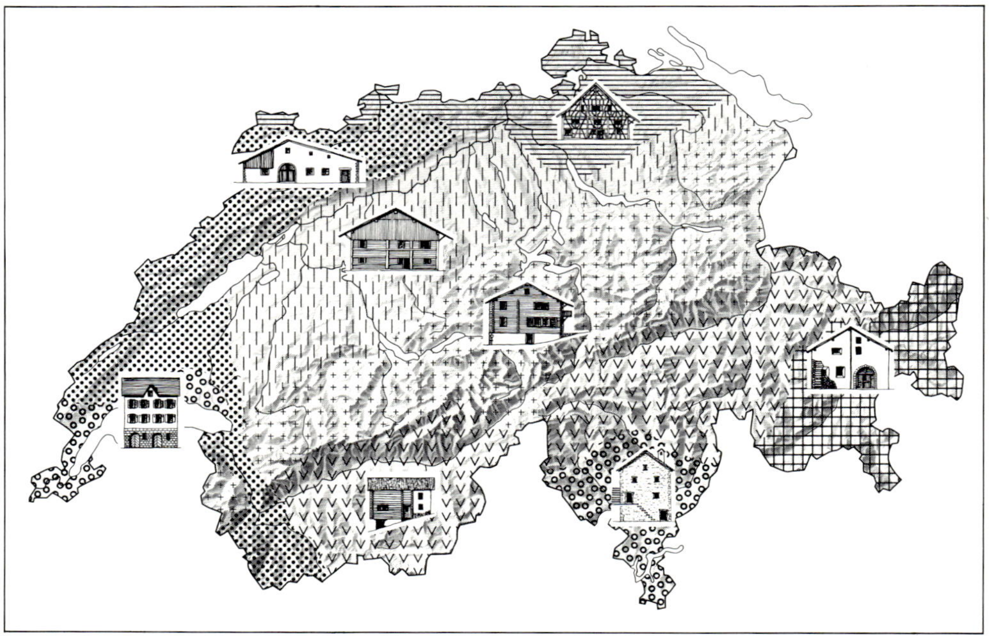

Baustoffe und Bauweisen in der Schweiz

- Stein; Mauer mit oder ohne Verputz
- Stein/Nadelholz; Küchenteil gemauert, Stubenteil in Blockbau
- Stein/Nadelholz; Blockbau mit Steinmauer ummantelt
- Stein/Nadelholz; gemauert, einzelne Teile aus Holz
- Nadelholz (liegend); Blockbau
- Nadel- oder Laubholz (liegend); Bohlenständerbau
- Laubholz (stehend); Fachwerkbau (Riegelhaus)

alle fünfzehn bis zwanzig Jahre flächenweise kahlgeschlagen. Aus den Wurzelstöcken austreibende Schößlinge, sogenannte Stockausschläge, vermochten bis zum nächsten Kahlschlag etwa 15 m hohen Wald zu bilden. Heute sind solche Wälder – besonders wo sie nicht mehr genutzt werden – stark verbuscht, verkrautet und darum besonders brandgefährdet. Die kurzen, krummen Kastanienbalken sind im Tessiner Steinhaus vor allem beim Dach konstruktiv verwendet. Aus ihnen allein ließe sich kein Haus bauen.

Zwischen den reinen Holzbauten der Alpen und Nordeuropas sowie dem süd- und westeuropäischen Steinbau liegt ein ausgedehntes Gebiet gemischter Bauweise. Wo natürlicherweise Laubwälder gedeihen, finden sich Fachwerkhäuser (Riegelbauten), im schweizerischen Mittelland ebenso wie am Oberrhein, in England und Südschweden. Die konstruktiv wichtigen Teile bestehen aus kurzen, vielfach jedoch mächtigen Laubholzbalken, die Füllungen dazwischen ursprünglich aus lehmverstrichenem Rutenwerk, später auch aus Steinen und Mörtel. Wo viel Holz verfügbar war, wurden die Füllungen aus liegenden Hölzern ähnlich dem Blockbau erstellt. Dieser heute noch im Emmental zu findende Haustyp wird als Bohlenständerbau bezeichnet.

Mit seinen Aktivitäten hat der Mensch immer auch den Wald verändert. Vielerorts ist dieser zurückgedrängt worden, was sich wiederum auf die Bauformen der Gegend ausgewirkt hat. Im Jura beispielsweise wurden noch im 18. Jahrhundert viele Häuser aus Holz gebaut – heute bestehen die meisten aus Stein. Die Entwicklung zum Steinhaus erklärt sich auch in dieser Region aus den vorhandenen Baustoffen: Im Laufe der Zeit wurde die Waldfläche derart vermindert und der Waldaufbau dermaßen verändert, daß reiner Holzbau kaum mehr in Frage kam. Die naturgegebenen Buchen- sowie Tannen-Buchen-Wälder sind nämlich allmählich gerodet und – da die Brennholznachfrage der Eisenschmelzereien groß war – auf geringe Restflächen reduziert worden. Oft trat an ihre Stelle – ähnlich wie im Tessin – periodisch kahlgeschlagener Niederwald aus Buchen. Bauholz wurde Mangelware – die jurassischen Baumeister mußten die für den Dachstock benötigten langen Nadelholz-Balken vermehrt von weither holen; das Haus selber wurde mit Kalksteinen gemauert.

Auch Fachwerkhäuser sind eine Anpassung an das vom Menschen veränderte Aussehen des Waldes. Bis weit ins 19. Jahrhundert hinein wurden die europäischen Laubwälder selten als Hochwald bewirtschaftet, wie es heute in Mitteleuropa allgemein üblich ist. Verbreitet waren Niederwälder oder als Zwischenform die zweischichtigen Mittelwälder. Die sogenannte Hauschicht wurde alle paar Jahre zur Brennholzgewinnung auf den Stock gesetzt. Die Bäume der oberen Schicht hingegen – vielfach waren es wegen ihrer Bedeutung für die Schweinemast Eichen – blieben unter Umständen Jahrhunderte stehen. Sie lieferten die wichtigsten Konstruktionsteile für das holzsparende Fachwerkhaus.

Die Erinnerung an den Wald wird bei jedem Holzhaus wieder wach. Das durch die Holzfäller gewonnene und von den Zimmerleuten verbaute Holz brachte – und bringt auch heute noch – den Wald ins Haus und in die Städte. Der Wald dürfte zwar im Mittelalter Furcht eingeflößt haben, aber trotzdem wird seine Nähe als beruhigend empfunden, ist er doch nicht nur Schlupfwinkel für Straßenräuber, sondern ebenso und in noch viel größerem Ausmaß Lieferant von Baumaterial, Brennholz und Nahrung. Die Atmosphäre lebendigen Daseins, welche vom Wald ausgeht, überträgt sich auf den Werkstoff Holz: Holzhäuser und Holzbauteile werden auch nach jahrhundertelangem Gebrauch kaum je schäbig oder verschlissen wirken. Ausgetretene Schwellen, schief gewordene Riegel und von der Sonne fast schwarz verbrannte Holzfassaden tragen die Spuren des Alterns deutlich sichtbar und gerade deshalb mit gelassener Selbstverständlichkeit. «Würde», dieser fast antiquiert wirkende Ausdruck, trifft die Ausstrahlung solcher alter Holzbauten wohl noch am besten.

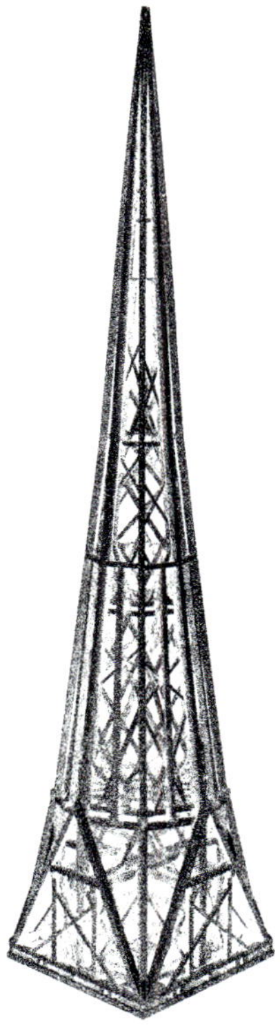

Gestalt und Material

Der Wald und seine Bäume bestimmen durch ihren Wuchs und ihre Größe die Maße von Balken und Brettern. Aber auch das menschliche Maß, die Möglichkeiten, einen Bauteil auf den Schultern zu tragen und diesen mit den Händen und Werkzeug zu bearbeiten, tragen dazu bei, die Maßverhältnisse von Bauteilen und Bauten in überschaubaren Grenzen zu halten. Denn jene Kraftprotze, die schwerste Stämme so leicht wie Zaunlatten auf die Schultern nehmen, sind nur aus der Sagenwelt bekannt.

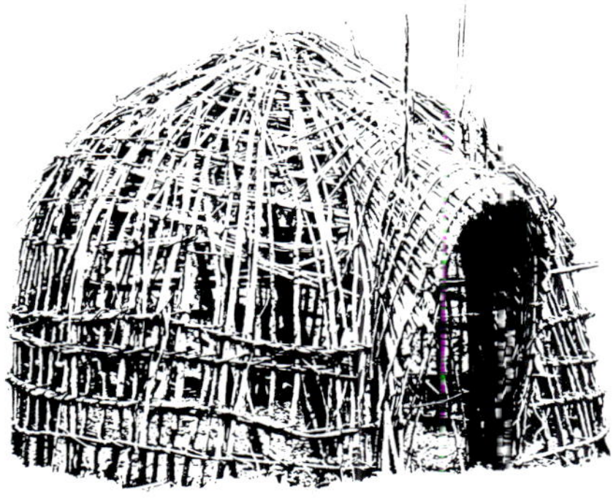

Nomaden müssen ihre Häuser mitnehmen oder an Ort mit dem Vorgefundenen aufbauen. Die leichten Stabstrukturen tragen einen Wetterschutz aus Häuten, Stoffen oder Blattwerk. Wo man sich in waldreichen Gegenden niederließ, waren feststehende Holzbauten die Regel. Besonders Kirchen (oben) können als Symbol für eine dauerhafte Besiedlung gelten, für deren Bau die Zimmerleute alle Register ihrer Kunst gezogen haben.

Zwar könnten aus den Baumriesen Australiens oder Amerikas theoretisch auch entsprechend dimensionierte Balken gewonnen werden. So sind in Australien über 100 m hohe Eukalyptus-Arten (z.B. *Eucalyptus regnans*) bekannt. Ähnliche Maße erreichen die Küstensequoia *(Sequoia sempervirens)* an der amerikanischen Pazifikküste oder Mammutbäume *(Sequoiadendron giganteum)* der kalifornischen Sierra Nevada. Im Vergleich dazu nehmen sich die europäischen Weißtannen mit ihren Wuchshöhen von über 50 m fast wie Zwerge aus.

Doch bleiben Maß und Gewicht der Konstruktionsteile für den allgemeinen Hausbau in Grenzen: Mechanische Hilfsmittel sind lange Zeit nur beschränkt vorhanden und bleiben zudem für einfache Bauvorhaben zu aufwendig. Weitaus vernünftiger und kostensparend ist es jedoch, wenn der Bauherr selber mit anpackt und sein Haus erstellen hilft – ein Verfahren, das bis vor nicht allzuferner Zeit insbesondere beim Bauernhaus verbreitet war.

In der Schweiz sind im ländlichen Raum unterschiedliche traditionelle Bauformen anzutreffen, die auf engem Raum vom Erfindungsreichtum früherer Baumeister zeugen. Abgesehen von grundlegenden konstruktiven Kenntnissen verlangt keine dieser Bauweisen aufwendige Ausführungstechniken. Die Bauten konnten mit einfachsten Hilfsmitteln erstellt werden – klug überlegtes Vorgehen und geschickte Hände waren wichtiger als aufwendige Technik. Gemeinsam bleibt diesen sonst so unterschiedlichen Bauweisen die Verwendung von Holz. Selbst wo die Häuser nur in Teilen aus Holz bestehen oder wo dieses Baumaterial nur in versteckter Form vorkommt, bestimmen die Maße von Balken und Brettern die architektonische Gestalt.

Selbstverständlich zeigen die vier als charakteristisch betrachteten Bauweisen – Ständerbau, Fachwerk, Blockbau und Steinhaus – nur eine Momentaufnahme aus der sich ständig verändernden baulichen Entwicklung. Viele Hausformen verschwinden im Laufe der Zeit, andere kommen neu dazu. Doch immer sind diese Entwicklungen beeinflußt vom verwendeten Material und vom Stand der Werkzeugtechnik. Anschaulich abzulesen ist eine derartige Entwicklung an der Dachneigung der Häuser: Stroh als Dachhaut kann nicht auf einem schwach geneigten Dach verwendet werden – das Wasser würde zuwenig rasch ablaufen, das Stroh würde nicht rasch genug trocknen und könnte verfaulen. Schindeln oder Steinplatten indes rutschen auf einem allzustark geneigten Dache ab. So sind im niederschlagsreichen schweizerischen Mittelland Steildächer mit Stroh im 19. Jahrhundert noch üblich gewesen. In den Alpen jedoch mit ihren großen Schneemengen, die über längere Zeit liegenbleiben, haben sich flachgeneigte Dächer mit Schindeln als geeignet erwiesen.

Auch von außen kommende Einflüsse haben zu veränderten Baugewohnheiten geführt. Noch im 16. Jahrhundert war der Blockbau im Engadin weit verbreitet. Nach Kriegen und Bränden begann ab 1650 der Wiederaufbau nach den Methoden des Steinbaus. Doch sind vielfach im Innern dieser Häuser noch Reste des Blockbaus zu finden; die Stuben stellen oft mit Steinen ummantelte Holzhäuser dar. Die heutigen historischen Steinbauten des Waadtlandes dürften letztlich auf städtischen Einfluß zurückgehen, welcher den ursprünglichen Ständerbau in diesem Gebiet zu verdrängen vermochte. Ebenso haben die mittelalterli-

Werkzeug ist für die Holzbearbeitung unentbehrlich. Die klassischen Werkzeuge sind längst ausgereift und in der überlieferten Form auch heute noch bekannt. Doch sind menschlichem Erfindungsgeist nebst Axt, Beil, Hammer und Säge noch viele Erleichterungen eingefallen.
Was heute noch in Bhutan in geduldiger Handarbeit getan wird (rechts), erledigen in der technisierten Welt maschinell betriebene und weitgehend automatisierte Anlagen in Windeseile: Balken, Bretter und Kanteln aus der Sägerei sind der unentbehrliche Rohstoff für Zimmerleute und Schreiner.

chen Städte überwiegend den Holzbau gekannt. Die Häuser in Bern, Zürich oder Basel waren ursprünglich Holzhäuser. Der Übergang zu Bauten aus Stein erfolgte meistens nach Brandschatzungen oder Stadtbränden. Zudem wurden Holzhäuser in Stadt und Land auch verputzt – um sich den «reicheren» Steinhäusern anzupassen, um nicht ärmer dazustehen. Abgesehen davon mag auch ein Bedürfnis nach vermehrter Sicherheit diese Veränderungen gefördert haben: Steinbauten oder verkleidete Holzkonstruktionen sind zumindest nach außen weniger brandgefährdet.

Raumform im Wandel

Bauten umschließen Räume, wirken raumbildend nach innen wie auch nach außen. Sicher dienen Bauten grundsätzlich einem klar umschriebenen Zweck. Doch dürften Raumformen – ob rechteckig, quadratisch oder rund – nicht einfach ausschließlich aus praktischen Überlegungen heraus entstanden sein. Die Frage nach den Urformen der Baukunst berührt offensichtlich grundsätzlich das Verhältnis des Menschen zur Geometrie. Das räumliche Empfinden dürfte sich im Laufe der Zeit im stetigen kulturgeschichtlichen Wandel immer wieder in andere Richtung entwickelt haben.
Wir leben heute fast ausschließlich in rechtwinklig begrenzten Räumen. Daß dies nicht überall und für jeden selbstverständlich ist, wird oft und gern vergessen. So beklagten manche Indianer den Verlust der Tipis, ihrer runden Stammeszelte. Viereckige Blockhäuser empfinden sie als schlechte Bauform. «Rund wie die Vogelnester waren unsere Tipis», erzählt ein Indianer-Häuptling, «und sie wurden stets im Kreise angelegt, dem Ring des Volkes.

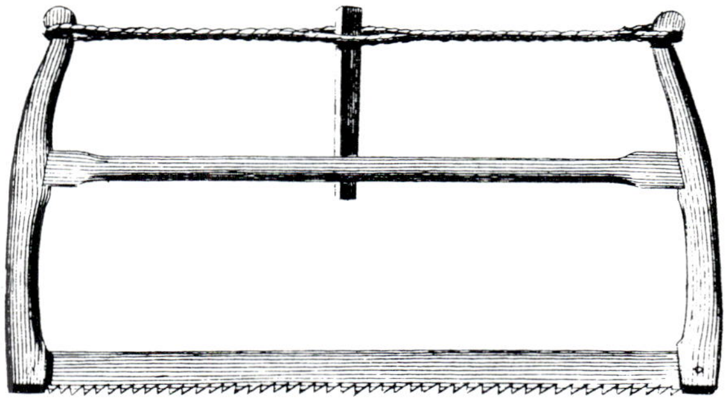

Handsäge des 18. Jahrhunderts aus der Enzyklopädie Diderots und d'Alemberts.

Aber die Weißen haben uns diese viereckigen Kisten gebaut. Unsere Kraft ist vergangen.»
Doch auch konstruktiv-praktische Gründe haben bei urtümlichen Bauten zur Kreisform geführt. Ein Kegelzelt läßt sich ja ganz einfach mit drei langen Holzstangen erstellen: An der Spitze mit Lianen oder Seilen verknotet und im Boden festgerammt, entsteht ein Raumkegel. Mit Zwischenstangen ergänzt und mit Fellen, Häuten, Zweigen oder Schilfbündeln behängt, ergibt sich ein Rundzelt mit einem Feuerplatz in der Mitte. Wird diese Konstruktion mit einem Mittelpfosten erstellt, kommt die Feuerstelle exzentrisch zu liegen. Auch heute noch ist diese archaische Bauweise zu finden: Die Trulli im süditalienischen Apulien sind reine Steinbauten, oft rund und mit kuppelähnlichen Dächern. Ihre äußere Form stimmt mit runden Strohhütten überein – einer Hausform, die im ehemals waldreichen Apulien bekannt gewesen sein dürfte.
Die südlichen Grafschaften Großbritanniens kennen Fachwerkhäuser, die noch im 16. Jahrhundert – in allerdings rechteckiger Form – um einen Schornstein gebaut wurden. Herdstelle und Kamin befinden sich im Zentrum dieser sonst kaum unterteilten Bauten, die Mensch, Vieh und Vorrat unter einem Dach vereinen.
Aus derart archaisch einfachen Bauformen hat sich im Laufe der Zeit eine differenziertere Architektur entwickelt. Das ehemals übliche Neben- und Durcheinander von Mensch und Tier, von Ruhe und Arbeit macht nach und nach mehr Komfort Platz: Die Häuser werden nach Bedarf unterteilt. Die Methoden zur Bearbeitung der Baumaterialien werden verbessert, eine der Zeit gemäße, mehr und mehr fortschreitende Baukunst findet ihre Form. Nicht mehr der Benutzer baut sein Haus, sondern spezialisierte Handwerker entwerfen und erstellen Architektur.

Axt, Säge und Hammer

Die Qualität von Häusern war zu allen Zeiten abhängig von der Kenntnis der Materialien und vom Entwicklungsstand der Werkzeuge. Findige Köpfe haben immer wieder versucht,

Zellwand der Waldföhre im Elektronenmikroskop. Die Zellulosefibrillen – im Vergleich mit Eisenbeton sozusagen die Eisenstäbe der noch unvollständigen Wand – liegen wirr übereinander. Das Lignin, welches das Gerüst wie Beton verstärkt und zusammenhält, ist herauspräpariert (Vergrößerung ca. fünfundzwanzigtausendfach).

die entsprechenden Bearbeitungsmethoden zu verfeinern und zu verbessern. Heute ist das Bauen in sämtlichen Bereichen ausgeklügelt, es ist zeit- und materialsparend geworden.
Dies will jedoch nicht heißen, wir hätten heute die beste aller möglichen Baumethoden entwickelt. Der Einsatz aufwendiger Maschinen hat uns zwar raffinierten Abbau von Rohstoffen beschert sowie verfeinerte Bearbeitung und Anwendung von Baumaterialien, doch ging uns das tiefere Wissen um diese Dinge verloren. Was heute zum Beispiel für unsere durch Ecken und glatte Seiten gekennzeichneten Konstruktionen als fehlerhaftes Holz gilt – Astigkeit oder besondere Wuchsformen –, wurde vor Zeiten vielfach bewußt gepflegt und gesucht, beim Schiffbau oder auch für Möbel. Heute besteht beim Bauen die Tendenz zur Normierung, zum bis ins letzte genau Berechenbaren. Handwerker und Baumeister aus früheren Generationen und Jahrhunderten verfügten über derartige Kenntnisse in weit geringerem Maße. Dafür haben sie sich eindeutig besser darauf verstanden, aus der Not eine Tugend zu machen.
Große Gedanken und Entwürfe lassen sich – genau wie jedes bescheidene Projekt – nur dann verwirklichen, wenn auch noch jemand anpackt, der weiß, wie die Arbeit zu bewerkstelligen ist. Beim Holzbau ist das Vorgehen von alters her das gleiche: Aus Baumstämmen werden Balken und Bretter geschnitten, diese wiederum bearbeitet und dann zu Häusern, Schiffen, Geräten oder Musikinstrumenten zusammengesetzt. Die dazu grundsätzlich notwendigen Werkzeuge sind zwar verhältnismäßig einfacher Natur – weniger raffiniert aufgebaut oder zu bedienen als etwa jene für die Metallbearbeitung. Aber der Stand der Werkzeugtechnik, das Wissen darum, «wie etwas zu tun ist», hat auch beim Holzhandwerk große Bedeutung.
Rein aus technischer Sicht betrachtet, tauchen bei Holzkonstruktionen immer wieder die gleichen Probleme auf: Stützen und Tragbalken müssen sinnvoll und statisch richtig untereinander verbunden werden, Balken werden verlängert und verstärkt, Maßnahmen sind zu treffen für das Abfangen von Windkräften oder Schneedruck. Die fortwährend verbesserte Materialkenntnis und die verfeinerten Bearbeitungstechniken haben auch die Bauformen beeinflußt – und neue Anforderungen haben die Technik des Bauens wie auch die Werkzeugtechnik weitergeführt.
So hat eine veränderte konstruktive Detaillösung im Mittelalter einen tiefgreifenden Wandel der Architektur und der Haltbarkeit der Holzbauten bewirkt. Um den Gebäuden Stabilität zu geben und sie widerstandsfähig gegen Winddruck zu machen, wurden seinerzeit die Wandpfosten schlicht und einfach in ausgehobenen Erdgruben festgerammt. Ein Gebäude hielt darum nur so lange stand, bis die Bodenfeuchtigkeit die Holzteile verrotten ließ. Erst später wurden Techniken entwickelt, vertikale und horizontale Bauglieder untereinander gründlich zu verbinden, den Holzbau in sich versteift und tragend auszubilden. Auf diese Weise mußten die Stützen nicht mehr im Boden eingegraben werden, sondern sie wurden auf Steinsockel gestellt und blieben daher trokken. Holzbauten erhielten so ein bedeutend längeres Leben als vordem. Eine umwälzende Neuerung also, entstanden aus einem veränderten Ausführungsdetail.
Ebenso tiefgreifend dürften sich die Erfindungen und Entwicklungen von Bearbeitungstechniken ausgewirkt haben. Bereits mit einem spitzen Steinbeil läßt sich ja ein Baumstamm einigermaßen bearbeiten. Die Axt als vermutlich ältestes Werkzeug und älteste Waffe dürfte denn auch eine der ganz bedeutenden Erfindungen der Menschheit sein. Üblicherweise werden Fäll-, Spalt- oder Astäxte zum Fällen der Bäume unterschieden, ferner die Zimmermanns- oder Bundaxt zum Behauen der Balken, die Quer- oder Zwerchaxt zum Aushauen von Löchern, die Stoß- oder Stichaxt zum Herausarbeiten von Zapfenlöchern.
Auch die Säge gehört zu den althergebrachten Arbeitsinstrumenten. Sägen aus Stein mit Zähnung zum Zerteilen von Holz kennt bereits die ältere Steinzeit. Bronzene Sägeblätter wurden später durch eiserne ersetzt, und die Römer erfanden nicht nur die Rahmensäge mit Spannschnur, sondern setzten bereits Sägeblätter mit geschränkter Zähnung ein, bei der

zwei aufeinanderfolgende Zähne seitlich versetzt sind. Mit Wasserkraft laufende Sägewerke wurden schon zu Beginn des 16. Jahrhunderts betrieben, und ein Patent für die Kreissäge wurde 1799 in Frankreich angemeldet. 1807 entwickelte der englische Ingenieur W. Newberry die Bandsäge. Heute zerteilen Gatter- und Kreisbandsägen das Rundholz zu Brettern, Bohlen, Balken und Kantholz. Maschinelle Anlagen und Geräte übernehmen jede Art der Holzbearbeitung, von der Zellulose-Gewinnung über das Verkleben von Spänen und Schnipseln zu Holzspanplatten bis zum Verleimen von Tragbalken großer Spannweiten und Querschnitte. Jede dieser Erfindungen und Entwicklungen hat neue Möglichkeiten für die Planer, Architekten, Bau- und Zimmermeister gebracht. Trotzdem geht es heute auf einer herkömmlichen Baustelle immer noch ähnlich zu wie um die Mitte des 19. Jahrhunderts; damals hat es der amerikanische Sozialreformer und Schriftsteller Henry David Thoreau anschaulich beschrieben: «Anfang Mai endlich stellte ich mit Hilfe einiger Bekannter ... das Rahmenwerk meines Hauses auf ... Am 4. Juli bezog ich mein Haus, als die Fußbodendielen gelegt und das Dach fertig war, denn die Bretter waren alle sorgfältig zugeschärft, eingekeilt und übereinander gelegt, so daß kein Regen durch konnte; ehe ich aber den Fußboden dielte, legte ich den Grund zu einem Kamin, wozu ich zwei Karrenladungen Steine in meinen Armen vom Teich heraufholte.»

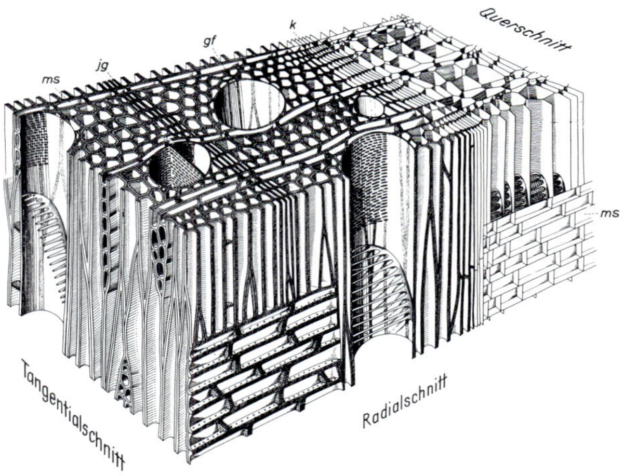

Holz und erste Rindenschicht (Bast) der Weißbirke. gf: Tracheen mit leiterförmigen Durchbrechungen, jg: Jahresgrenze, k: Kambium, ms: Markstrahlzellen.

Pflanzen als Baumeister

Bäume gehören nicht nur zu den größten Lebewesen der Erde, sie erreichen auch bei weitem das höchste Alter. Der amerikanische Mammutbaum kann an die 4000 Jahre alt werden. Doch auch die europäischen Baumarten übertreffen allgemein ein Menschenleben beträchtlich: 100 bis 150 Jahre wächst ein Baum in unseren Wirtschaftswäldern, bis er schlagreif ist.

Bäume bilden verholzte Zellen und unterscheiden sich damit grundlegend von den krautigen Pflanzen. Holz ist aus Tausenden von Zellkammern aufgebaut, wie unter dem Mikroskop sichtbar wird. Die Wände dieser Baueinheiten sind aus feinsten Zellulosefibrillen gewoben. Verstärkung und Zusammenhalt des feinmaschigen Gerüstes besorgt das zwischen den Fibrillen eingelagerte Lignin.

Die Zellen entstehen im Baum in einem spezialisierten Bildungsgewebe, dem sogenannten Kambium, das zwischen Rinde und Holzkörper liegt. Wechselseitig entstehen aus dieser Zellschicht Holz- oder Rindenzellen. Mit zunehmendem Alter geht die Aufgabe, das Wasser zu leiten, auf die jungen Zellen der äußeren Holzschichten über. Die inneren Zellen verlieren die Fähigkeit, Wasser zu transportieren.

In den gemäßigten Breiten beginnt das Holzwachstum nach der Winterruhe im Frühjahr mit energisch schnellem Austrieb – ebenso wie in den sommertrockenen Tropen mit dem Einsetzen der Regenzeit. Die neugebildeten Zellen haben einen großen Durchmesser, denn zum Austreiben braucht der Baum sehr viel Wasser. Im Sommer verlangsamt sich das Wachstum; die Zellen werden kleiner. Mit dem Winterbeginn setzt wieder eine Ruheperiode ein. Im Holzquerschnitt erscheint der Übergang zwischen Frühholz (mit dünnen Zellwänden und großen Öffnungen) und dem Spätholz (mit dickeren Zellwänden und kleineren Öff-

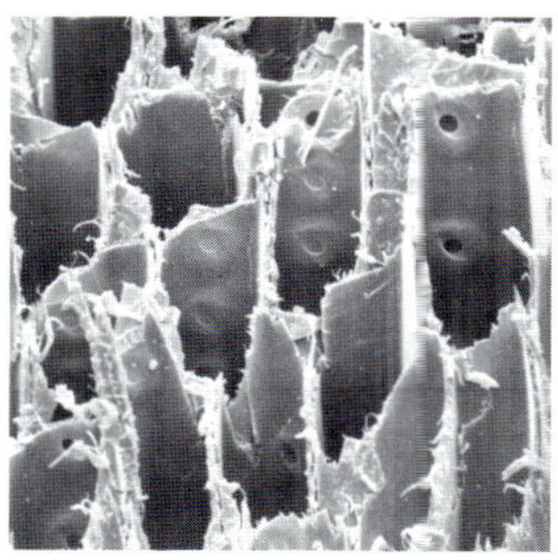
So sieht ein über beide Daumen geknicktes Fichten-Streichholz im Elektronenmikroskop aus. Der Ausschnitt entspricht einer Querschnittsfläche von rund 0,2 mal 0,2 mm. Die lochartigen Zellwanddurchbrechungen sind Tüpfel, durch die das Wasser von Zelle zu Zelle passieren kann.

Das Holz im Bau wird aus verschiedenen Gründen verdeckt, um es vor der Witterung und dem Feuer zu schützen – zugleich auch zur Zierde.
Die hölzerne Innenhoffassade der bhutanesischen Kapelle Lame Gömpa ist reich geschnitzt und bemalt, wie jedes größere und wichtigere Haus in diesem Land. Die Kapelle, einst Eigentum einer Prinzessin, beherbergt heute die Försterschule Bhutans (rechts).
Malereien auf hölzernen Hausfassaden im Appenzell täuschen einen Steinbau vor (unten).

Mit Lattenrost und Verputz verkleidetes Holzhaus an der Gotthardstrasse in Faido. Ebenso wie im Elsaß, in Süddeutschland und der Nordschweiz wurde hier versucht, städtische Bauweise zu imitieren und das bäurische Aussehen zu kaschieren.

nungen) als Jahresringgrenze. Wo nur geringfügige Klimaschwankungen das Baumwachstum beeinflussen – wie in den tropischen Regenwäldern –, lassen sich keine Jahresringe ausmachen.
Holz ist nicht nur leicht bearbeitbar, sondern auch außerordentlich belastbar. Ein Würfel von 4 cm Kantenlänge aus Tannenholz kann in Faserrichtung eine Last von über 4 t tragen – das Gewicht eines ausgewachsenen Elefanten. Vor allem der Zellwand-Füllstoff Lignin verleiht dem Holz diese mit Beton durchaus vergleichbare Druckfestigkeit. Dank dem andern wichtigen Zellwand-Aufbaustoff, der Zellulose, vermag Holz auch hohe Zugkräfte aufzunehmen. Die Zugfestigkeit ist in Faserrichtung etwa doppelt so groß wie die Druckfestigkeit. Holz wird fachgerecht immer derart verbaut, daß die Belastungen möglichst in Faserrichtung auftreten. Denn quer zur Faser ist die Festigkeit des Naturstoffes wesentlich geringer.
Nadel- und Laubhölzer zeigen in ihrem Aufbau bemerkenswerte Unterschiede. Nadelhölzer gedeihen natürlicherweise vor allem in den gemäßigten und kalten Zonen der Nordhalbkugel. Ihre Zellen (Tracheiden) dienen sowohl der Saftleitung wie auch der Festigung. Nadelhölzer liefern bestes Baumaterial – sie sind dank ihrem einfachen Aufbau mit meist unverzweigter Stammachse leicht zu fällen und zu bearbeiten.
Als wesentlich komplexer erweist sich der innere Aufbau der Laubbäume. Sie sind in jeder Hinsicht höher organisierte Pflanzen als Nadelbäume. Im Laubholz fallen die verschiedenen spezialisierten Zellen auf: Röhrenartige Tracheen (sogenannte Gefäßzellen mit großen Öffnungen) dienen der Wasserleitung, dünnere Tracheiden und Fasern der Festigung des Holzes. Laubbäume haben auch komplexere Kronenformen, und ihre nutzholztauglichen Stammabschnitte fallen meist kürzer aus. Dies spiegelt sich im Hausbau deutlich wider.
Wie für Musikinstrumente muß das Holz auch für den Bau von Häusern trocken sein und darf nicht mehr durchnäßt werden. Aus diesem Grunde weisen handwerklich sauber ausgeführte Holzbauten immer einen wirksamen Holzschutz auf: große Vordächer, trockene Sockel als Auflager, geschindelte, fischschuppenartig das Wasser ableitende Oberflächen von Wänden oder Decken. So unentbehrlich das Wasser für das Gedeihen des Baumes ist – es wird später zum Feind des Holzes. Nur die auf überlieferter Erfahrung gründende Materialkenntnis und eine entsprechende Planung und Ausführung sichern den Holzbauten ein hohes Alter.
Materialeigenschaften lassen sich wissenschaftlich genau untersuchen und feststellen. Ein tiefes Wissen um diese Eigenschaften und Erfahrung sind noch bei manchen Handwerkern vorhanden – unbelastet von theoretisch untermauerten wissenschaftlichen Untersuchungen. So suchen sich die Bauern im bündnerischen Prättigau als leicht spaltbare Stämme für Dachschindeln jene Fichten aus, die «sonnengehend» – im Gegensatz zu «windgehend» – gewachsen sind. Ein Baum ist dann «sonnengehend», wenn seine Fasern nach links zeigen. Solches Holz ist erfahrungsgemäß besser spaltbar als rechtsdrehendes. Die Wissenschaft hat nun nachgewiesen, daß im frühen Alter 90% aller Stämmchen nach links, also «sonnengehend» drehen. Eigenartigerweise ändert jedoch etwa die Hälfte der Bäume die Drehrichtung, sobald sie ungefähr 40 cm Durchmesser erreicht haben, und 30% bilden in diesem Alter gradfaseriges Holz. Nur 20% halten die ursprüngliche «sonnengehende» Linksdrehung bei. Für den Schindler ist dies von Bedeutung: Er setzt sein Messer am zuvor viergeteilten Stamm in radialer, zum Stammzentrum weisender Richtung an. Nur dann wird er das Messer leicht ins Holz versenken und mit drehender Bewegung eine Schindel losbrechen können, wenn im etwa 50 cm hohen Stammsegment sich die Faserrichtung nicht ändert, wenn der Stamm in der Jugend (im Stammzentrum) wie im Alter «sonnengehend» gewachsen ist.

Mit Holz fängt alles Bauen an . . .

Noch im Amerika der Pionierzeit wurden als vorläufige Unterkünfte mancherorts Erdhäuser erstellt – Gruben mit einfachen Holzböden, Holz- oder Rindenverkleidungen an den Wän-

den und einem simplen Dach aus Balken, Latten, Rinde und Erde. Was für uns heute archaisch und unzeitgemäß klingt, war auch in Europa vor gar nicht allzulanger Zeit bekannt. Selbst heute werden Höhlenbauten – wenn auch in veränderter Form – noch genutzt. Auch bei diesen ursprünglichen Bauten gibt das Holz den Maßstab für das Bauwerk.
Verfehlt wäre es jedoch, die Gestalt der Häuser ausschließlich auf ihre Bauart und damit auf die tragenden Bauteile zurückzuführen. Überlieferung, Gewohnheiten, wechselnde Nutzungsart tragen zur architektonischen Gestalt ebenso bei wie Neuerfindungen auf Gebieten, welche die Konstruktion vorerst nicht direkt zu berühren scheinen. Ein Beispiel dafür ist das Glas: Fenster waren in alter Zeit ein absoluter Luxus; man beschränkte sich auf mit Holzladen verschließbare Luken, allenfalls ver-

Holzbauten überdauern bei fachgerechter Konstruktion Generationen. Die Prinzipien sind weltweit dieselben. Appenzell: Vordach und kleine Klebdächer über den Fenstern schützen die Fassade ebenso wie Verschalungen vor der Witterung. Hier weiß man noch, woher der vorzügliche Baustoff kommt (unten): Holzerei en miniature auf dem Kopfaufsatz eines Urnäscher Klauses (Silvesterbrauch im Schweizer Kanton Appenzell-Außerrhoden).

Holzschindeln bilden vor allem in den gemäßigten Zonen die «Haut» des Hauses, finden aber auch in den Tropen Verwendung (verwitterte Fichtenschindeln, unten).

Haus der Karo-Batak in Sumatra: Die farn- und moosbewachsene Dachhaut aus Ölpalmblättern (unten links) schützt ein Haus hier immerhin 30 Jahre lang. Die Stütze aus Merantiholz steht – vor Fäulnis geschützt – auf einem Steinsockel. Kunstvoll verzapfte Querhölzer dienen der statischen Festigkeit (unten).

sehen mit durchscheinenden, gegerbten Häuten oder ölgetränkter Leinwand. Zwar waren bereits im Imperium Romanum zahlreiche Glashütten in Betrieb. Doch wurde in späterer Zeit die hochentwickelte Baukultur der Römer nicht weitergeführt. Die «dunklen Jahrhunderte» des europäischen Mittelalters kannten vor allem in den kühleren Regionen nur kleine Fensteröffnungen.

Der Holzskelettbau begünstigt mit seiner strikten Trennung der tragenden Teile von den Ausfachungen die offenen Fassaden. So wurden denn auch die Rat- und Zunfthäuser im Laufe des 16. und 17. Jahrhunderts wieder vermehrt mit verglasten Öffnungen ausgestattet – ein architektonischer Luxus, der vordem fast ausschließlich Kathedralen vorbehalten blieb. Glas hat als Baumaterial das Erscheinungsbild der Bauten ebenso nachhaltig verändert wie irgendeine andere konstruktive oder materialtechnische Erfindung.
Glas wiederum hat den Wald verändert. Zu seiner Herstellung waren nämlich früher Unmengen von Holz notwendig – nicht weniger als 100 m³ für 100 kg Glas. Holz wurde nicht nur zum Aufschmelzen der Pottasche zu Glas gebraucht, sondern auch zu ihrer Herstellung.

Der Gesteinsforscher Georg Agricola empfiehlt im 16. Jahrhundert, «zwei Teile Eichen- oder Birnbaumasche oder Buchen- oder Fichtenasche und einen Teil Sand» zu nehmen und damit Glas zu gewinnen. Bevorzugt wurden alte Buchen eingeäschert, so daß diese Baumart vielenorts aus den Wäldern verschwand. Die Glasmacher zogen nach Erschöpfung ihrer Rohstoffquellen einfach weiter. Sie brachten

dem Wald Wunden bei, die teilweise heute noch nicht verheilt sind: Abholzungen in der Gegend von Alpnach (Zentralschweiz) haben viel zur Verwilderung der dortigen Bäche beigetragen und sind damit Ursache der heute notwendigen Verbauungen.

... gerichtet hat's der Zimmermann

Der verhältnismäßig leicht erhältliche und problemlos zu bearbeitende Werkstoff Holz hat sich zusammen mit dem über Jahrhunderte überlieferten und vertieften Wissen und Können der Zimmerleute seinen festen Platz in der Baugeschichte erobert. Holzbauten, Holzkonstruktionen haben ihren Ursprung bereits im Wald, und zwar in Qualität und Wachstum der Bäume.
Noch im 18. Jahrhundert suchten sich die Zimmerleute selber im Walde die am geeignet-

Die konstruktiven Lösungen zum Aufnehmen von Wind- und Schneedruckkräften, von Eigengewicht und Nutzlasten ähneln einander prinzipiell bei jedem Holzbau: Die Lasten von schrägen Dachkonstruktionen sind auf Stütze und Wand zu übertragen, Balken müssen untereinander verbunden werden. Von links nach rechts:

- Astgabel mit aufgelegtem Rundholzbalken als einfachste Verbindung zwischen horizontalen und vertikalen Hölzern.
- Blockbauten werden in den Ecken durch passende Einkerbungen in den Balken verbunden.
- Der schiefe Stoß, eine der einfachsten Verbindungen zwischen den vielen Verstrebungen im Fachwerk.

sten Ort in passender Größe gewachsenen Bäume, um sie zu fällen und mit Breit- und Hauaxt sowie der Säge zum gewünschten Baumaterial zurechtzustutzen. Viele Wälder blieben als Folge solcher planloser Nutzung ausgeplündert zurück. Doch mit der Entwicklung der Forstwissenschaften, die um die Wende vom 18. zum 19. Jahrhundert als Folge des Holzmangels einsetzte, mußte dieser eigentliche Raubbau in manchen Ländern einer Forstwirtschaft weichen, die auf einen dauernd gleichbleibenden Ertrag gegründet war.

Die Ziele des Waldbesitzers als Holzproduzent und diejenigen des Verbrauchers liegen langfristig auf gleicher Ebene. Wald in der europäischen Kulturlandschaft muß – falls er seine Schutzwirkungen dauernd erfüllen soll – gepflegt werden. Zur Waldpflege steht dem Forstmann paradoxerweise nur ein Mittel zur Verfügung: Bäume fällen, den Wald durchforsten. Auf diese Weise fördert er die Stabilität und die Qualität einzelner Bestandesglieder und damit des Waldes. Durchforstungen werden aus dem Holzverkauf finanziert. Holz kann und muß darum auch heute mit gutem ökologischem Gewissen verbaut werden – vorausgesetzt, daß es aus einer nachhaltigen Forstwirtschaft stammt.

Neue Versuche mit Holzverbindungen zielen auf möglichst genau berechenbare Kraftübertragung. Kurze, leicht zu transportierende Stäbe aus schichtverleimtem Buchenholz wurden über Stahlknoten zu einem 24 m weit gespannten Fachwerk verbunden. Belastungsversuche bis zu 120 t (dem Gewicht einer Lokomotive) sind bei dieser Konstruktion erfolgreich verlaufen.

Noch vor rund 150 Jahren waren Bau- und Maschinentechnik vorwiegend auf den Werkstoff Holz angewiesen. Da die heute weitverbreiteten Ersatzstoffe noch unbekannt waren, kam dem Gedanken einer nachhaltigen Waldwirtschaft bereits damals größte Wichtigkeit zu, denn nur unter dieser Voraussetzung konnte dem Gewerbe der Holznachschub gesichert werden. Doch unter dem enormen Nachfragedruck war es nicht leicht, diese Vorstellungen durchzusetzen – selbst wenn verheerende Unwetterkatastrophen und ihre Folgen schmerzhaft auf die verminderte Schutzfunktion der geplünderten Wälder hinwiesen.

Vor diesem Hintergrund wird verständlich, warum der deutsche Forstgelehrte Georg Ludwig Hartig 1820 in seinem forstlichen Lehrbuch seine Schüler aufforderte, den anspruchsvollen Zimmerleuten auf die Finger zu schauen: Sie sollten selber die Grundregeln der Baukunst beherrschen lernen und die Zimmerplätze häufig besuchen, denn nur so sei es möglich, den übertriebenen Forderungen der Holzverarbeiter entgegenzuwirken.

Zimmerleute waren noch um 1820 viel mehr als nur einfach die Baumeister des Holzes. Sie waren im Baugewerbe fast so etwas wie Universalisten, und ihr Stand kannte zudem viele spezialisierte Zweige. Natürlich war es der Häuserzimmermann, an den der Förster allgemein das meiste Holz abzugeben hatte. Noch um 1820 gehörten zu den im Bauwesen verwendeten Hölzern vorab die Eiche, dann auch Ulme, Rotbuche, Espe, Pappel, Erle, Tanne, Fichte, Föhre und Lärche – seltener auch Ahorn, Esche, Birke, Linde und Hagebuche. Das für den Schiffszimmermann bestimmte Holz mußte vollkommen fehlerfrei sein und in der Regel eine beträchtliche Länge und große Querschnitte aufweisen. Das meiste Schiffsbauholz wurde von geraden Stämmen genommen. Für manche Teile – Heckbalken, Achtersteven, Spanten – wurden aber auch besondere Wuchsformen gesucht und teuer bezahlt. Welch aufwendiges Unternehmen der Bau eines Kriegsschiffes aus Holz war, zeigt ein Zahlenbeispiel: Für ein Kriegsschiff mit 74 Kanonen wurden Mitte des 18. Jahrhunderts rund 3700 ausgewachsene Bäume benötigt, für ein 100-Kanonen-Schiff waren um die 30 ha Eichenwald abzuholzen. Daß in den seefahrenden Nationen wie England oder Spanien allmählich das Holz knapp wurde und die Wälder sich lichteten, kann unter diesen Umständen nicht verwundern.

Bis ins 19. Jahrhundert wurden zudem viele Maschinenteile aus Holz gefertigt. Alte Mühlen

– Mechigai-koshikake-kamatsugi, eine der Verbindungen, die dem japanischen Holzhaus seine auf Flexibilität beruhende Erdbebensicherheit verleiht.

sind heute noch technische Wunderwerke. Ein Maschinenzimmermann oder Mühlebauer war befähigt, sogar Zahnräder aus Holz zu fertigen. In Gegenden mit Bergwerken waren die Bergzimmerleute tätig. Sie hatten die Stollen und Förderschächte abzustützen und auszukleiden. Im Gegensatz zu seinen Berufskollegen konnte sich ein Bergzimmermann mit verhältnismäßig kurzen Holzstücken begnügen.

Sagst du mir was, sag' ich dir was

Die Zimmerleute können auf eine lange Tradition zurückblicken. Frühe Erwähnungen finden sich in der Bibel, und der heilige Joseph, Pflegevater Jesu, ist nach der Überlieferung ebenfalls dieser Arbeit nachgegangen. Viele Bräuche der Zimmerleute haben sich bis heute gehalten – Richtbaum, Zimmermannsklatsch und selbst die Tradition der aus Hamburg stammenden sogenannten Fremden Zimmergesellen, welche heute noch ab und zu in abenteuerlich weitgeschnittenen Hosen, Jacke und breitrandigem Hut als markante Figuren auf Baustellen auftauchen. Sie erinnern an den Wanderzwang für Handwerksgesellen, der im gesamten europäischen Handwerk des späten Mittelalters üblich war. Diese durch die Zunftsatzungen vorgeschriebene Pflicht, für längere Zeit Arbeit außerhalb des Heimatgebiets anzunehmen, hatte unter anderem auch den Sinn, die Wandergesellen mit fremden Arbeitsmethoden bekannt zu machen. Mit anderen Worten: die Kenntnisse, wie ein Dachstuhl zu richten, ein Haus oder eine Brücke zu bauen ist, wurden gegenseitig ausgetauscht, ergänzt und verbessert. In einer Zeit, wo Informationen über größere Distanzen noch längst nicht derart leicht zu vermitteln waren wie heute, war dies eine höchst sinnvolle Einrichtung.
Export von technischem Wissen haben auch jene Handwerker betrieben, die vor Jahrhunderten mit Handwerkszeug und praktischem Wissen ins gelobte Land Amerika auswanderten. Amerika weist zur Pionierzeit großflächige, holzreiche Urwälder auf – jedoch zugleich einen akuten Mangel an gelernten, qualifizierten Handwerkern (Europa zeigt genau das gegenteilige Bild: ausgeplünderte Waldungen allenthalben, dafür aber ein Überfluß an Handwerkern). Dieser Umstand zwingt die Pioniere, die mechanische Herstellung von Häusern und anderen Gebrauchsgütern zu rationalisieren. Überlieferte, zu kompliziert scheinende Handwerksmethoden werden systematisch vereinfacht und durch weitgehend oder ganz mechanisierte Erfindungen ersetzt.
Die in Europa allgemein üblichen zimmermännischen Baumethoden – schwere Balken, ausgestemmte Löcher, Zapfen und Schwalbenschwanz-Verbindungen – entsprechen nur wenig dem wachsenden Bedürfnis, rasch, einfach und kostengünstig Wohn- und Arbeitsraum zu schaffen. Als gegen Ende des 18. Jahrhunderts sowohl in Amerika als auch in England Maschinen zur Herstellung von Nägeln entwickelt werden, verbilligt das einen wichtigen Konstruktionsteil des Bauens außerordentlich. Die ersten Rahmenfachwerk-Konstruktionen Mitte des 19. Jahrhunderts sind jedenfalls ohne diese neuen Verbindungsmittel kaum denkbar. Nicht mehr klassische zimmermännische Verbindungen halten die tragenden Holzteile. Stützen und Balken müssen nach der neuen Methode lediglich auf die richtige Länge geschnitten und zusammengenagelt werden. Ein ganzes Haus wie eine Kiste mit Eisenstiften zusammenzuheften dürfte den damaligen Zimmerleuten aus Europa als ein

Unsichtbar und doch hochwirksam sind die Verbindungen von Holz durch Leim. Mit brettschichtartigem Aufbau lassen sich auf diese Weise mächtige Träger in fast jeder beliebigen Form und Größe herstellen.

◁ Die Buginesen von der Insel Celebes verstehen es heute noch, krummes Teakholz ins Schiffsgerippe einzubauen. Noch im letzten Jahrhundert durchstreiften Marineholzeinkäufer auch die europäischen Laubwälder auf der Suche nach speziell geformten Eichen-Hölzern für Schiffsgerippe. Die französischen «Instructions sur les bois de marine» von 1858 (Auszug unten) mögen sie dabei begleitet haben. Von Natur aus krumm gewachsenes Holz ist heute kaum mehr gefragt. Erweisen sich Krümmungen als unumgänglich, so werden sie durch Dämpfen und Biegen oder Verleimen hergestellt.

Die ersten europäischen Siedler in Australien mögen vorerst auf Eukalyptus-Bäume wie diese gestoßen sein, die sich für den Hausbau nicht eignen. Doch die im australischen Florenreich beheimatete Gattung *Eucalyptus* besteht aus mehreren hundert Arten, die sich zum Teil untereinander kreuzen. Ihre Wuchsformen sind ebenso vielfältig wie die Rinden und Blüten. *Eucalyptus regnans* zum Beispiel erreicht Höhen bis zu 90 m.

Ding der Unmöglichkeit erschienen sein – eine danebengeratene Konstruktion, die kaum länger als zwei Tage halten kann. Doch zusammen mit einer Bretterverschalung als Fassade sind diese Häuser sehr standfest und – was vor allem zählt – rasch und halb so teuer wie bisher zu erstellen.
Das ständig erweiterte Wissen um neue Baumethoden wurde im 19. Jahrhundert weltweit ausgetauscht. Ein Beispiel dafür liefert auch Australien. Einer der zwingenden Gründe zur Kolonisierung des fünften Kontinents durch die Briten war der dringende Bedarf an Holz für den Schiffsbau, besonders für die Kriegsschiffe der Royal Navy. Denn gegen Ende des 18. Jahrhunderts gehörten die berühmten englischen Eichenwälder praktisch nur noch der Erinnerung an.
Allerdings war der erste australische Baum, den der Anführer der ersten britischen Siedler im Januar 1788 fällen ließ, hohl. Auch bei den folgenden gefällten Bäumen war das Kernholz zum größten Teil herausgefault, und die Holzeigenschaften der gesunden Stücke vermochten gar nicht zu befriedigen. Diesen ersten Eindruck eines unbrauchbaren australischen Waldes korrigierten jedoch die äußerst vielseitig verwendbaren Baumarten, welche die Siedler in der Folge immer wieder entdeckten. Weiter landeinwärts gefundene Eukalyptus-Arten erwiesen sich zum Teil als weit dauerhafter als die englische Eiche. Um 1840 wurden zum Schutz gegen den Staub sogar einzelne Straßenstücke in Sydney mit Eukalyptus-Bohlen belegt. Dort blieben sie, bis die Straßen im 20. Jahrhundert geteert wurden. Die 1790 am Hawkesbury-Fluß entdeckten «Hawkesbury-Zedern» lieferten wertvolles Holz für Möbel und Hausbau. Doch schon fünf Jahre nach ihrer Entdeckung mußte der unbesonnen betriebene Kahlschlag verboten werden – eine Maßnahme, die bereits zu spät kam, denn schon kurz darauf erlebte das Hawkesbury-Tal katastrophale Hochwasser.

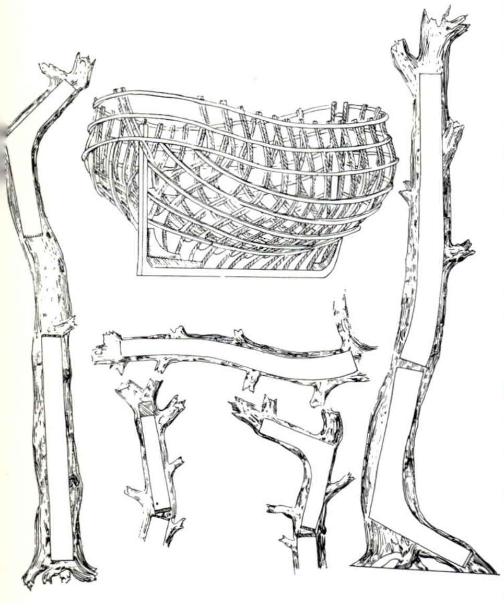

Tatsächlich hat sich die Hoffnung der englischen Regierung auf australisches Schiffsbauholz erfüllt. Allein – australisches Holz wurde kaum in englische Schiffe verbaut, denn der lange Transportweg war viel zu teuer. Dafür entstanden in Australien selber gute und solide Holzhäuser in den Städten und auf dem Land – bis 1838 in Sydney eine neue Bauverordnung unter anderem Dachschindeln untersagte und für das Holz übervorsichtige Maßnahmen forderte. Die neue Rechtsnorm lehnte sich an das Londoner Baugesetz an, das wegen der eingetretenen Brandkatastrophen sehr streng formuliert war. Seither überlebte das australische Holzhaus vor allem auf dem Land.
Mit der zunehmend besseren Ausbildung der Siedler, die im Laufe der Zeit nach Australien auswanderten, vermehrte sich auch das Wissen um die Bautechniken und die Statik: Die dicken, überproportionierten Balken machten dünneren und leichteren Bauhölzern Platz. Nach und nach fand auch der Rahmenfachwerkbau («Balloon-Frame») den Weg aus Amerika in den fünften Kontinent. Selbst die leichten, lang gewachsenen Nadelhölzer von der amerikanischen Westküste gelangten gleich bündelweise ins Land – wurden doch die schweren australischen Eukalyptus-Hölzer für die neue Konstruktionsweise als ungeeignet befunden. Auch hier hat ein winziges, aber bedeutsames Produkt der industriellen Revolution die neue Baumethode ermöglicht: die aus dampfgetriebenen Maschinen täglich zu Hunderttausenden ausgespuckten Nägel.
Industrielle Produkte vermochten das Holz jedoch auch aus dem Hause zu verdrängen: Genormte Eisenträger ersetzten den Holzbalken, verzinktes Blech wurde zum Decken der Häuser mit einemmal als geeigneter angesehen als Holzschindeln. Doch weil die Häuser auf diese Art und Weise zu Brutkästen wurden, entfernten die Bewohner die Eisenbleche, mit denen sie selbst die Wände beplankt hatten, wieder zugunsten des bewährten Holzes. Eine Backsteinschale um die Holzkonstruktion ist die

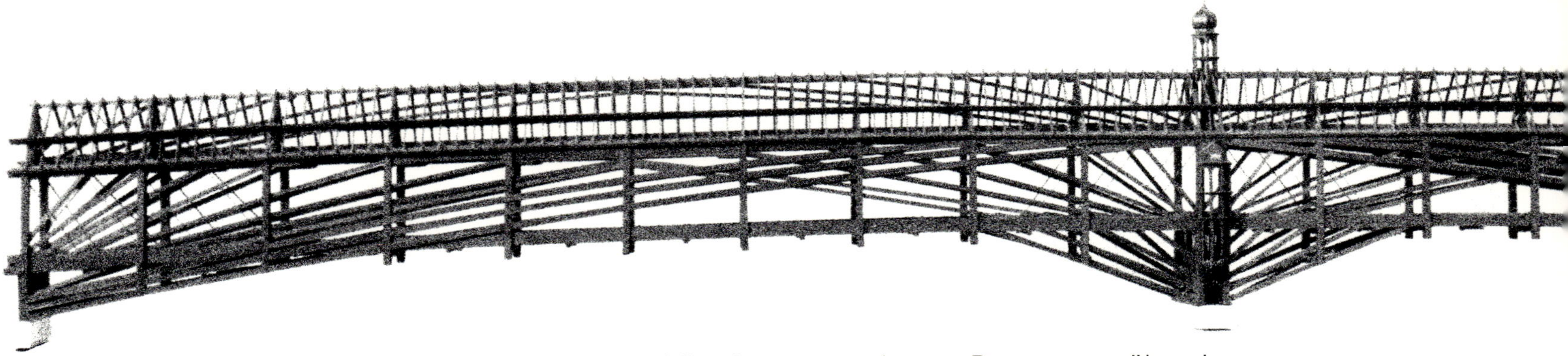

australische Lösung, zu einem «Steinhaus» zu kommen – und damit zu höherem sozialem Ansehen. Ein Vergleich mit jener Zeit, da aus ähnlichen Motiven die Bauern im Elsaß, in Süddeutschland und im Nordosten der Schweiz ihre Fachwerkhäuser verputzten, drängt sich hier auf.
In Australien überlebte vor allem die amerikanische Erfindung des Rahmenfachwerkhauses. Seit den zwanziger und bis in die fünfziger Jahre dieses Jahrhunderts spielte Holz im australischen Häuserbau kaum mehr eine große Rolle. Doch entdeckt nun eine neue Generation die überlebenden Holzhäuser und damit jene Ehrlichkeit und Aufrichtigkeit des Bauens, die in unserer Welt weitgehend verlorengegangen sind.

Kunstvoll nützlich gebaut

Die alten Baumeister haben beim Hausbau beachtliche Leistungen erbracht. Ihre wahre Meisterschaft entfaltete sich jedoch an großen räumlichen Tragwerken und weitgespannten Konstruktionen. Ob es sich nun um Paläste und Hallen in China, Hängebrücken in Nepal oder befahrbare, gedeckte Holzbrücken in der Schweiz handelt – ihnen gemeinsam ist, daß Einfallsreichtum und Können ihrer Baumeister immer wieder zu verblüffenden und wegweisenden Konstruktionen geführt haben, bei denen dem Holz dank seinen günstigen statischen und verarbeitungstechnischen Eigenschaften eine wichtige Rolle zukam.
So gingen die Baumeister der gedeckten Holzbrücken – wie sie in Mitteleuropa und vor allem auch in der Schweiz heute noch stehen – immer wieder bahnbrechend neue Wege und kamen zu Lösungen, die auch andere Bauten beeinflußten. Selbst heutige Großkonstruktionen aus Holz ähneln im Grunde trotz völlig veränderter und modernisierter Baumethoden (so etwa mit Bögen aus brettschichtverleimtem Holz) jenen Werken alter Zeit, die dem Erfindungsgeist des Zimmermanns entsprungen waren.
Aus dem Beispiel der Holzbrücke, die 1766 durch die Baumeister Grubenmann aus dem Appenzell beim schweizerischen Wettingen (Aargau) erstellt wurde, geht dies klar hervor. Mit einem verzahnten Bogen aus übereinandergelegten Balken wurde die Limmat auf einer Breite von 60 m überspannt.
Die Meister Grubenmann verstanden sich nicht auf statische Berechnungen, konnten jedoch durch Erfahrung und gründliches konstruktives Wissen auch für jene Zeit außerordentliche Bauwerke entwerfen und verwirklichen. Die möglichen Lösungen studierten die Gebrüder mit Vorliebe an naturgetreuen Modellen – so auch der offensichtlich begabteste der drei, Hans Ulrich (1709–1783) – beim Projekt für die Schaffhauser Brücke. Sein erster Entwurf sah eine gedeckte Holzbrücke von über 120 m Spannweite ohne Zwischenpfeiler vor. Obwohl er den ihn verlachenden Behördemitgliedern die Tauglichkeit des Entwurfs beweisen konnte (er stellte sich mit seiner ganzen Körperfülle auf das im Rucksack zerlegt mitgebrachte Modell), bekam Hans Ulrich Grubenmann den Auftrag erst, nachdem er das Versprechen abgegeben hatte, einen im Fluß von der alten Konstruktion stehengebliebenen Pfeiler mitzubenutzen.
1756 wurde der eigentliche Brückenbau in Angriff genommen. Über 400 mächtige Tannen suchte sich Grubenmann im Bregenzer Wald

In den USA stehen Sporthallen, die nach einer neuartigen Konstruktionsweise – dem Ensphere-Konzept – erstellt wurden. Die stützenfreien Kuppeln sind aus brettschichtverleimten Stäben von 15 m Länge gitterartig aufgebaut und überspannen mehr als 150 m. Geplant sind nun gar Spannweiten bis zu 250 m.

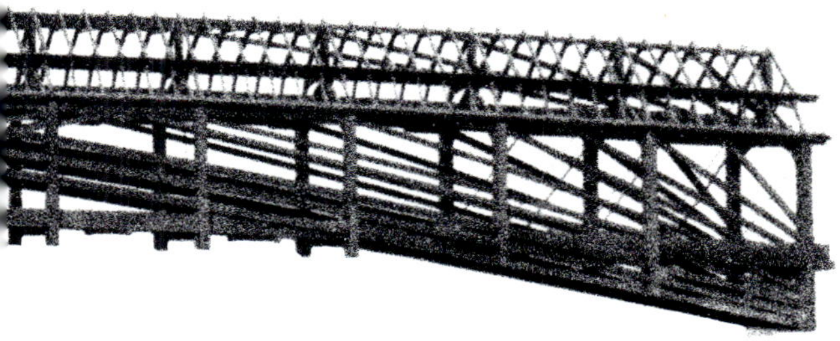

Mehr als 400 Tannen suchten die Gebrüder Grubenmann im Bregenzer Wald für die 1758 fertiggestellte Schaffhauser Brücke über den Rhein aus. Die Balken haben sie untereinander präzise verzahnt und verschraubt.

Die Ausstellungshalle in Avignon ▷ überspannt mit Hilfe von Leimbindern stützenlos mehr als 100 m. Der heutige Ingenieurholzbau ermöglicht Konstruktionen, welche fast vergessen lassen, daß ihr Baustoff aus dem Walde kommt. Die von der Natur durch das Maß der Baumstämme gesetzten Grenzen sind in unserer Zeit gesprengt.

aus, ließ sie schlagen und nach Schaffhausen bringen. Allein für das Dach wurden 400 000 Schindeln gebraucht. Offensichtlich haben die immensen Holzmengen auf der Baustelle nicht nur Schaulustige angelockt, mußte doch abends eine Wache aufgestellt werden. Im Oktober 1758 wurde das Werk vollendet – mit ihren zwei Bögen von je rund 60 m die damals weitestgespannte Brücke. Listigerweise hatte der Meister noch ein drittes, den ganzen Fluß überspannendes Tragwerk eingebaut. Vor der Einweihung schlug er die Keile beim mittleren Auflager weg und meinte: «Ihr habt euren Pfeiler und ich habe meine Brücke.» Das großartige Werk wurde in den Kriegswirren um 1799 aus strategischen Gründen verbrannt – wie viele andere von Grubenmanns Brücken. Doch keine einzige seiner Brücken wurde vom Unwetter weggeschwemmt.

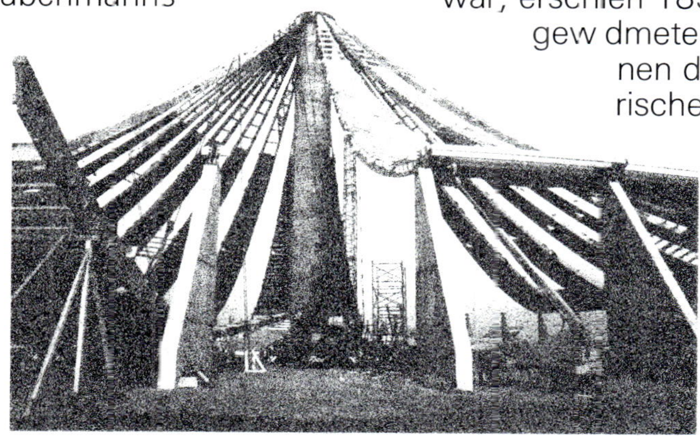

48 radial angeordnete Hängerippen aus Brettschichtholz mit einer Spannweite von 85 m bis zur Mittelstütze bilden die Dachkonstruktion der 1981 erstellten Recycling-Halle in Wien. Die verarbeitete Holzmenge entspricht rund 3500 ausgewachsenen Bäumen.

Die Werke der Baumeister Grubenmann – zahlreiche Privatbauten, Brücken, Kirchen und Kirchtürme – markieren einen Höhepunkt und eigentlich zugleich das Ende der rein zimmermannsmäßigen, handwerklich-empirisch orientierten Bauformen. Im 19. Jahrhundert sind erste Bestrebungen festzustellen, auch bei der Bemessung von Holzbauten immer stärker Erkenntnisse der «angewandten Mechanik», der Baustatik zu berücksichtigen. Die führende Rolle des Holzes im Bauwesen, im Schiffsbau, bei mechanischen Apparaten und Instrumenten wird jedoch nach und nach an andere Baustoffe abgetreten. Messing, Stahl, Eisen und auch Eisenbeton, später Aluminium und Kunststoffe übernehmen viele Funktionen des althergebrachten Werkstoffs aus dem Walde. Dem 20. Jahrhundert bleibt es vorbehalten, insbesondere auch durch bahnbrechende neue Verbindungsmittel und durch die Entwicklung von Theorie und Forschung die Möglichkeiten des Holzbaus neu zu entdecken und stark zu erweitern.

Genau wie sich nach der Erfindung der Dampfmaschine durch James Watt um 1765 technisches Wissen und Möglichkeiten in immer rasanterem Tempo entwickelt haben, erweiterte sich auch das Wissen um statisch-bauliche Probleme gemäß der erstmals von Leonhard Euler um 1744 aufgestellten Knickformel. An der 1794 in Paris gegründeten Ecole Polytechnique wurden auch baustastische Probleme erörtert, und nachdem 1826 erstmals eine zusammenfassende Darstellung der Baustatik und Festigkeitslehre herausgegeben worden war, erschien 1831 die erste dieser Lehre gewidmete Zeitschrift. Heute scheinen die Mittel zu ihrer rechnerischen Umsetzung fast unbeschränkt zu sein. Nicht nur jeder Ingenieur hat einen Kleincomputer, sondern schon jeder Schüler; er trägt ihn nicht nur in der Tasche, sondern weiß auch damit umzugehen. Vieles ist berechenbar geworden. Um so mehr zählen wieder Begabungen wie Intuition, Erfindungsgabe, Phantasie und die «verrückten Ideen».

Neue Techniken, neue Materialien und die dazugehörigen Transportmöglichkeiten haben sich in der vergangenen 150 Jahren rasch verbreitet. Beim Holzbau hingegen ist gleichzeitig eine in mancher Hinsicht gerade umgekehrte Entwicklung festzustellen. Zwar wurden in Amerikas Pionierzeit noch riesige Eisenbahnbrücken in Holz erstellt, aber eine Weiterentwicklung des Holzbaus im Sinne der Erfindungen Stahlbau und Eisenbeton hat damals nicht stattgefunden. Erst die später entwickelten neuen Fertigungsmethoden und Verbindungsmittel eröffnen neue und bislang unbekannte Dimensionen. Eher kurios scheinen uns heute auch die meisten Holzarchitekturen der Jahrhundertwende. Ein Stilgemisch aus irdischem

Der klassische Holzbau erlebt in den traditionellen Bauten Japans einen ästhetisch-technischen Höhepunkt. Im First eines Teehauses werden sämtliche Tragbalken in einem Punkt zusammengeführt. Ein präzise eingefügter Stammabschnitt hält die Konstruktionsteile wie einen Schirm zusammen.

Tempel, «Chalet suisse» und Triumphbogen macht zwar auf damaligen Messen und Ausstellungen Furore, hat mit der tatsächlich zu jener Zeit stattfindenden Entwicklung einer neuen architektonischen Formensprache aber auch gar nichts zu tun.
Heute wird immer klarer, daß die neuzeitlichen Baustoffe Stahl, Beton oder Aluminium es nicht vermochten, das Holz in eine Randexistenz als gemütvoll-beschaulicher und leicht verschrobener Baustoff zu verdrängen. Die ehemals von Grubenmann und anderen erarbeiteten Werke und die daraus abzuleitenden Lehren wurden zwar spät erfaßt, dafür aber nachhaltig.
Weitgespannte Tragstrukturen haben besonders auch im 19. Jahrhundert, zusammen mit dem Aufkommen des neuen Transportmittels Eisenbahn, einen ungeahnten Aufschwung erlebt. Nebst großen Brücken und weiten Bahnhofhallen wurden um die Mitte des 19. Jahrhunderts auch zahlreiche Wintergärten, Pflanzenhäuser, Ausstellungsgebäude und Fabrikhallen erstellt.
Weltbekanntes und heute noch bewundertes Werk jener Zeit ist der sogenannte Kristallpalast für die Londoner Weltausstellung von 1851. Der von Sir Joseph Paxton in einer Rekordzeit von etwas mehr als einem Jahr geplante und erstellte Riesenbau war mit seinen 7000 m² Gesamtfläche eines der seinerzeit imposantesten und meistbeachteten Bauwerke. Das Maß der damals größten herstellbaren Glasscheibe mit 125 cm Breite bildete das eigentliche Grundmodul des Entwurfs. Der Stützenabstand des Metallskeletts mißt 7,30 m, und ein mächtiges Tonnengewölbe aus verbolzten Holzlamellenträgern überspannte die 22 m breite zentrale Halle.

Grenzen sprengen – eine neue Denkweise bricht sich Bahn

Heute stehen überall in der industrialisierten Welt Gebäude, welche die Dimensionen von Paxtons Kristallpalast weit übertreffen. Selbst das althergebrachte Baumaterial Holz läßt sich derart berechnen und verarbeiten, daß es auch anspruchsvollen, neuzeitlichen Ansprüchen gerecht wird. Die Holzbau-Spezialisten haben ihre vom Wald und seinen Pflanzen natürlicherweise gesteckten Grenzen heute eindeutig gesprengt.
Material und Gestalt bilden bei Holzbauten nicht mehr ein getreues Abbild des umliegenden Waldes. Unbegrenzt scheinende Transportmöglichkeiten, neue Fertigungsmethoden, neue Verbindungsmittel – kurz, die vom unsichtbaren Design ausgehenden Impulse führen auch beim Holzbau zu neuen Gestaltungen. Selbst im Drucktasten-Zeitalter ist Holz ein zeitgemäßer Werkstoff geblieben.
Die Methoden der Verarbeitung und Konstruktion haben sich neuen Gegebenheiten anzugleichen. Was sich nicht nach unseren Bedürfnissen richtet, ist der Wald. Ökologische Erkenntnisse zeigen, daß Wald naturnah bewirtschaftet werden muß: Die Baumarten sind auf ihren Standort abzustimmen, der Wald ist nachhaltig zu nutzen, das heißt, es darf ihm nicht mehr Holz entnommen werden, als regelmäßig wieder nachwächst. Auf diese Weise vermag der Wald seine Aufgaben ewig zu erfüllen.
Für den Werkstoff Holz spricht auch, daß er mit vergleichsweise geringem Aufwand an Energie zu beschaffen und zu bearbeiten ist. Mit Holz lassen sich gänzlich neue Erfindungen machen. Holz läßt sich industriell formen und verarbeiten. Michael Thonet, ein ursprünglich aus Boppard am Rhein stammender und später in Wien erfolgreicher Tischler, hat dies mit seinem 1859 auf den Markt gebrachten Stuhlmodell Nr. 14 exemplarisch gezeigt: ein elastisches Seklett aus gedämpftem und gebogenem Holz, der Sitz mit Rohrgeflecht bespannt. Weil feingewachsene Rotbuche sich als ideal für diese Zwecke erwies, produzierten die Gebrüder Thonet auch in der Nähe der Buchen-

Ständerbau – eine der ältesten Holzbauweisen überhaupt – wirkt auch heute noch wie eine neuzeitliche Struktur. Die aus Stämmen, Balken und Trägern errichtete Konstruktion trägt das Dach wie ein Zelt. Die Wände werden mit Holzbohlen oder als Fachwerk ausgemauert.
Das im Bild gezeigte Vielzweckhaus aus Madiswil im Kanton Bern steht heute im Freilichtmuseum Ballenberg. Es zeigt diese urtümlich kraftvolle und gleichzeitig elegante Bauweise exemplarisch. Die Hochstüde (tragenden Mittelsäulen) reichen in der Hausmitte bis unter den Dachfirst, Leiterbäume erleichtern das Besteigen der Heu- und Strohbühnen. ▷

wälder Mährens. Die kargen, aber preiswerten sogenannten Bugholzmöbel hatten Erfolg. Nach der Jahrhundertwende konnten über 6000 Arbeitsplätze in den verschiedenen Betrieben der Thonets nachgewiesen werden. Und bis zu diesem Zeitpunkt war allein das Modell Nr. 14 mit über vierzig Millionen hergestellten Exemplaren überall auf der Welt in Gebrauch.

Neue gestalterische Auffassung und Möglichkeiten beruhen auch beim Holzbau auf neuartigen technischen Konzepten. Ebenso können ungewöhnliche Ideen zu neuen technischen Lösungen führen. Thonets Stuhl ist dafür nur eines von vielen möglichen Beispielen – allerdings eines, das weltweit Verbreitung gefunden hat.

Architekten und Ingenieure haben schon vor der vergangenen Jahrhundertwende vielfach reine Zweckbauten wie Fabriken oder Gewächshäuser fast schmucklos und mit sichtbar bleibenden Konstruktionselementen geplant und gebaut.

Fortschrittliche Architekten begannen um die Jahrhundertwende eine neue, entsprechende Denkweise in ihre Projekte einfließen zu lassen. So bezeichnete der Wiener Architekt Adolf Loos um 1908 sogar das Ornament als Verbrechen. Die holländischen Künstler und Gestalter der Stijl-Gruppe brachen nach 1920 vollständig mit dem Vergangenen. Ideen und Einflüsse des deutschen Bauhauses, an dem unter anderem Walter Gropius, Ludwig Mies van der Rohe, Paul Klee und Lionel Feininger wirkten, verbreiteten sich nach der 1933 erzwungenen Emigration weltweit. Selbst wenn von jenen Ideen vielleicht nur die glatten und geometrischen architektonischen Formen im allgemeinen Bewußtsein geblieben sind – ob begeisterte Zustimmung, strikte Ablehnung oder sogar Verbote die Reaktion waren, gleichgültig gelassen haben sie nicht.

Was sich die Architekten gegenüber zurückhaltenden Baubehörden und vorsichtigen Bauherrn erkämpfen mußten, wurde den Ingenieuren meist als Tugend ausgelegt: Ihre Entwürfe haben einfach und konstruktiv-klar zu sein – Prinzipien, die auch für den Holzbau angewandt wurden. Ingenieur-Konstruktionen haben für Gestaltungen in Holz immer wieder neue Wege gewiesen. Die so entwickelten neuen und hochbelastbaren Verbindungsmittel führen zunehmend weg von der traditionellen, zimmermannsmäßigen Bauart. Neueste Forschungsarbeiten und auch ausgeführte Bauten zeigen bisher unbekannte Gestaltungsmöglichkeiten mit verleimten Holzbauteilen oder räumlichen Fachwerken. Auch die neuartigen leichten Paneel-Konstruktionen – ermöglicht durch neuartige Holzwerkstoffe, wie etwa wetterfest verleimte und oberflächenbehandelte Platten – führten zu neuartigen Bauformen.

So bestehen heute 70% der amerikanischen Wohnhäuser aus Holz – Bauten, die meist in einer unkonventionellen und fließbandartigen Bauweise erstellt werden und in nichts mehr an die einfachen Holzhäuser der Pionierzeiten erinnern. Kugelförmige Holzgitterschalen, sogenannte Ensphere-Systeme, überspannen in den USA stützenfrei über 150 m, und in Österreichs Hauptstadt Wien steht eine weitere typische und imposante Leistung zeitgenössischen Holzbaus: eine Abfall-Recycling-Halle mit 170 m Durchmesser und einer einzigen, fast 70 m hohen Mittelstütze. Diese Halle übertrifft die bisher bekannten Dimensionen im Holzbau. Und gleichzeitig führt dieser Bau, der für eine in ungeheuren Mengen Abfälle produzierende Gesellschaft erstellt wurde, in seiner äußeren Form zurück zu den Ursprüngen: zu den in Form und Konstruktion einfachen Rundzelten der Nomaden, zu den einfachen Bauten aus Holzstäben und Tüchern, zu den noch vor nicht allzuferner Zeit üblichen, mit Schilf und Palmblättern gedeckten Hütten Venezuelas oder Afrikas. Jene ursprünglichen Bauformen, in denen der Werkstoff aus dem Walde noch direkt und spontan formgebend gewirkt hat, finden sich wieder in einem mit ausgeklügelten Mitteln geplanten und erstellten Bau unseres Jahrhunderts. Beide Denkweisen gleichen sich über Jahrhunderte und über Kontinente hinweg in ihrer klaren Struktur, dem Willen zur Auseinandersetzung mit dem Raum, die sich in nützlicher und bewußter Formgebung äußert, mit dem Menschen und dem Werkstoff aus dem Wald.

Auenwälder und Mangroven

Der Wald am Wasser

Auenwälder besiedeln den Überflutungsbereich der Flüsse und Seen. Damit gehören sie ebenso wie die Mangrovenwälder geschützter tropischer Meeresküsten zeitweise zum Land, zeitweise zum Wasser. Feuchtwälder sind äußerst dynamische Lebensgemeinschaften mit vielfältiger Pflanzen- und Tierwelt. Lange Zeit blieben sie wegen ihrer Unzugänglichkeit vom Menschen verschont. Aber infolge des Landbedarfs der Bevölkerung und infolge Gewässerkorrektionen sind oft nur schmale Streifen entlang der Flüsse übriggeblieben. Ähnliche Verluste erleiden heute die tropischen Auenwälder und die Mangroven. Beiden Formationen kommen jedoch wie dem europäischen Auenwald etliche Aufgaben zu, die für die Menschen von höchster Bedeutung sind: Sie bilden die Basis für die Ernährung der Fluß- und Meeresfauna, filtrieren unser Trinkwasser, stabilisieren die Ufer und vermögen hochwertiges Holz zu liefern.

◁ Kopfweidenhain aus dem Überschwemmungsgebiet mitteleuropäischer Flüsse (oben); balinesische Mangroven und Fischteiche in der Tidenzone des Meeres (unten). Beide Kulturlandschaftstypen sind dank nachhaltiger Bewirtschaftung naturnahe Bereiche mit vielfältiger Pflanzen- und Tierwelt geblieben.

Reste einer einst imposanten schweizerischen Auenlandschaft, Falschfarben-Flugaufnahme (rechts). Bis zu ihrer Umleitung durch den Bieler See versorgte die Aare diese Wälder bei Lyss mit Wasser und Schlick. Heute können nur noch schmale Streifen im unmittelbaren Bereich des verbleibenden Baches als Auenwald bezeichnet werden. Auf der entsprechenden Vegetationskarte (unten) erscheinen sie violett. Der restliche Wald entwickelt sich, nachdem die Überschwemmungen ausgeblieben sind und der Grundwasserspiegel gesunken ist, vom eschen- und ulmenreichen Wald zu verschiedenen Buchenwald-Ausbildungen (grün auf der Vegetationskarte). Hellbraun erscheinen für den Auenbereich des Alpenvorlandes typische lichte Föhrenbestände. Diese gedeihen auf extrem trockenen Kiesbuckeln, die der hochgehende Fluß einst hinwarf, sind jedoch nicht grundwasserversorgt.

Vegetationskarten (unten) liefern dem Förster wichtige Grundlagen für Entscheide, die sich über Jahrzehnte, ja Jahrhunderte auswirken. Welche Baumart ist zu fördern? Wie kann sie nachgezogen werden? Solche Fragen kann die Vegetationskarte, die das Ziel der natürlichen Vegetationsentwicklung zu erfassen sucht, beantworten.

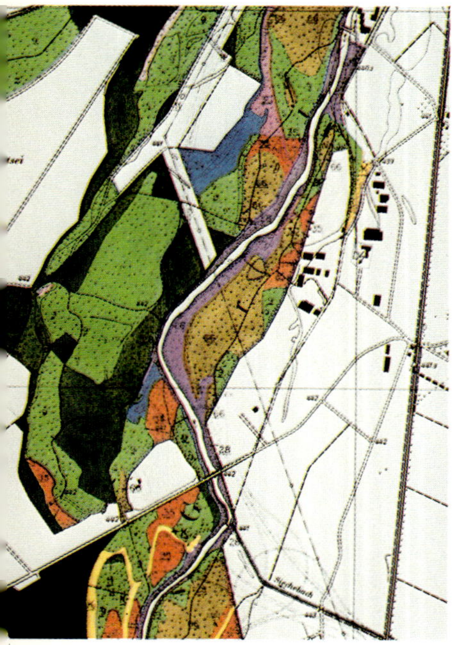

Das üppige Grün erinnert an tropischen Regenwald. Pfaffenhütchen, Weißdorn und Traubenkirsche bilden eine hindernisreiche Strauchschicht. Darüber erheben sich mächtige Eschen und einzeln eingestreut Stieleichen und Ulmen. Manche Stämme sind fest in einen Efeumantel eingepackt. Die armdicken Lianen der Waldrebe fallen wie dichte Vorhänge von den Bäumen. Da und dort ist der knotige Stamm einer Schwarzpappel im strauchigen Dickicht auszumachen. Wo der Schuh Bärlauchblätter zerquetscht, macht sich starker Knoblauch-Duft breit. Die Bodenvegetation aus Buschwindröschen, Lungenkraut, einzelnen pfeilförmigen Aronstabblättern und den fleckig verteilten Bärlauchinseln liegt wie mit einem Kamm gerichtet auf den Boden geknickt: Spuren des letzten Frühsommerhochwassers.
So sieht der Ulmen-Eschen-Wald aus, eine der typischen Pflanzengesellschaften im Bereich der Aue. Das mittelhochdeutsche ouwe bedeutet «Land in oder am Wasser» (verwandt mit lateinisch aqua); Auenwald meint also «Wald am Wasser». Die Aue grenzt zu beiden Seiten an den Fluß, der sie bei Hochwasser überflutet. Der Ulmen-Eschen-Wald ist – im Querprofil betrachtet – die äußerste Pflanzengesellschaft der Aue. Er wird nur episodisch überschwemmt; zwischen zwei Hochwassern können Jahre liegen. Die Baumwurzeln aber befinden sich in Kontakt mit fließendem und daher sauerstoffreichem Grundwasser. Die selten vorhandenen Buchen kümmern hier allesamt, obwohl ihnen die klimatischen Bedingungen bestens zusagen würden. Eine mögliche Erklärung für diese Erscheinung: Die Buche verträgt keine «nassen Füße», ihre Wurzeln sind für das Atmen in wassergesättigtem Boden nicht eingerichtet.
Ganz andere Pflanzengesellschaften als der Ulmen-Eschen-Wald haben sich unmittelbar am Rande des Flußbettes angesiedelt. In vorderster Front wachsen dichte Weidengebüsche. Getreibselmarken – feine Gras- oder Astpakete – hoch oben in den Ästen zeigen das gut mannshohe Hochwasserniveau an. An den buschigen Saum schließt ein Weidenwald an, dessen Gesicht mächtige Silberweiden bestimmen. Die urwüchsigen, eichenähnlichen Gestalten sind zusammen mit anderen Weidenarten und der Schwarzpappel die Charakterpflanzen in diesem Waldtyp. Dieser erscheint dem Besucher wie eine Halle. Nur die Baumsäulen stehen noch, den Rest hat der Fluß weggefegt. Kein Strauch hindert den Wanderer am Vorwärtskommen. An den Baumsäulen gibt die eingetrocknete Lehmschicht – im Fluß mitgeführte Schwebeteilchen haben sie gebil-

◁ Nach der Überflutung. Die Donau hat den Weidenwald mit nährstoffreichem Schlick überführt. Helle Marken an den Bäumen geben die Überschwemmungshöhe an.

Ein feiner Eiskragen um diese Silberweide aus dem schweizerischen Mittelland zeugt vom letzten Winterhochwasser (unten).
Der Sanddorn ist ein typischer Begleiter der voralpinen Auen. Er ist mit seinen langen Wurzeln, die mit Luftstickstoff fixierenden Bakterien zusammenleben, bestens zur Besiedlung frischgebildeter Kies- und Sandinseln ausgerüstet (ganz unten).

Überschwemmte Bolle di Magadino (rechts unten). Das Delta des Ticino und der Verzasca ist mit seinen vielfältigen Auenwaldformationen ein wichtiger Ruhe- oder Warteraum für die Zugvögel vor der Alpenüberquerung.

det – die Höhe der letzten Überschwemmung an. Nährstoffliebende Krautpflanzen wie die Brennessel oder das Bittere Schaumkraut liegen von der Strömung plattgewalzt am Boden und sind von einer feinen Schicht Sand und Schlick überführt.
Zwischen Silberweiden- und Ulmen-Eschen-Wald gedeiht eine weitere typische Auengesellschaft: der Grauerlenwald. Nebst der Grauerle stets zugegen sind auch die Traubenkirsche und in der Krautschicht ein Teppich des Winterschachtelhalms. Wo genügend Licht einfällt, rankt Wilder Hopfen an den Stämmen hoch, eine der im Auenwald typischen Lianen. Die Grauerle spielt in der europäischen Flußaue eine besondere Rolle. Sie steigt nämlich dem Flußlauf entlang ab etwa 300 Höhenmetern bis weit in die subalpine Stufe auf über 1200 m hinauf. Auf diesem Wege passiert der

flußbegleitende Erlenwald die verschiedenen Vegetationsstufen, die sich außerhalb der Aue entwickelt haben: die mannigfaltigen Buchenwaldtypen der Hügel- und unteren Bergstufe, dann ab etwa 1000 Höhenmetern die Tannen-Buchen-Wälder und schließlich den unteren Bereich der subalpinen Fichtenwälder, in die er als einzige Laubwaldgesellschaft hineinreicht. Bei etwa 500 Höhenmetern bleibt der Silberweiden-Auenwald zurück, wenig höher auch der Ulmen-Eschen-Wald. Der Grauerlenwald beginnt auf der gleichen Höhe sein Aussehen zu wechseln: Nicht mehr Winterschachtelhalm und Hopfen, sondern verschiedene strauchförmige Weiden und großblättrige, stickstoffliebende Kräuter wie Engelwurz oder Kälberkropf begleiten die silbrig-grauen Erlenstämme.

Boden, der von weither kommt

Buchen-, Tannen-Buchen- und subalpine Fichtenwälder sind Ziele der Vegetationsentwicklung, die vor allem durch das Allgemeinklima bestimmt werden. Zwar spielt dieses auch in der Aue eine Rolle; viel wichtiger aber sind die Überschwemmungsverhältnisse, welche Bodenbildung sowie Wasser- und Nährstoffversorgung bestimmen. Die Donau zum Beispiel kann in Österreich nach der Schneeschmelze und langen Regenperioden bis zum Fünffachen der durchschnittlichen Wasserführung anschwellen. Damit hängen auch Erosion und Ablagerung von Boden und Gestein zusammen. Der nach der Wolga zweitgrößte Fluß Europas führt dem Schwarzen Meer bei mittlerem Hochwasser pro Sekunde mit mehr als 6000 m^3 Wasser auch über 2 t Geschiebe zu. Im eingekerbten steilen Oberlauf frißt sich ein Fluß ein und nimmt dabei erodiertes Material bis in den Mittellauf mit. Dort deponiert er bei kleinerem Gefälle und geringerer Fließgeschwindigkeit seine Fracht – vor allem Kies und Sand. Diese kann bei Hochwasser wieder aufgewirbelt und umgelagert werden; während an einer Stelle Boden weggeschwemmt wird, entsteht an einer anderen neues Land. Der langsam fließende Unterlauf mit nur noch kleiner Schleppkraft gibt schließlich auch den feinen tonigen Partikeln Gelegenheit, sich abzusetzen.

Ob Steine, Kies, Sand oder Ton deponiert wird, hängt vor allem von der Fließgeschwindigkeit ab. Im Strömungsschatten einer Kiesbank, die reißende Hochwasserfluten einst abgelagert haben, setzen sich zum Beispiel feiner Sand und Ton ab. Dieser differenzierte Sedimentationsprozeß wird sich zu einem späteren Zeitpunkt, wenn der Fluß sein Bett gewechselt hat oder auf etwas tieferem Niveau fließt, in der Vegetation spiegeln. Die Kiesbank nehmen

◁ Vielarmig schlängelt sich der Fluß im südschweizerischen Maggia-Tal über die mehrere Hundert Meter breite Aue. Die regelmäßig überschwemmten Bänke sind von Weidenbusch mit eingestreuter Deutscher Tamariske *(Myricaria germanica)* besiedelt. Weißerlen, Weiden und Schwarzpappeln breiten sich auf den leicht erhöhten Standorten aus.

Querprofil der Pflanzengesellschaften in den Flußauen des Alpenvorlandes

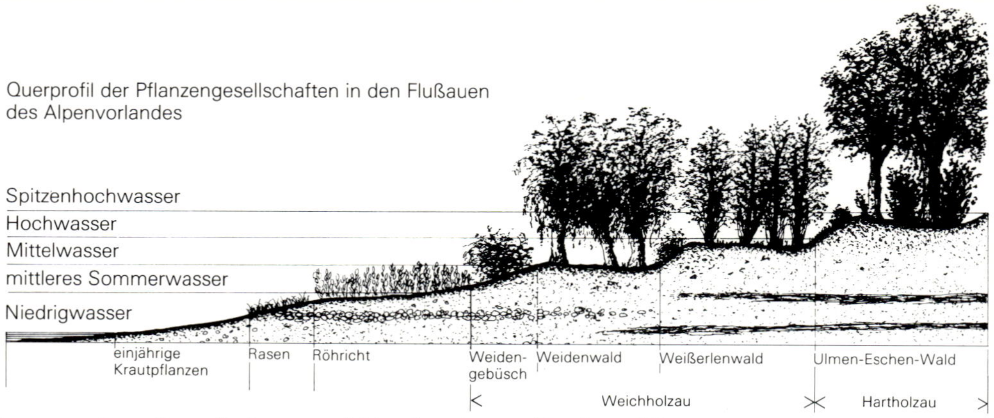

vorerst Sanddornsträucher und später lichter, kurzstämmiger Föhrenwald ein. Im feinerdereichen Bereich des ehemaligen Strömungsschattens, der den Wurzeln viel mehr Nährstoffe und Wasser bietet als die nackte Schotterbank, wird nach mehreren Stufen der Vegetationsentwicklung üppiger Ulmen-Eschen-Wald gedeihen.
Aber auch die Grundwasserverhältnisse spielen eine wichtige Rolle. Im Ober-, zum Teil auch im Mittellauf, wo die Flüsse der gemäßigten Zonen seit Ende der letzten Eiszeit oft mächtige Schotterschichten deponiert haben, fließt Wasser rasch durch diesen Grundwasserträger. Erst im Unterlauf behindern die feinen Ablagerungen den Grundwasserfluß. Wo es zu Stau und stagnierender Nässe im Boden kommt, bildet sich eine weitere typische Auengesellschaft: der Erlenbruchwald. Wichtigster Baum ist hier nicht die Grau-, sondern die Schwarzerle, welche stillstehendes Wasser und die dadurch bedingte Sauerstoffarmut im Wurzelraum erträgt.
Die beschriebene Zonation der verschiedenen Auenwaldtypen im Quer- und Längenprofil des Flusses ist schematisch vereinfacht. Doch auch in der Natur finden sich auf einer Profillinie selten alle zu erwartenden Pflanzengesellschaften nebeneinander.

Dynamisches Wasser und wechselndes Licht

Für den Auenwald ist das weit entfernte Wettergeschehen ebenso wichtig wie das lokale. Das Gewitter im Gebirge vermag den Fluß genauso zu aktivieren wie Landregen in der Ebene. Und dem Fluß verdankt die Aue die außerordentliche Dynamik der Lebensvorgänge. Oft greifen seine erodierenden Kräfte so heftig an, daß ganze Partien der Pflanzendecke samt Boden weggerissen werden. Nach dem Hochwasser bleiben unterspülte und umgestürzte Bäume noch in voller Laubpracht liegen. Sie werden zu eigentlichen Sedimentfallen, fangen Sand ein, und Schlick lagert sich dahinter ab. Auf solche Weise entstehende Inseln können den Fluß in neue Bahnen lenken. Mancherorts hat in den Fluten mitgewirbeltes Material die Bäume knietief eingeschüttet. Der Wechsel am Boden führt zusammen mit dem plötzlich ungehindert einfallenden Licht zur Veränderung des Vegetationsaufbaus.
Überhaupt herrschen im Auenwald besondere Lichtverhältnisse. Meist sind es Lichtbaumarten wie Esche, Stieleiche oder Ulme, welche die Baumschicht bilden. Diese brauchen viel Licht, um sich entfalten zu können, lassen ihrerseits die Sonnenstrahlung aber auch leicht durch das Blattwerk hindurch. Diesem Umstand ist die üppige Strauchschicht im Ulmen-Eschen-Wald zu verdanken. Sehr früh, zum Teil noch bevor die Sträucher und Bäume ausschlagen, blühen hier die Krautpflanzen, Schlüsselblume, Aronstab, Einbeere, Bärlauch oder Buschwindröschen. Wenn die Bäume austreiben, ist die Strauchschicht schon voll ergrünt; die Traubenkirsche und andere blühen sogar bereits.
Auf die Licht- und Feuchtigkeitsverhältnisse der Aue ist manche seltene Pflanze eingestellt: Das Große Zweiblatt *(Listera ovata)*, die Fliegenragwurz *(Ophrys insectifera)* und das Zweiblättrige Breitkölbchen *(Platanthera bifolia)* bevorzugen alle halbschattige, wechselfeuchte Verhältnisse.
Kaum hat das sinkende Frühsommerhochwasser die ersten neugeformten Sandbänke freigegeben, spült der Fluß auch schon die eben ausgereiften, gut schwimmenden Samen der Weißpappel an. Etwa zur selben Zeit sind auch die Silberweidensamen reif. Dieser Baum versucht das Neuland mit feinen, flug-, aber nur kurze Zeit keimfähigen Samen einzunehmen. Die Vegetation der Aue hat sich dem Rhythmus des Flusses angepaßt. Denn wie überall hängt die Überlebenschance einer Pflanzenart auch hier von den Keimmöglichkeiten und dem Keimvermögen ab.
Fluß und Auenwald sind auch seit jeher vielbenutzte Wanderstraßen der Flora. Gegenwärtig breitet sich in Europa zum Beispiel das Drüsentragende Springkraut (*Impatiens glandulifera,* ursprünglich aus dem Himalaya-Gebiet stammend und vor etwa 50 Jahren als Gartenpflanze verwildert) flußaufwärts aus, ebenso wie verschiedene Goldruten- oder Aster-Arten. Vom großen Hochstaudenreservoir der Alpen abwärts ziehen etwa der Dicht-

Karte bedeutender Auenwälder und Auenlandschaften Europas. ■ = als biogenetische Reservate in den Ländern des Europarates vorgeschlagen, □ = wichtigste Standorte in den Nachbarländern.

1 Binnendelta von Kvikkjokk (Schweden)
2 Küstendelta von Indal-Stäven (Schweden)
3 Reservat von Leinøra (Norwegen)
4 Reservat von Åkersvika (Norwegen)
5 Unterelbe bei Henckenlock (BRD)
6 Rhein zwischen Rastatt und Karlsruhe (BRD)
7 Brabantse Biesbosch und Sliedrechtse Biesbosch (Niederlande)
8 Gebüschformation mit Rhododendron in der Sierra de Ojén (Spanien)
9 Barthes de l'Adour (Frankreich)
10 Elsässisches Rheinufer mit Mündung der Sauer (Frankreich)
11 Doubs-Tal (Schweiz)
12 Reuß-Tal am Zusammenfluß von Aare, Reuß und Limmat (Schweiz)
13 Südufer des Neuenburger Sees (Schweiz)
14 Rhein-Schwemmland bei Rhäzüns (Schweiz)
15 Bei Waltensburg/Vuorz im Vorderrheintal (Schweiz)
16 Zwischen Leuk und Sierre im Rhonetal (Schweiz)
17 Schwemmland des Brenno (Schweiz)
18 Schwemmland der Maggia (Schweiz)
19 Bolle di Magadino (Schweiz)
20 Ticino-Reservat des Bosco Siro Negri (Italien)
21 Donau-Wald von Sankt Pantaleon (Österreich)
22 Donau-Wald der Lobau (Österreich)
23 WWF-Reservat Marchegg (Österreich)
24 Lanžholt (Tschechoslowakei)
25 Gemenc in Baja (Donauwald, Ungarn)
26 Save-Überschwemmungsebene (Jugoslawien)
27 Leitea (Donaudelta, Rumänien)
28/29 Donau-Überschwemmungsebene (Rumänien)
30 Reservat an der Nestos-Mündung (Hodja Orman, Griechenland)
31 Sakarya (asiatische Türkei)
32 Amberbaum-Wald (asiatische Türkei)

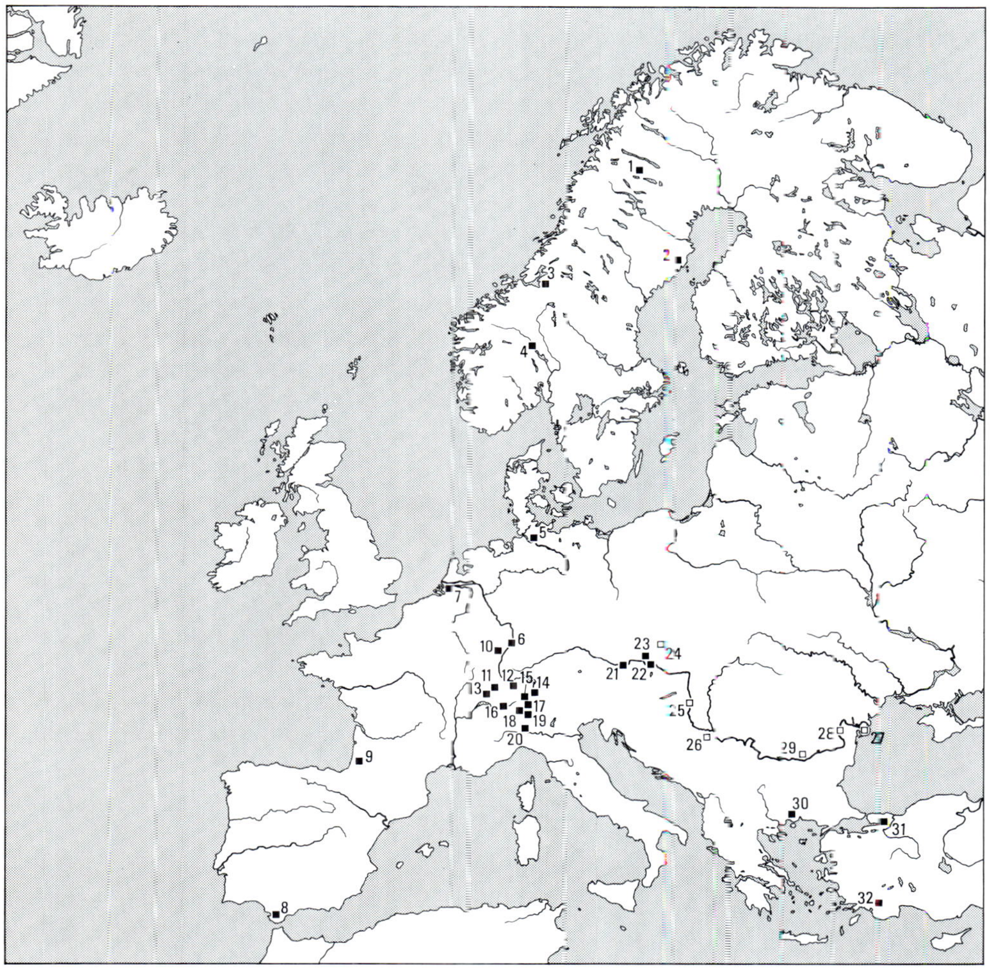

blättrige Eisenhut *(Aconitum compactum)* oder die Akeleiblättrige Wiesenraute *(Thalictrum aquilegiifolium).* Aber auch die Fichte hat den Fluß benutzt, um in tiefere Lagen zu gelangen. Die Abwärtswanderer erhalten, indem ihre Samen mitgeschwemmt werden, direkte Hilfe vom Fluß. Das Aufwärtswandern geht langsam vor sich. Die Pflanzen nutzen dabei die günstigen Licht- und Feuchtigkeitsverhältnisse der Aue aus. Jahr für Jahr steigen sie je nach Ausbreitungsart ihrer Samen etwas höher, bis ihnen das Klima eine Grenze setzt.

Das topografische, granulometrische und floristische Chaos des Auenwaldes ist auch Lebensraum für eine außerordentlich reiche Tierwelt. Selbst nach mehrtägigen Überschwemmungen entsteigen Ameisen und andere Gliederfüßer, aber auch Würmer und Wühlmäuse dem Auenboden, scheinen also während der Überflutung keinen Luftmangel zu leiden. Durch die Gänge dieser Tiere kann Luft in den Wurzelraum gelangen, worauf die Wurzeln dringend angewiesen sind.

Der Biber, in den meisten europäischen Auengebieten mit Ausnahme der Cevennen-Flüsse, der unteren Rhone und der Elbe ausgerottet, an einigen Orten wieder eingeführt, braucht für Ernährung und Nestbau große Mengen Weichhölzer: Weiden, Pappeln oder Erlen. Dieser Holzfäller aus dem Tierreich tritt dabei als weitere dynamische Kraft im Flußwald auf, indem er das Licht im Wald und die Strömungsverhältnisse im Fluß verändert. Der Fischotter schätzt die wechselnde Struktur seines Lebensraumes – der etwa 15 km im Durchmesser beträgt – ebenso wie den Fischreichtum der waldbegleiteten Flüsse. Im Auenwaldreservat Marchegg in Österreich machen auf jahrhundertealten Eichen die letzten europäischen Weißstörche ihr Nest im natürlichen, ursprünglichen Brutraum. Der Eisvogel nistet sich in Uferböschungen ein, die der Fluß jedes Jahr frisch annagt. Der Kormoran (Kolonien überwintern regelmäßig in Mitteleuropa, zum Beispiel im Taubergießen, einem alten Rheinarm in Mittelbaden) baut sein Reisignest in Astgabeln hoher Bäume; oft trägt ein Baum ein Dutzend oder mehr. Der scharfe Kot bringt den nesttragenden Baum nach wenigen Jahren zum Absterben. Fischreiher gesellen sich zu den Kormoranen und nisten im gleichen Baum.

Viele Tiere der Aue sind ebenso wie die Pflanzen auf die ständige Veränderung ihres Lebensraumes angewiesen; viele tragen gar aktiv dazu bei. Auch Lurche haben sich angepaßt. Laubfrosch und Kreuzkröte etwa legen ihren Laich bevorzugt in frisch geschaffene

Europas Flüsse suchten sich bis vor etwa einem Jahrhundert ihren Weg mehr oder weniger frei mäandrierend selber und wechselten öfters ihr Bett. Trotzdem hat der Mensch die Erde oft bis unmittelbar an den Fluß bestellt, wie das Werk des bekannten Zürcher Kartographen Hans-Konrad Gyger von 1648 aus der schweizerischen Reußebene zeigt. Der Wildfluß stellte sich diesen Kulturbemühungen jedoch immer wieder entgegen. Auch hier versuchte die Bevölkerung – vom unberechenbaren Fluß moralisch, gesundheitlich und wirtschaftlich belastet – die Naturgewalt in den Griff zu bekommen. Ein 1860 erstellter Hochwasserschutzdamm und ein Entwässerungssystem haben ihre Wirkung mit der Zeit eingebüßt. Darum wurden in unserer Zeit Sanierungsmaßnahmen nötig. Sie gelten als gelungen, weil sie die Naturstandorte durch differenzierte Grundwasserabsenkung und Zurückversetzen alter Hochwasserschutzdämme schonen. Wie sehr die Reuß im Laufe der Zeit an Dynamik einbüßte, zeigt ein Vergleich der Gyger-Karte (unten) mit der Situation 1979 (rechts oben).

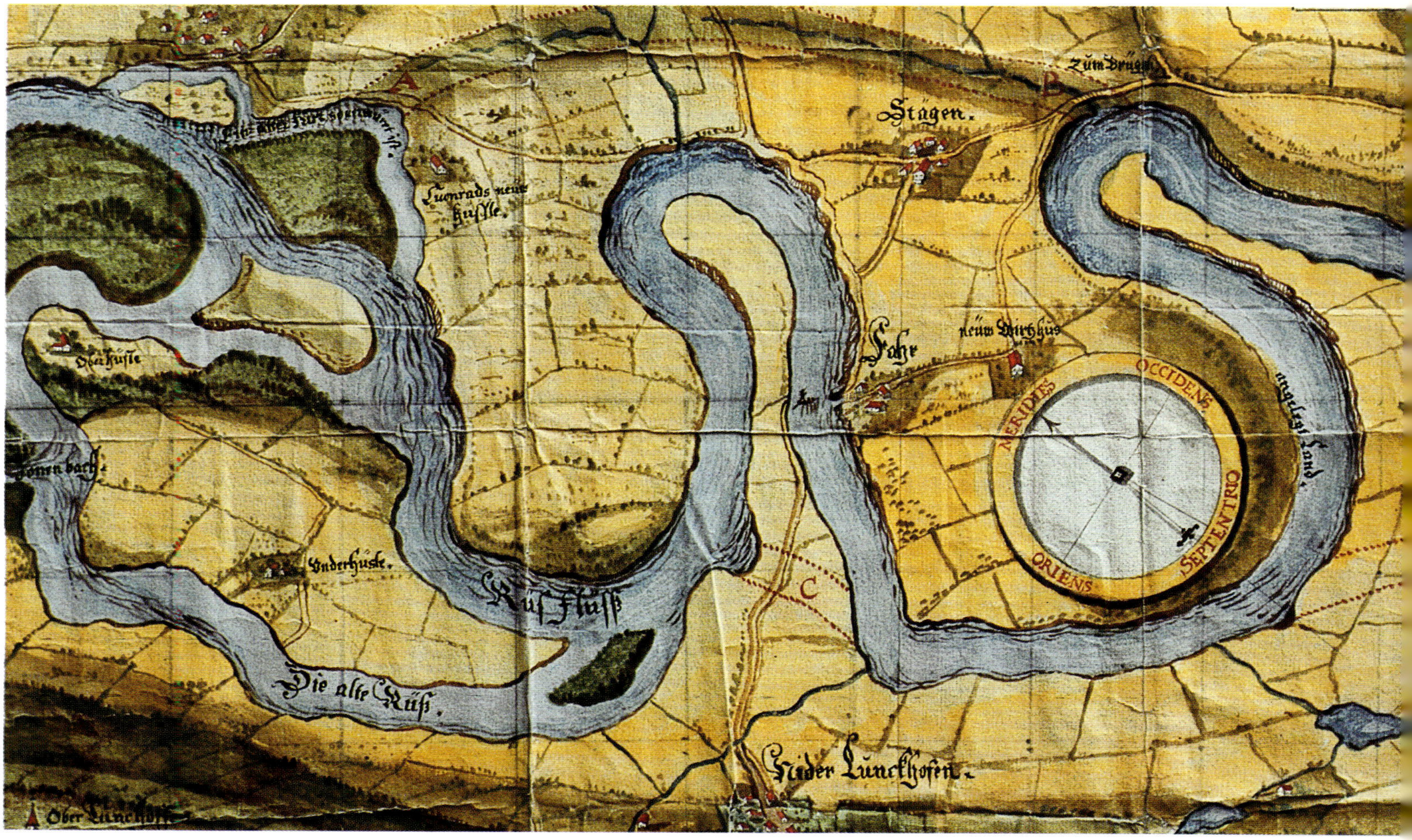

oder vom Fluß ausgespülte Kiestümpel. Beginnt sich darin allzuviel Leben zu entwickeln, suchen sie sich neue Laichplätze.

Kahlschlag oben – Hochwasser unten

100 000 ha Auenwald in einem 2 bis 6 km breiten Streifen zu beiden Seiten säumten ursprünglich den elsässischen bzw. badischen Rhein. Die Oberrheinebene war in der Flußniederung eine eigentliche Inselflur: 2000 Sand- und Schotterbänke lagen zwischen Basel und Karlsruhe im vielarmigen Wildstrom. Doch ihre Unzugänglichkeit vermochte die grüne Wildnis nicht zu bewahren. Stück um Stück des Waldbodens, den Tausende von Überschwemmungen fruchtbar machten, wurde unter den Pflug genommen. Näher und näher tastete der Mensch sich an den Fluß, der ihm von Zeit zu Zeit die Ernte fortspülte, die Siedlungen bedrohte und das Sumpfland bewässerte, in dem sich Malaria übertragende Mücken entwickelten. Wo der Strom Leben und Gut bedrohte, lenkten ihn Faschinen um, das heißt geflochtene und hinterfüllte Barrieren aus Weiden und Erlen. Im frühen Mittelalter wurden auch schon einzelne Flußschlingen durchstochen. Doch die immer wiederkehrenden verheerenden Überflutungen machten im letzten Jahrhundert die Bändigung des Flusses notwendig. Die «Rectificationsarbeiten» dauerten mehr als 60 Jahre. Mäander um Mäander durchstießen die Flußbauer, bis der Rhein um 1880 von Basel nach Mannheim praktisch geradeaus floß. Ähnlich wurden die meisten Schweizer Flüsse in Korsetts gezwungen. Bei der 1878 abgeschlossenen ersten Juragewässerkorrektion leiteten die Flußbauingenieure die Aare in künstlichen Kanälen durch den Bieler See.

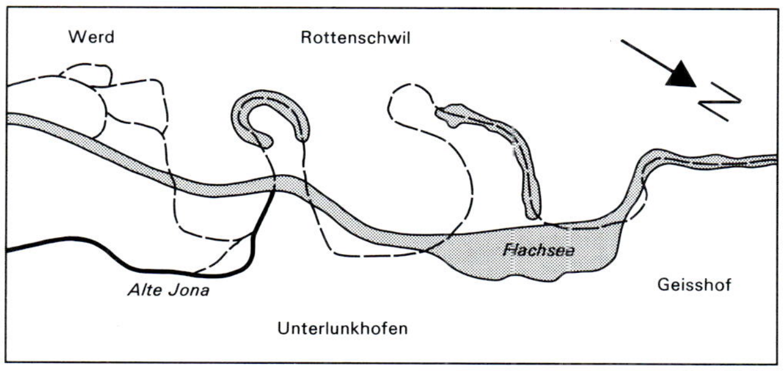

▽ Die ehemalige Flußschlinge der Reuß bei Rottenschwil. Solche grundwasserversorgten Altarme beherbergen mannigfaltiges Tier- und Pflanzenleben. Allzuoft jedoch sind die Zeugen ursprünglicher Flußlandschaften durch «Meliorationen» bedroht oder verlanden bei mangelnder Pflege nach und nach.

Dadurch wurden im Bereich der drei Juraseen bedeutende Landwirtschaftsgebiete und am Südufer des Neuenburger Sees ein Stück Seeauenwald gewonnen, dem heute nationale Bedeutung zukommt. Dafür ging zwischen den Städtchen Aarberg und Büren ein Stück schönster Auenlandschaft verloren. «Bei dem bedeutenden Gefälle wirft sich die Aare bald mehr links, bald mehr rechts und ändert mit fast jeder Wassergröße das Bett des Hauptflusses. Auf der ganzen Strecke besitzt sie, ihre Inseln inbegriffen, eine bedeutende Breite. Dieses Gebiet dient zu fast nichts anderem als zu einigem Nachwuchs von Weiden und Erlen, die hinwieder zur Herstellung der nötigen Wuhren und Schwellen dienen.» So beschreibt 1881 Johann Rudolf Schneider, Bauernsohn aus dem immer wieder überschwemmten Dorf Meienried und treibende politische Kraft bei der Durchführung der Juragewässerkorrektion, dieses Gebiet. Heute fließt hier nur noch ein Bach mit bescheidener Restwassermenge.

Die Gründe für die Notwendigkeit von Flußkorrekturen, welche eine der Ursachen für das Zusammenschrumpfen der Auenwälder sind, müssen dort gesucht werden, wo der Fluß beginnt. Wenn 1875 die Donau erstmals durch Begradigung reguliert werden mußte, so hängt dies nicht zuletzt mit der Art der Waldbehandlung im Einzugsgebiet des Inn zusammen. Zahlreiche Dokumente weisen seit 1450 den Raubbau durch schonungslose Kahlschläge im Engadin nach, unter anderem auch im Gebiet des heutigen Schweizerischen Nationalparks. Viele dieser Urkunden stammen aus dem Archiv der Salinen in Hall im Inntal östlich von Innsbruck, wo Unmengen von Holz zum Abstützen der Stollen und zum Sieden der Sole verbraucht wurden. Der ständig wachsende Brennholzbedarf der Salzbergwerke und der Stadt Innsbruck hat eine ganze Kette von Reaktionen ausgelöst, die sich in der Folge noch Hunderte von Kilometern weiter flußabwärts auswirkten.

Regenwasser fließt an kahlgeschlagenen Hängen oberflächlich ab, anstatt im Kronenraum zum Teil direkt wieder zu verdunsten und im

Waldboden wie in einem Schwamm zu versickern. Dabei reißt es Erde mit, frißt Bachbetten aus und Hangfüße an und bringt damit ganze Talseiten ins Rutschen. In trüben Wogen fährt die braune Brühe mit dem Schwemmaterial zu Tale, gefährdet Menschenleben und richtet am Kulturland, an Häusern und Straßen weiteres Unheil an. Tiefer unten, wo der Fluß gemächlicher wird, bleiben die Erosionsprodukte liegen, verstopfen das Flußbett und zwingen die nachfolgenden Fluten, dieses zu verlassen.
Die Entwaldungen in den Alpenländern, im Einzugsgebiet von Rhone, Rhein und Donau, haben um 1850 ihren Höhepunkt erreicht. Dann zwangen Forstgesetze, das Übel an der Wurzel zu packen: Mit Aufforstungen und Waldpflege durch systematische Nutzung gelang es, den Wasserabfluß wieder weitgehend in den Griff zu bekommen.

Abgegrabenes Wasser, dürrer Wald

Als Folge einer Grundwasserabsenkung ist diese Esche am Absterben. Einzig einige letzte Reiser treiben noch aus dem Stamm (oben).
Föhrenstammscheibe aus einem Auenwald (Ausschnitt, rechts). Schwankungen im Wasserhaushalt zeigen sich im Jahresringaufbau: Breite Ringe deuten auf gute Wasserversorgung mit normalen Wasserständen, schmale auf karge oder allzu üppige Wasserversorgung.

Die Flußkorrekturen des letzten Jahrhunderts haben Folgen, die wir zum Teil erst jetzt zu spüren bekommen. Zwar konnten die Bauern viel Neuland unter den Pflug nehmen und die Förster während einer Optimalphase von wenigen Jahrzehnten hervorragende Waldstandorte bewirtschaften. Doch die vorerst günstigen Einflüsse verschlechtern sich laufend, denn die Eingriffe haben den Wasserhaushalt ganzer Landschaften vollkommen aus dem Gleichgewicht geworfen. Die Begradigung des Oberrheins verkürzte den Flußlauf zwischen Basel und Karlsruhe um etwa 80 km. Die Folge: eine wesentliche Gefällszunahme, auf die der Fluß mit verstärkter Tiefenerosion reagierte. Die Bettsohle sank um mehrere Meter, zwischen Rheinweiler und Neuenburg zum Beispiel um 7 m. Der Grundwasserpegel folgte dem Flußpegel und sackte aus dem Wurzelraum des Auenwaldes weg. Der Entwässerungseffekt wurde später durch die Ableitung beinahe des gesamten Rheinwassers in den schiffbaren Rheinseitenkanal noch verstärkt. Denn in der ausbetonierten Rinne fließt das Wasser vollkommen isoliert von der Landschaft; kein Tropfen speist das Grundwasser. Von den ursprünglich rund 1000 m³/sec bei Mittelwasser verbleibt gerade noch eine klägliche mittlere Restwassermenge von 20 m³/sec im mehr oder weniger ausgetrockneten Flußbett.
Der Bau eines Landeskulturwehres bei Breisach vermochte die Grundwasserverhältnisse am Oberrhein nur auf einer kurzen Strecke leicht zu verbessern.
Wie an vielen anderen Abschnitten korrigierter Flüsse ist auch am Oberrhein die einstige Bewässerungs- in eine Drainagewirkung umgeschlagen. Solche enormen Änderungen im Wasserhaushalt spiegeln sich dann auch früher oder später im Bild der Vegetation, besonders in niederschlagsärmeren Regionen. Dürre Eschenwipfel zeigen an, daß das Grundwasser nicht mehr bis an die Wurzeln reicht. Nach und nach sterben die meisten derjenigen Bäume ab, die sich in ihrer Jugend an viel Wasser gewöhnen konnten. Manche Arten wie Esche, Weide und Erle neigen in der Aue zu vermehrter Wasserverdunstung, zur «Luxustranspiration». Plötzlicher Wasserentzug schädigt sie besonders. Die ehemalige flußbegleitende Vegetation verliert mit dem wichtigen Standortfaktor Wasser ihre floristische Sonderstellung. Nach und nach dringen jene Pflanzen ein, welche die amphibische Welt früher mieden.
Wo der Fluß metermächtige, feine Erdschichten ablagert, entstehen feinkörnige, tonreiche Böden, die der Buche und ihren Begleitern bestens zusagen.
Ganz anders entwickelt sich die Vegetation dort, wo einstige Hochwasser Schotterinseln hinwarfen oder Sandlinsen bildeten. Hier breiten sich Waldföhrenwälder aus. Doch die Föhre bildet auf dem trockenen, kargen Schotter nur schmächtige Jahresringe. Denn mit den Überschwemmungen bleiben auch die regelmäßigen Nährstoffzufuhren aus, die hier einst üppiges Grün gedeihen ließen. Keine angeschwemmten Pflanzenreste oder toten Regenwürmer und Insekten düngen den Boden mehr. Was der Mensch noch vor drei, vier Generationen wegen zu großer Nässe nicht bewirtschaftete, kann er heute wegen zu großer Trockenheit ebenfalls nicht nutzen.

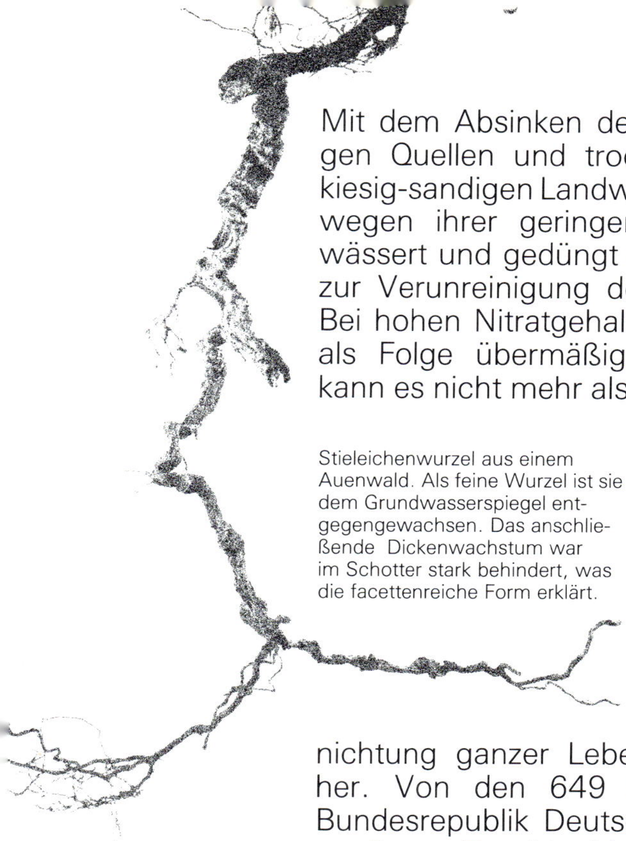

Stieleichenwurzel aus einem Auenwald. Als feine Wurzel ist sie dem Grundwasserspiegel entgegengewachsen. Das anschließende Dickenwachstum war im Schotter stark behindert, was die facettenreiche Form erklärt.

Mit dem Absinken des Grundwassers versiegen Quellen und trocknen Altläufe ein. Die kiesig-sandigen Landwirtschaftsböden müssen wegen ihrer geringen Wasserhaltekraft bewässert und gedüngt werden, was wiederum zur Verunreinigung des Grundwassers führt. Bei hohen Nitratgehalten, die heute vielerorts als Folge übermäßiger Düngung auftreten, kann es nicht mehr als Trinkwasser aufbereitet werden. Mit dem Trockenfallen der flußbegleitenden Kleingewässer – solche Schlenken oder Gießen (Grundwasseraufstöße) fanden sich früher bevorzugt in alten Flußschlingen – geht auch die Vernichtung ganzer Lebensgemeinschaften einher. Von den 649 höheren Tierarten der Bundesrepublik Deutschland ist beinahe jede zweite an Feuchtgebiete gebunden: 13% der Säuger, 46% der Vögel, 23% der Reptilien und fast alle Lurche sowie rund 150 Fischarten. Viele davon befinden sich auf den «Roten Listen» der bedrohten Tierarten.

In der Lobau unterhalb von Wien führten naturwidrige Eingriffe zu ähnlichen Erscheinungen wie am Oberrhein: Bäume starben ab, die einst üppige Strauchschicht wurde immer schütterer. Zwischen den verbleibenden Büschen breiten sich im ehemaligen Auenareal als letztes Degradationsstadium steppenähnliche Rasen aus – in diesem Maß eine unnatürliche Erscheinung in Schwemmlandschaften.

Um den vollkommen veränderten Standortbedingungen gerecht zu werden, ersetzen die Förster die absterbenden Auenbäume vielfach mit der trockenheitsertragenden Föhre. Doch wo man diese, wie am Oberrhein, auf großen Flächen in Monokultur und nicht gemischt mit Laubbäumen setzte, ist sie feuergefährdet. Immer wieder fallen größere Flächen des oft zundertrockenen Waldes den Flammen zum Opfer.

Am Wasserwald nagen viele Kräfte

In den letzten 50 Jahren ist der europäische Auenwald an den großen Strömen und kleinen Flüssen nochmals gewaltig geschrumpft: Am Oberrhein ging die Hälfte, an der österreichischen Donau ein Viertel verloren. Von den verbleibenden 27 000 ha Donauwald von Passau bis Hainburg wird jedoch nur noch die Hälfte regelmäßig überschwemmt. Der Oberrhein überflutet nicht einmal mehr 1000 der verbleibenden 7000 ha Feuchtwald. Die wasserreiche Schweiz hat im Mittellauf des Rheins, der Reuß, der Aare und der Rhone die meisten Auenflächen verloren. Silberweidenwald, auf regelmäßige Überführung mit nährstoffreichem Schlamm angewiesen, existiert nur noch in winzigen Fragmenten.

Doch nicht nur die gewaltigen Flußkorrekturen sind an der drastischen Abnahme des Auenwaldes schuld. Flußkraftwerke oder Staudämme, wie sie in Frankreich im Seine- und Loire-Bassin entstanden sind, graben dem flußbegleitenden Wald das Wasser ab und greifen ihn von unten, an den Wurzeln an. Andere Kräfte nagen von der Seite am verbleibenden Wasserwald, der im österreichischen Schulatlas noch bis vor kurzem als «Ödland» bezeichnet war. Bauern roden ihn zur Kulturlandgewinnung – oft mit staatlichen Subventionen, die mit dem Ziel der «Aufwertung» oder «Veredelung» gewährt werden; Bauunternehmen beuten die mächtigen Schotterlinsen aus. Planer und Politiker finden hier billiges Land für Hafen- und Industrieanlagen oder wandeln die grüne Wildnis ausgerechnet in Sportplätze um.

Ein konzentrierter Angriff der Wirtschaft steht auch auf die Stromlandschaft der österreichischen Donau bevor. Diese ist, wie es die niederösterreichische Raumplanung formuliert, «die letzte industrielle Hoffnungslandschaft des hochzivilisierten Mitteleuropa». Aber sie ist auch die schönste und bedeutendste Auenlandschaft in diesem Gebiet. Die Strecke soll an den Rhein-Main-Donau-Kanal einerseits und den Donau-Oder-Elbe-Kanal andererseits angeschlossen werden. Eine lückenlose Staustufenkette soll dem Fluß seine Energie entziehen. Mit der geplanten Umleitung in Kanäle droht – ähnlich wie am Oberrhein – nur noch eine mehr oder weniger trockene Erinnerung an den stolzen Strom zu bleiben.

Um die Erhaltung kleinerer, aber nichtsdestoweniger wichtiger, weil letzter Auenwaldreste bemühen sich Natur- und Landschaftsschutz in der Schweiz. Am bündnerischen Vorderrhein bei Ilanz ebenso wie an der oberen Thur bei Uzwil sollen Flußkraftwerke entstehen, welche den Auenwäldern, die unterhalb der Kraftwerke liegen, das Wasser abgraben und diese zu einem großen Teil zerstören würden. Gefährdet sind die Feuchtwälder auch am Unterlauf der Thur, hier als Folge geplanter ungeeigneter Korrektionseingriffe, welche die periodischen Überschwemmungen verhindern würden. Um nicht auch noch die letzte dynamische Flußstrecke durch Kraftwerke mit oft nur bescheidener Energieausbeute in Gerinne mit kärglicher Restwassermenge zu verwandeln, sind verschiedene Bestrebungen im Gange, den quantitativen Schutz der Gewäs-

Windgeworfene Silberweide (oben), gefällte Weide (unten). Der nutzende Mensch verändert in den Auenwaldresten unserer Zivilisationslandschaft die ökologischen Verhältnisse. Er wirkt somit in der gleichen Richtung wie einst der ungebändigte Fluß und kann bei naturnaher Bewirtschaftung zur Schaffung vielfältiger Lebensbedingungen beitragen.

ser gesetzlich zu verankern. Am weitesten geht die 1983 lancierte «Volksinitiative zur Rettung unserer Gewässer». Die Initiative fordert, daß Eingriffe in naturnahe Gewässer nur noch unter Wahrung der ökologischen Erfordernisse und des landschaftlichen Erscheinungsbildes möglich sein sollen.

«In beachtlichem Umfang trägt oft die forstliche Behandlung zur unerwünschten Veränderung der Auenwälder bei», wird in einer Resolution des internationalen Symposiums über europäische Auenwälder festgehalten, das 1980 in Straßburg stattfand. Unzweckmäßige Eingriffe würden den spezifischen Auenwaldaufbau vernichten. Die «Verpappelung» der Aue mit großflächigen Pappelmonokulturen an der Donau und an vielen andern Orten in Europa ist dafür ebenso ein Beispiel wie die «Verfichtung» flußnaher Weißerlenstandorte in der Bundesrepublik Deutschland, in Österreich oder der Schweiz. Verminderter Artenreichtum, verarmte Flora und Fauna sowie beeinträchtigte Urwüchsigkeit sind die Folgen.

Vor der desperaten Lage des europäischen Auenwaldes wenden sich die Teilnehmer des Straßburger Symposiums von 1980 unter anderem mit den folgenden Anliegen an «die einflußreichen, verantwortlichen und entscheidenden Instanzen»:

- Die Opferung weiterer Teile noch verbleibender Auenbereiche darf nicht mehr hingenommen werden.
- Nach Möglichkeit sind auch bei Flächen, die erst vor kurzem den Überschwemmungen entzogen wurden, die früheren hydrologischen Verhältnisse wiederherzustellen.
- Die waldbaulichen Methoden sind vermehrt auf die Pflege der Auenwälder, auf die Erhaltung der floristischen Vielfalt und auf den natürlichen Bestandesaufbau auszurichten.

Gratisfilter, genetisches Reservoir, chaotisches Paradies für den Menschen

Die europäischen Auenwaldreste gehören trotz allem zu den am wenigsten beeinflußten Zeugen der einstigen Urlandschaft. Dank ihrer reichhaltigen Flora und Fauna sowie dem vielschichtigen Aufbau stellen sie unersetzliche biologische und kulturelle Werte dar. Die Erhaltung der Donauwälder ist für den Donauexperten Gustav Wendelberger von der Universität Wien eine «übernationale kulturelle Verpflichtung».

Für den Wasserhaushalt unserer Landschaft haben Flüsse und mit ihnen die flußbegleitenden Wälder höchste Bedeutung. Als Folge der Umwandlung der einstigen Kultur- in die heutige Zivilisationslandschaft mit ihren Asphalt- und Betonwüsten kann immer weniger Wasser in die Grundwasserträger eindringen. Betonierte Abflußrinnen und verrohrte Bäche lassen die Niederschläge rasch und restlos an der Oberfläche abfließen. Der kurzgeschlossene Wasserkreislauf zusammen mit den verminderten Grundwasservorräten als Folge der Stromverbauungen (im südlichen Oberrheingebiet haben diese um 3 Milliarden Kubikmeter abgenommen) führt in vielen Teilen Europas besonders während Dürrezeiten immer öfter zu prekären Stiuationen bei der Wasserversorgung.

Die «Verpappelung» der Aue führt zur Vernichtung der mehrschichtigen Struktur des Naturwaldes und zur Verminderung des Artenreichtums.

In Auenwaldgebieten erleichtern die relativ grobkörnigen Böden, die dazu noch von Wurzelröhren und Tiergängen durchzogen sind, das Einsickern des Wassers. Dieses wird auch gut gefiltert: Die Mullschicht, gebildet aus der herbstlichen Streu des Laubwaldes und daher humusreich, bindet ähnlich wie aktive Kohle unter anderem organische Schmutzstoffe. Die Schotter- und Sandmassen des Untergrundes wirken als weitere Filterschichten. Die Städte Basel und Frankfurt a.M. führen Flußwasser künstlich durch den Wald als natürliche und leistungsfähige Filtrieranlage, bevor es als Trinkwasser aus dem Hahn fließt. Grundwasservorkommen unter Auenwald versorgen viele Menschen: Allein aus der Lobau beziehen 300 000 Wiener ihr Trinkwasser.

▽ Wurzelanlauf der Schwarzerle mit orangefarbenen Lentizellen, luftdurchlässigen Stellen in der Wurzelrinde. Über sie erfolgt die Sauerstoffversorgung der Wurzeln bei hohem Wasserstand. Um solche Perioden zu überstehen, besitzen Auenbäume noch andere spezielle Anpassungen. Die Silberweide etwa regeneriert ihr Wurzelwerk selbst unter sauerstoffarmen Bedingungen sehr rasch.

Der finkengroße Eisvogel (unten) ernährt sich von Insekten und Fischen, die er mit seinem dolchartigen Schnabel aus dem Wasser holt. Frische Uferböschungen, in die er Höhlen treibt, bieten ihm Nistgelegenheiten.
Rufendes Männchen des Laubfrosches (ganz unten). Diese Art zieht zum Laichen Kiestümpel vor, die periodisch von Hochwassern ausgeräumt werden.

Am Oberrhein ist das Klima seit der Ausdorrung der einst amphibischen Niederung trockener geworden. Da weniger Wasser verdunstet, wird der Umgebung auch weniger Wärme entzogen. Dies bedeutet einerseits eine zunehmende Erwärmung der bodennahen Luftschichten, andererseits fällt als Folge verringerter Luftfeuchtigkeit weniger Regen. Die niederösterreichischen Donauauen erhöhen die Luftfeuchtigkeit bis 60 km weit ins Tullner- und Marchfeld, die Kornkammern Österreichs. Auenwald wirkt genau gleich wie die – vielfach trockengelegten – Moore und Riedwiesen, im gleichen Sinn wie die oft wegmeliorierten Hecken und Feldgehölze: sie verbessern das Klima weiter Gebiete.
In Trockenjahren erweisen sich Ulmen im Auenwald, wo immer genügend Wasser vorhanden ist, als wesentlich resistenter gegen

die Ulmenkrankheit. Diese wird durch den Pilz *Ceratocystis ulmi* verursacht, der durch Ulmensplintkäfer weit verbreitet wird. Die Krankheit hat die Ulme in Wäldern, Parks und Alleen praktisch ausgerottet. Einzig in der Aue scheint sie auf längere Sicht eine Überlebenschance zu haben. Auch andere Pflanzen finden hier ihre letzten Refugien. Der Wilde Birnbaum *(Pirus pyraster)* hat ebenso wie der Wilde Apfelbaum *(Pirus malus)* vor allem im Auenwald überlebt, dem einzigen Ort, wo auch der Wilde Nußbaum *(Juglans regia)* blüht und fruchtet. Wilder Hopfen *(Humulus lupulus)*, Waldrebe *(Vitis silvestris)* und Johannisbeere *(Ribes spec.)*, Wildformen unserer Kulturpflanzen, stammen ebenfalls von hier.
Ein Refugium für Pflanzen und Tiere ist der Auenwald – ein Refugium aber auch für uns: Viele Menschen lieben den mannigfaltigen,

Die Esche als Hauptbaumart im Ulmen-Eschen-Wald ist durch Frühjahrsfröste ausgesprochen gefährdet und treibt ihr Blätterkleid darum spät aus. Dasselbe gilt für die hier ebenfalls häufige Stieleiche. Von den günstigen Frühjahrs-Lichtverhältnissen im Waldesinnern profitiert vorerst eine farbenfroh blühende Krautflora mit der Großen Schlüsselblume, dem Buschwindröschen, dem Lerchensporn und anderen. Dann treiben die Sträucher aus und blühen – wie die Traubenkirsche (oben, im linken Bildteil) – noch vor dem Austreiben der Baumschicht.
Die Schuppenwurz (unten) ist ein Schmarotzer auf Erlen-, Hasel- oder Pappelwurzeln. Die typische Auen- und Schluchtpflanze blüht oft unterirdisch. Ihre Samen werden zum Teil von Ameisen verbreitet.

Die Schwarzerle ist ein Spezialist für die Besiedlung staunasser und zeitweilig überschwemmter Ton- oder Torfböden. Sie zeigt träge fließendes oder stagnierendes Grundwasser an und tritt häufig an Seeufern und seltener in den Auen der Flußunterläufe auf.

vielgestaltigen und oft urwüchsigen Wasserwald – die großen Waldrandlängen, die Lichtwechsel, die strauchgesäumten Trampelpfade, das Chaos.

Amazonasaue – noch wenig berührte amphibische Welt

In viel geringerem Maße als in den gemäßigten Zonen hat der Mensch bisher die Ströme in den Tropen beeinflußt. Doch auch hier werden die Überschwemmungsgebiete in neuerer Zeit zugunsten der Landwirtschaft oder Fischzucht verändert. Gigantische Talsperren zur Stromgewinnung stehen vor der Vollendung oder sind geplant. Derweil spielt sich im Einzugsgebiet dieser oft gewaltigen Flußsysteme Ähnliches wie im letzten Jahrhundert in Europa ab: Entwaldungen führen immer häufiger zu katastrophalen Überschwemmungen im Unterlauf.

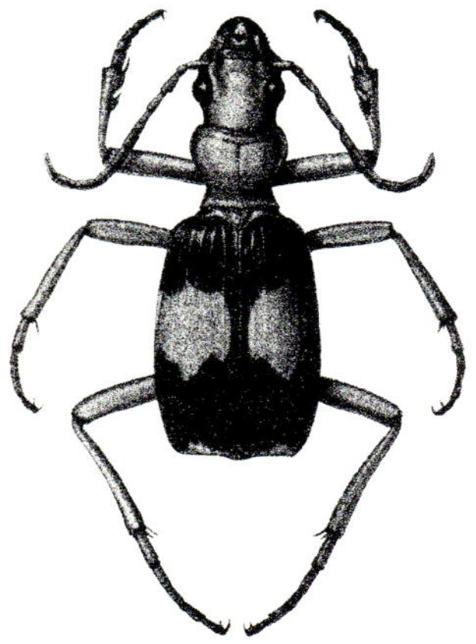

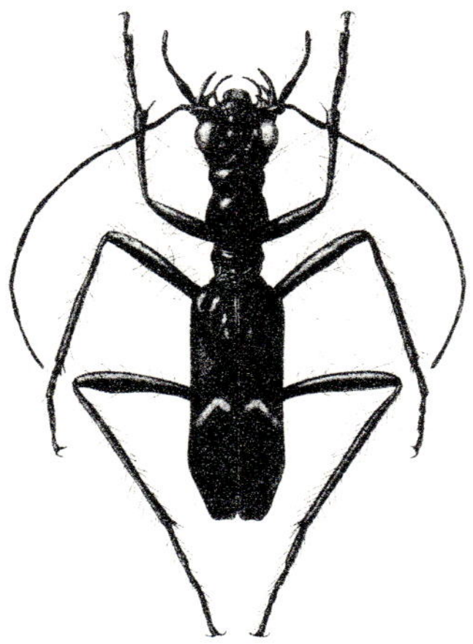

Ctenostoma-Laufkäfer (rechts) besiedeln in den Auen Amazoniens die Zweige der Baumkronen, die *Pherosophus*-Laufkäfer (oben) den Ufersaum. Erstere wandern mit steigendem Wasser – wenn nötig – in höhere Kronenteile, letztere dem überschwemmungsfreien Festland zu.

Bolivien und Peru wurden 1982 von einer Flutkatastrophe heimgesucht, die vor allem das Amazonas-Tiefland hart traf. In Bolivien betrug die überschwemmte Fläche gegen 70% der Bundesrepublik Deutschland. Entwaldungen im Andenhochland, die schon seit längerer Zeit andauern, sind für diese Ereignisse ebenso verantwortlich wie die unausgereifte Landbautechnik an den steilen, nicht terrassierten Hängen. Das erodierte Material verstopft im Unterland die Flußbetten und zwingt die Fluten über die Ufer.

Der Amazonas, König der Ströme, entwässert eine Fläche von etwa 7 Millionen Quadratkilometer, also eine Fläche von der Größenordnung Australiens, und entläßt im Jahresdurchschnitt 175 000 m³ Wasser pro Sekunde ins Meer (Donau: 6000 m³). Ebensowenig wie die Mengen sind die Wasserstandsschwankungen mit europäischen Verhältnissen zu vergleichen: Sie betragen bei der Amazonas-Metropole Manaus im Mittellauf des Flusses etwa 10 m, in Extremfällen jedoch bis zu 15 m. Dadurch wird entlang des Amazonas ein Gebiet von der anderthalbfachen Fläche der Schweiz periodisch überschwemmt. Dieses Land, die Várzea, ist mit Wald und Grasfluren bedeckt; dazwischen liegen flache Seen und feuchte Senken verstreut.

Der schwankende Wasserstand ist von einschneidender ökologischer Bedeutung für die Tier- und Pflanzenwelt. Wer in dieser amphibischen Welt überleben will, muß entweder bei Hoch- und Niedrigwasser gedeihen können oder in der ungünstigen Periode abwandern. Das steigende Amazonaswasser zwingt zum Beispiel Gliederfüßer wie Insekten, Spinnentiere und Tausendfüßer zu Wanderungen; es treibt sie entweder ins Kronendach, auf die nicht überfluteten «Terra-firme»-Gebiete oder in den Boden, wo sie als Ei, verpuppt oder auch voll ausgebildet überleben. Während des Hochwassers bevölkern mehr Gliederfüßer-Arten die Baumkronen als bei Niedrigwasser. Von den jeweiligen Überlebensstandorten aus besiedeln die Tiere den trockengefallenen Wald dann sehr rasch wieder.

Spektakuläre Wanderungen unternehmen auch die Fische, die mit steigendem Wasser ihren Lebensraum in den überfluteten Wald ausdehnen. Ein guter Teil der 2500–3000 Amazonasfisch-Arten ernährt sich nach neuesten Erkenntnissen von Baumfrüchten, die zur Zeit der steigenden Fluten reifen und überschwemmt werden. Die Früchte passieren Magen- und Darmtrakt zum Teil unzerkleinert und können auf diese Weise von den Fischen weit im Auenwald verbreitet werden, um nach dem Trockenfallen auszukeimen. Viele der größeren Fische fressen sich im überfluteten Wald Fettreserven an. Diese verbrauchen sie auf ihren Wanderungen in die Laichgründe oder zum Überdauern der futterärmeren Trokkenphase. Ähnliche Beziehungen wie am Amazonas vermuten Forscher auch am afrikanischen Zaire-Fluß – dieser zweitgrößte Strom der Erde führt nur etwa ein Viertel der Wassermenge des Amazonas – und ebenso in asiatischen Überflutungswäldern. In den Sumpfgebieten Borneos zum Beispiel frißt eine Welsart das Fruchtfleisch des Ramin-Baumes *(Gonystylus bancanus)*.

Várzeawälder besiedeln die Ufer sogenannter Weißwasserflüsse. Diese entspringen in mehr oder weniger bergigem Gelände, meist in den geologisch jungen Anden oder deren Vorbergen. Ihr Wasser ist lehmig trüb vom ursprünglich aus diesem Bergland stammenden Schwebematerial, das der Fluß unzählige Male abgelagert und wieder wegerodiert hat. Várzeawälder nehmen im Amazonasgebiet zwischen 1 und 2% der Waldfläche ein und sind – dank der periodischen Erneuerung des Bodens durch den Fluß – die einzigen fruchtbaren, für Intensivkulturen geeigneten Gebiete. Darum werden sie zur Erzeugung kohlenhydratreicher Nahrung zunehmend gerodet. Doch auch diese Medaille hat eine Kehrseite: Mit dem Verschwinden des Auenwaldes wird nämlich nicht nur der Fischbestand gefährdet, sondern auch die Eiweißversorgung der Menschen am Amazonas, die gegenwärtig dank günstiger Fischpreise selbst in einer Großstadt wie Manaus noch gewährleistet ist.

Kapokbaum *(Ceiba pentandra)* im Várzea-Wald des Amazonas bei Manaus. Diese mächtigste Baumart der höhergelegenen Bänke wird bis zu 50 m hoch. Die Früchte sind Kapseln mit Samen an gelblichweißen Haaren, die zu Matten geflochten oder als Polster- und Isoliermaterial verwendet werden. Die Samen selber sind Nahrung für die Amazonasfische und dienen uns zur Speiseöl- und Seifenherstellung.

Eine von der Várzea vollkommen verschiedene Ufervegetation begleitet die amazonischen Klar- oder Schwarzwasserflüsse in ihrem Unterlauf, deren größte Vertreter der Rio Tapajós und der Rio Xingu sind. Diese kommen aus dem alten, bereits vor langer Zeit erodierten Massiv Zentralbrasiliens, dem «Plateau» von Mato Grosso. Ihre Sedimentationszone reicht nicht bis zur Einmündung in den Amazonas, sondern die geringe Schwebegutfracht, welche ihr Einzugsgebiet noch hergibt, wird bereits nach einer bestimmten Strecke abgelagert. Im Unterlauf verbreitern sich diese Flüsse zu eigentlichen Seen. Ihr schwebegutfreies Wasser erscheint im Bett jedoch nicht klar, sondern bräunlich-schwärzlich, gefärbt von sauren Humussubstanzen, die es beim Durchfließen der typischen Igapó-Wälder aufnimmt. Das braune Wasser des Rio Negro zum Beispiel kommt aus großen, zu einem guten Teil des Jahres überschwemmten Hainen von *Mauritia*-Palmen.

Die Igapó-Wälder sind viel weniger fruchtbar als die Várzea-Wälder, eine Folge der Nährstoffarmut und der langen Überschwemmungsdauer. Auch die Fischbestände sind weniger produktiv und artenärmer. Die Schwarzwasserflüsse gelten darum bei der einheimischen Bevölkerung als «Hungerflüsse».

Treffen die Schwarzwasser auf das Weißwasser des Amazonas, so kommt es erst nach und nach zur Vermischung der beider Qualitäten. Entlang des Hauptflusses herrscht dann wieder Várzeavegetation mit ihrer kennzeichnenden Grasfluren und den Wäldern vor. Diese werden im Mündungsbereich des Amazonas durch Mangrovenwälder abgelöst, die sich besonders am Nordufer der Insel Marajó und um die vorgelagerten Eilande ausbreiten.

Mangrove – Tropenwald am Meer

Auenwälder in der gemäßigten Zone enden natürlicherweise dort, wo sich Flut und Salz des Meeres auszuwirken beginnen. Salztolerante Pflanzen der Marsch lösen die Bäume ab. In den Tropen und Subtropen hat die Salzmarsch ein Äquivalent: die Mangrovenwälder. Mangroven finden sich entlang der Meeresküsten in brandungsgeschützten Buchten und steigen vom Mündungsgebiet manchmal mehrere hundert Kilometer flußaufwärts, so-

◁ Igapó-Wald im Rio Negro, einem Schwarzwasserfluß mit klarem, oliv- bis kaffeebraunem Wasser. Diese Wälder sind fast stets überschwemmt und weniger fruchtbar als die Várzea-Wälder der Weißwasserflüsse.

Rhizophora-Mangrovenwald in Südostasien. Im Gewirr der Stelzwurzeln verfangen sich Schwemmgut und Gezeitenschlamm, Material für die Bildung neuen Bodens. Wo die porigen, luftdurchlässigen Stelzen in den Schlick tauchen, wachsen Nährwurzeln in die oberste, noch einigermaßen durchlüftete Schicht.

lange durch die Salzeinwirkung rivalisierende Baumarten ausgeschaltet werden. Sie gedeihen unterhalb der Hochwassermarke der Springfluten (bei Neu- und Vollmond), und ihre Wurzeln werden periodisch von Salzwasser überschwemmt. Am prächtigsten entfaltet sich dieser ganz spezielle Waldtyp im immerfeuchten Tropenbereich, wo die hohen Niederschläge in den großen, sedimentbeladenen Flüssen zur Küste gelangen. Doch Mangroven finden sich auch an trockenen Küsten und auf Korallenbänken.

Rhizophora-Pionier auf dem Sandstrand einer Insel in der Java-See. Vor nicht allzulanger Zeit hat das Meer einen der zigarrenförmigen Keimlinge hingeworfen – zufälligerweise so, daß dieser innerhalb von Stunden anzuwachsen vermochte.

Auf der Nordhalbkugel steigen einzelne Mangrovenarten bis zum 30. nördlichen Breitengrad. Allerdings ist die Mangrove im Roten Meer und am Persischen Golf durch jahrtausendealten Raubbau degradiert. 325 v. Chr. fand der griechische Admiral Nearchos auf seiner Reise vom Indusdelta zum Persischen Golf 45 Fuß hohe, im Meer wachsende Bäume, «deren Stämme auf Wurzeln standen, wie ein Polyp auf seinen Armen». Der Jugendfreund Alexander des Großen beschrieb in seinem Schiffsjournal die nach Veilchen duftenden Blüten und die lorbeerähnlichen Blätter von *Rhizophora*-Bäumen. Um die letzte Jahrhundertwende fand der deutsche Botaniker Bretzl auf seinen «Botanischen Forschungen des Alexanderzuges» keine Bäume dieser Größe mehr. Auch entlang der Rotmeerküsten existieren heute nur noch buschförmige Mangroven. Wo sind die hohen Bäume hingekommen? Holz spielte und spielt auch heute noch eine wichtige Rolle in der arabischen Architektur. Einige Mangrovenhölzer widerstehen den Attacken von Termiten und sind in dieser Region besonders beliebt. Die kurzen Masten der traditionellen arabischen Dhau-Segler bestehen oft aus Mangrovenbäumen. Holz für diese beiden Verwendungszwecke kommt heute, da die eigenen Ressourcen übernutzt sind, aus den Mangrovenwäldern Ostafrikas.

Die Mangroven mit den meisten Pflanzenarten finden sich im indo-pazifischen Raum, wo 63 der weltweit etwa 90 typischen Mangrovenpflanzen vorkommen. Der für tropische Verhältnisse artenarme Vegetationstyp ist im südostasiatischen Raum am üppigsten entwickelt. Die Mangroven weisen in diesen dauernd humiden Gebieten mit beinahe täglichen Niederschlägen ähnlich wie Auenwälder Zonationen auf. Was vom Meer täglich überflutet wird, bleibt normalerweise baumlos. Wo mittlere Fluten hingelangen, breiten *Avicennia*- und *Sonneratia*-Bäume ihre weitverzweigten, flach streichenden Wurzeln im breiigen Schlick aus. Spargelartige Atemwurzeln stehen senkrecht davon ab, ragen aus dem Schlamm und über die normalen Flutmarken. Dahinter und auf höherem Niveau erheben sich, abgestützt durch spinnenbeinähnliche Wurzeln, die *Rhizophora*-Bäume über den Boden. Die letzte eigenliche Mangrovenzone bilden schließlich *Bruguiera*-Arten mit ihren knieförmig über das sumpfige Erdreich aufgestülpten Wurzelschlingen.

In den humiden Gebieten wird die Salzkonzentration im Boden des Gezeitenbereiches durch die beinahe täglichen Niederschläge immer wieder herabgesetzt, und zwar um so stärker, je kürzer die Überschwemmungszeit ist. Das bedeutet, daß der Boden landeinwärts immer salzärmer wird.

Ganz andere Verhältnisse herrschen an den Küsten der ariden Zonen. Hier nimmt die Salzkonzentration landeinwärts ständig zu, weil die Verdunstung des Bodens die Niederschläge übersteigt (während Monaten fällt hier normalerweise kaum ein Tropfen Regen). Die Salzrückstände werden während eines guten Teils

des Jahres nur durch das Meerwasser verdünnt. Darum bleibt um so mehr Salz im Boden zurück, je seltener dieser überschwemmt wird, je weiter landeinwärts er sich befindet. Dort, wo lediglich die zweimal im Jahr (bei Frühjahrs- und Herbst-Tagundnachtgleiche) auftretenden höchsten Fluten hingelangen, kommt es zu einer derart starken Salzanreicherung, daß die Zone vegetationslos bleibt. Je arider das Klima ist, desto mehr nimmt die Salzkonzentration landeinwärts zu. Die Folge ist eine Verarmung der Vegetationsvielfalt, bis schließlich nur noch *Avicennia* als die salztoleranteste Art auszuharren vermag.

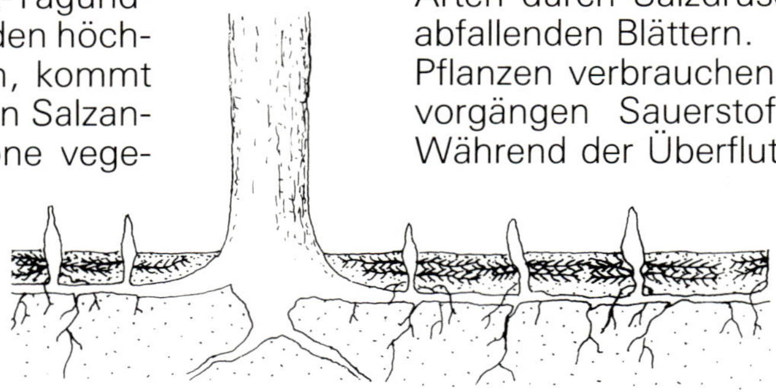

Sonneratia- und *Avicennia-*Wurzeln streichen flach unter der Schlickoberfläche. Gegen unten entsenden sie Ankerwurzeln, gegen oben spargelähnliche Atemwurzeln, dicht mit Lentizellen für die Sauerstoffversorgung des Wurzelsystems bedeckt. Von den Atemwurzeln ihrerseits zweigen Nährwurzeln ab, und zwar mit zunehmender Überschlickung auf immer höherem Niveau.

Die Salzkonzentration ist allerdings nicht der einzige Standortfaktor, welcher die natürliche Verbreitung der verschiedenen Mangrovenarten bestimmt. Eine wichtige Rolle spielt die Beschaffenheit des Bodens – Sand, toniger Schlick oder Korallenfels –, sein Nährstoffgehalt oder die Menge der organischen Substanz. Auch mechanische Faktoren wie Wellenschlag oder Wasserströmung haben ihren Einfluß, und schließlich kann auch hier die Fähigkeit einer Baumart ausschlaggebend sein, Schatten zu ertragen und nach der Ansamung erst allmählich ans Licht zu rücken.

Im Salzwasser und ohne Sauerstoff überleben

Die Salzböden der Marschen und die tropischen Meeresküsten dürften zuallerletzt von den Pflanzen besiedelt worden sein. Denn diese mußten hier nicht nur die Probleme der Wasser-, Sauerstoff- und Nährstoffversorgung lösen, sondern auch die schädigende Salzwirkung auf die Lebensvorgänge ausschalten.

Mangroven können kein gewöhnliches Meerwasser aufnehmen, weil sich als Folge der Verdunstung von Wasserdampf durch die Spaltöffnungen der Blätter (Transpiration) in kürzester Zeit eine gesättigte Salzlösung in den Blättern bilden und die Gewebe zerstören würde. Die Wurzeln lassen darum nur praktisch reines Wasser passieren, das dem Blatt zugeführt wird. Trotzdem aufgenommenes Meersalz (zu 90% Kochsalz) scheiden einige Arten durch Salzdrüsen aus, andere mit den abfallenden Blättern.

Pflanzen verbrauchen bei ihren Stoffwechselvorgängen Sauerstoff, genauso wie Tiere. Während der Überflutung ist jedoch nicht nur die Atmung der Mangrove-, Sumpf- und Auenpflanzen behindert, sondern unter den sauerstoffarmen Bedingungen bilden sich im Wurzelraum auch giftig wirkende organische Verbindungen. Die Spargelwurzeln von *Sonneratia* und *Avicennia* sind mit korkigen Drüsen (Lentizellen) übersät. Diese sind nicht benetzbar und besitzen so feine Öffnungen, daß sie zwar für Gase, nicht aber für Wasser durchlässig sind. Während der Überschwemmung atmet der Baum im Wurzelbereich weiter, verbraucht dabei Sauerstoff – z. B. bei der Bildung neuer Wurzeln – und gibt Kohlendioxid ab. Weil der Sauerstoff nicht ersetzt werden kann, entsteht in der Atemwurzel ein Unterdruck. Sobald sie wieder aus dem Wasser auftaucht, tritt Druckausgleich ein, und Luft mit Sauerstoff wird angesaugt. Ähnliche Wurzelausbildungen wie *Sonneratia* und *Avicennia* besitzen auch Bäume der Amazonasaue und die Sumpfzypresse *(Taxodium distichum)*, die in den Everglades Floridas und im Mississippi-Delta verbreitet ist. Lentizellen treten auch bei unserer Schwarzerle im Wurzelbereich gehäuft auf, wenn sie oft monatelang überschwemmt ist.

Wichtig zum Überleben der langlebenden, komplex und steif aufgebauten Bäume ist ebenfalls die Fähigkeit, während oder nach der Überschwemmung rasch neue Feinwurzeln zu bilden. Diese müssen das alte, eventuell unter trockeneren Bedingungen entstandene und an diese gewohnte Wurzelsystem ablösen. Besonders schnell vermag die Silberweide ihre

Ausschnitt aus dem Nahrungsnetz am Küstensaum. Mangrovenblätter bilden die Nahrungsgrundlage für Pilze, Bakterien und mikroskopisch kleine Würmer und Krebse. Von diesen leben wiederum kleinere Fische, die ihrerseits die Nahrung sind für Krabben, größere Fische und Vögel. Am Ende des Nahrungsnetzes schließlich steht der Mensch.

Feinwurzeln zu erneuern und kann daher auch dort überleben, wo infolge der Sauerstoffarmut giftige organische und anorganische Verbindungen vorliegen.

Mangrovenbäume haben, um in ihrem speziellen Lebensraum zu überleben, noch andere Probleme zu lösen – etwa dasjenige der Verjüngung. Manche Arten sind hier sozusagen lebendgebärend: Noch während die Früchte am Mutterbaum hängen, keimen die Samen aus. Die junge Wurzel wächst zum Beispiel bei *Rhizophora mucronata* zigarrenförmig bis zu 40 cm heran; dann löst sich der Sämling von der Frucht und fällt wie ein Speer in den weichen Schlamm, wo er steckenbleibt. Augenblicklich setzt das Wachstum ein. Je nach Art treiben erst die Seitenwurzeln und dann – nachdem der Jungbaum fest verankert ist – die Blätter aus. Meistens jedoch fallen die Keimlinge oder Früchte ins Wasser, wo sie die Strömungen unter Umständen Hunderte von Kilometern mit sich führen. Die Seitenwurzeln des *Rhizophora-mangle*-Sämlings treiben dabei etwas aus und nehmen Wasser auf, so daß der Sämling aufrecht schwimmt. Selbst nach einjähriger Reise ist er noch keimfähig. Im ersten Jahr wird die Pflanze bis zu 60 cm hoch, bildet ab dem dritten Jahr Spinnenbeinwurzeln und später gleichzeitig bis zu 300 Früchte.

Mangroven schützen die Küste

Die tropischen Küstenlinien sind einem ständigen Wandel unterworfen. Als Marco Polo 1292 in Palembang im Südosten Sumatras anlegte, lag diese Stadt unmittelbar am Meer. Vor 400 Jahren war es noch ein Flußmündungshafen in nur geringer Distanz vom Meer. Doch heute liegt Palembang 80 km von der Küste entfernt. Diese ist demnach in den letzten vier Jahrhunderten durchschnittlich um 200 m pro Jahr ins Meer hinausgewachsen. In diesem Vorgang spiegelt sich die zunehmende Entwaldung im Einzugsgebiet der Flüsse wider, die mit verstärkter Erosion verbunden ist.

Mangroven besiedeln das Neuland, das aus dem flußtransportierten, siltigen Material entstanden ist, und spielen bei seiner Festigung eine wichtige Rolle. Im dichten Knäuel von Wurzeln und Stämmen bleiben von Küstenströmungen und Gezeiten transportierte Sedimente und Treibgut aller Art hängen. Zerstörung des Mangrovengürtels führt zu erhöhter Erosion. In Südvietnam während des Vietnamkrieges versprühte Pflanzengifte vernichteten ein Drittel (über 100 000 ha) der vietnamesischen Mangrovenfläche. Die nagenden Wellen brechen seither immer wieder größere Stücke aus der Küstenlinie heraus. In Florida und auf der Hawaii-Insel Molokai sind bereits vor Jahrzehnten Mangroven zum Schutze der Küsten vor Sturmwellen gepflanzt worden.

Diese frühe Erkenntnis der Schutzwirkung nutzte den Mangrovengebieten Floridas allerdings wenig. Bis vor kurzem sind hier bedeutende Flächen aufgefüllt oder zu Häfen ausgebaggert worden; erst die Durchsetzung der gesetzlichen Schutzbestimmungen hat dazu geführt, daß die Zerstörungen sich verringerten. Doch nicht nur die Mangroven Floridas oder Vietnams erlitten in letzter Zeit bedeutende Flächenverluste. Der zunehmende Druck auf das Mangrovenland hat zum Beispiel die Philippinen in den vergangenen Jahren die Hälfte (rund 200 000 ha) ihrer Meerwälder gekostet. Auch Indien hat heute nur noch halb soviel Mangrovenwald wie in den frühen sechziger Jahren. Sri Lanka besitzt höchstens noch 4000 ha; auf dem ehemals viel größeren Areal dehnen sich dafür Koskosplantagen aus. Auch Indonesien, mit noch rund 3 Millionen Hektar bedeutendster Mangrovenbesitzer im indopazifischen Raum, hat in jüngster Zeit bedeutende Flächen verloren. Das Land wurde zum Anlegen von Fischteichen gebraucht, in sommertrockenen Gebieten zur Erzeugung von

Bruguiera-Bäume sind wie ihre Verwandten sozusagen lebendgebärend. Die Keimwurzel treibt bereits am Mutterbaum bis zu einer Länge von etwa 30 cm aus. Dann fällt die ganze Frucht ab, bleibt im Schlick stecken oder treibt mit der Strömung fort. Hat sie einmal Fuß gefaßt, bilden sich rasch Seitenwurzeln, deren Wachstum mehrere Zentimeter pro Stunde erreicht.

▷ Das Prinzip der Nachhaltigkeit gilt auch bei der Mangrovennutzung. Auf Bali ist der Wert des Mangrovenwaldes eingesehen worden; Aufforstungen kahlgeschlagener Flächen zeugen davon (rechts).

Meersalz. Aber auch für Ölpalmen-, Kaffee-, Maniok- oder Ananasplantagen werden die Mangroven gerodet. Andere Kulturpflanzen – Reis zum Beispiel – ertragen den besonderen Chemismus der Böden nicht. In Sabah und Sarawak, den zu Malaysia gehörenden Teilen Borneos, sind 100 000 ha (20% der dortigen Mangrovenfläche) zur Zellulosegewinnung vergeben worden. Die Ausbeutung erfolgt, ohne daß man sich um die Regeneration der Wälder bemüht. Irreparable Schäden für das Ökosystem und die Küstenfischerei sind nach Ansicht malaysischer Wissenschaftler nicht auszuschließen, denn die Umwandlung und Zweckentfremdung der Mangrove bringt große ökologische Risiken mit sich.

Kinderzimmer für das Meeresleben – Zufluchtsort für Wasservögel

Die Mangroven verbinden Festland- und Seeökosysteme; sie sind sozusagen Kinderzimmer für das Meeresleben und die Basis eines komplizierten Nahrungsnetzes. Mangroven importieren in Form von Sand und Ton anorganisches und exportieren organisches Material in Form von Blättern und Holz. In Thailand zum Beispiel produzieren *Rhizophora-apiculata*-Bestände jährlich 7 t Blätter und 20 t Holz pro Hektar. Die organische Produktion liegt damit in den Wäldern siebenmal höher als diejenige des Planktons im angrenzenden Meer. In Florida wiesen Forscher nach, daß der Blattabbau von *Rhizophora mangle* kurz vor dem Abfallen noch am Baum von Pilzen ausgelöst wird, die durch winzige Risse der Wachsschicht in die Blattzellen eindringen. Von den abfallenden Blättern ernähren sich Krabben, Fische und andere Tiere. Wegen des hohen Zellulosegehaltes werden die Blätter nur zum Teil verdaut,

dabei jedoch in kleinere Stücke zerlegt und für die Besiedlung von Bakterien sowie anderer Mikroorganismen vorbereitet. Dabei entstehen kleinere und relativ eiweißreiche Partikel, die wiederum anderen Tieren als Nahrung dienen.
Viele kommerziell wichtige Garnelen und Krabben sind wenigstens während eines Teils ihres Lebens von der Mangrove abhängig. Manche laichen in ihrem Schutze, und die Jungtiere ernähren sich hier. Indonesische Forschungen zeigten, daß vor Mangroven mehr Kleinkrebse gefangen werden, die für die Eiweißversorgung der Bevölkerung so wichtig sind. In den Sundarbans, den Mangrovensümpfen im Delta von Ganges und Brahmaputra, fängt Indien 80% seiner Küstenfische. Auch im Golf von Mexiko hängen 90% der kommerziell gefangenen Fische von den Küstenregionen ab, die diese mindestens während eines Teils ihres Lebens beherbergen. Es verwundert daher nicht, wenn in Florida angenommen wird, daß 1 ha Mangrove pro Jahr Fisch im Wert von 1000 $ ernährt.

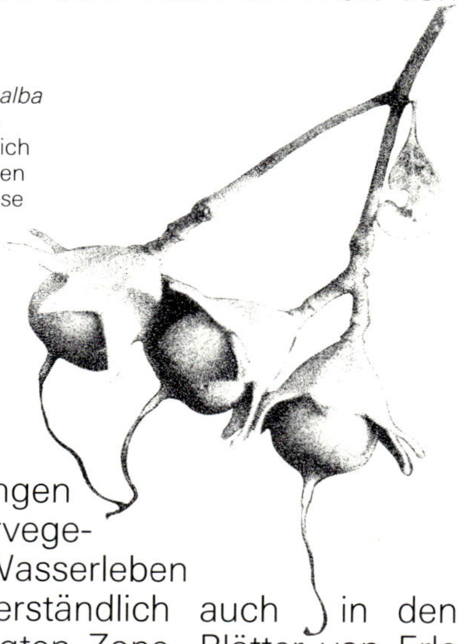

Die Früchte von *Sonneratia alba* sind eßbar. Die weißen, unscheinbaren Blüten öffnen sich erst gegen Abend und werden vermutlich durch Fledermäuse befruchtet.

Nahrungsbeziehungen zwischen der Ufervegetation und dem Wasserleben bestehen selbstverständlich auch in den Auen der gemäßigten Zone. Blätter von Erle und Esche werden von den Flußtieren besonders gern angenommen, nicht so jedoch Eichen- und Buchenblätter, die wie etwa Fichtennadeln einen relativ hohen Zelluloseanteil besitzen.
Insektenlarven, Kleinkrebse und andere Tiere können diese erst fressen, nachdem Pilze und Bakterien die kohlenhydratreichen Blätter mit leicht verdaulichem Eiweiß angereichert haben. In den belgischen Ardennen führten ausgedehnte Fichtenaufforstungen im Heide- und Laubwaldgebiet zu einem drastischen Rückgang der wirbellosen Tiere und der Fische in nahegelegenen Bächen. Die Unkenntnis der ökologischen Zusammenhänge zwischen Ufervegetation und Gewässer kann auch weitere tiefgreifende Folgen haben. Rodung am Ufer bewirkt erhöhte Wassertemperaturen und als Folge davon die Eliminierung gewisser Insekten und der Bachforelle. Kahlschläge entlang vieler Gewässer dürften auch dafür verantwortlich sein, daß das Vorkommen von Bachforellen im Süden der kanadischen Provinz Ontario heute stark eingeschränkt ist.
Der Mangrovenwald, nicht nur für das Meerleben von Bedeutung, ist Lebensraum einer reichen Tierwelt, obwohl nur wenige Arten dauernd darin leben. Ein Dauersiedler ist der Nasenaffe *(Nasalis larvatus)*, der sich in Borneo von *Sonneratia*-Blättern und der Nipapalme ernährt. Das Salzwasserkrokodil *(Crocodilus porosus)* lebt von Sri Lanka bis Australien in der Mangrove, ist heute jedoch in seinem Überleben gefährdet. Die ulkigsten Bewohner aber sind die Schlammspringer, amphibisch lebende Fische, die sich bei Ebbe auf dem Schlick bewegen können.

Mangroven sind vielfältig nutzbar

Die meisten Mangroven sind ebensowenig Urwälder wie die europäischen Flußauenwälder. Seit Jahrtausenden nutzt sie der Mensch. Den *Rhizophora*-Sämlingen wurde – so berichten Nearchos und Theophrast im 4. Jahrhundert v.Chr. – liebessteigernde Wirkung zugeschrieben und in Arabien daraus ein Liebestrank gebraut. In Malaysia dienten *Acanthus*-Blätter noch vor Jahrzehnten als Rheumamittel, gegen Schlangenbisse und als Pfeilgift. Salbe aus *Avicennia*-Sämlingen bekämpfte die Geschwürbildung bei Pocken, der Saft wurde als Kontrazeptivum eingenommen. Harz von *Avicennia germinans* wird in Kuba gegen Durchfall, Tumore und Geschwüre eingesetzt. *Rhizophora*-Rinde spielte eine überregionale Rolle als Quelle für Gerbstoffe, bis sie durch synthetische Stoffe ersetzt wurde; lokal wird Leder auch heute noch in ihrer Lohe behandelt.

Die Peitschennatter – eine Giftschlange, die als bemerkenswertes Charakteristikum eine waagrechte Pupille hat – ist ein regelmäßiger Mangrovenbewohner. Der typischen Buschschlange dient eine «Schiene» an der Körperunterseite zum besseren Halt an Rindenunebenheiten. ▷

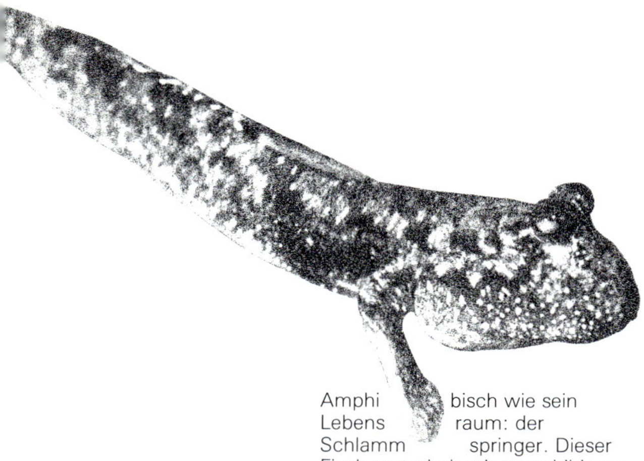

Amphibisch wie sein Lebensraum: der Schlammspringer. Dieser Fisch watschelt mit umgebildeten Brustflossen auf dem trockengefallenen Mangrovenschlick, mit peitschenden Schwanzbewegungen katapultiert er sich über Schlamm oder Wasser. Das Problem der Atmung löst der Schlammspringer mit einem Luft-Wasser-Gemisch im Kiemenraum, über das er zusätzlichen Luftsauerstoff aufnimmt.

Die Mangrovenvegetation ist auch eine wichtige Bienenweide. Allein Bangladesh produziert jährlich rund 130 t Honig und etwa 50 t Bienenwachs, die aus den Blüten von *Excoecaria, Avicennia* und anderen Gattungen stammen. In Australien stellt *Aegiceras corniculatum* eine wichtige Quelle für die kommerzielle Honigproduktion dar.

Rhizophora-Bäume können auf guten Standorten Höhen um 40 m, in besonderen Fällen gar 60 m erreichen. Doch weil die Wälder vielerorts nach zehn bis vierzig Jahren kahlgeschlagen werden, finden sich größere Exemplare nur noch in den wenigen kaum berührten Wäldern Indonesiens oder Papua-Neuguineas. Hauptprodukt der Mangrove ist heute immer noch die Holzkohle, die während rund eines Monats in großen, gemauerten Öfen entsteht.

Einzig aus den Sundarbans Bangladeshs, wo man *Heritiera fomes* zu entsprechenden Dimensionen heranwachsen läßt, ist die Nutzholzproduktion bekannt. Hier wie auch in Matang an der Westküste der Halbinsel Malakka (Malaysia) wird der Mangrovenwald seit Beginn dieses Jahrhunderts mehr oder weniger nach den Regeln einer nachhaltigen Forstwirtschaft genutzt.

In Matang verjüngen sich die Schlagflächen zum Teil natürlich, größere Kahlschläge werden nach dem Entfernen der wuchernden Mangrovenfarne *(Acrostichum sp.)* jedoch auch aufgeforstet. In den heranwachsenden Wäldern finden Durchforstungen statt. Etwa 2500 Menschen sind durch die Waldarbeit direkt oder indirekt beschäftigt. Weitere 10 000 arbeiten in der Fischerei. Die großangelegten Kahlschläge bringen zwar waldbauliche Nachteile mit sich – praktisch auf der ganzen Fläche setzt sich die konkurrenzkräftige *Rhizophora apiculata* durch, und vielleicht liegt darin die Erklärung für einen leichten Zuwachsrückgang in den Wirtschaftswäldern, die sich seit der Einrichtung des ersten Wirtschaftsplanes 1904 nunmehr in der dritten Generation befinden. Doch besonders wichtig ist, daß bei dieser Art der Bodennutzung die natürlichen Ressourcen erhalten bleiben und die Forstwirtschaft mit der Fischerei in Harmonie zusammenleben kann. Denn hier bleibt der Wald als Basis des Nahrungsnetzes im Küstenmeer erhalten und wird nicht wie bei der Umwandlung in Fischteiche oder Landwirtschaftsgebiet total vernichtet.

Ganz anders als in Matang geht es in Sarawak und Sabah, den malaysischen Teilen der Insel Borneo zu, wo die Mangrove zur Gewinnung von Zellulose industriell ausgebeutet wird. Hier finden keine Aufforstungen statt. Weil keine Samenbäume stehengelassen werden und die Mangrovenfarne die Flächen überwuchern, geht die natürliche Regeneration der riesigen Kahlschlagflächen (bis zu 4000 ha!) äußerst zögernd vor sich. Starke Erosion des ungeschützten Schlicks ist die Folge. Das Erosionsmaterial, im Wasser zu ausgedehnten Trübwolken aufgelöst, beeinträchtigt die Laichgründe des Meereslebens, das durch die Kahlschläge bereits von seiner Nahrungsbasis abgetrennt wurde.

Mangroven können ebenso wie unsere Auenwälder ohne Schaden für die Umwelt und bei gleichbleibendem Ertrag – also nachhaltig – genutzt werden. Die Voraussetzungen sind in den gemäßigten Zonen wie in den Tropen die gleichen. Die Bewirtschafter brauchen profunde Kenntnisse über die Lebensgemeinschaft sowie deren ökologische Stellung und Aufgaben und müssen diese in die Praxis umsetzen. Dies ist dort nicht gelungen, wo allein das Gewinnstreben im Vordergrund steht, wie bei der industriellen Mangrovennutzung in Sabah und Sarawak oder dort, wo einseitiges Ertragsdenken zur unzweckmäßigen «Verpappelung» oder «Verfichtung» führt, wie mancherorts in den europäischen Auenwäldern. Doch für die Erhaltung des Waldes am Wasser spielt nicht nur eine Rolle, was in ihm vorgeht, sondern auch, was außerhalb geschieht: Wird dem Auenwald das Wasser abgegraben, bedeutet dies sein Todesurteil. Solches zu verhindern und damit eine einmalige Lebensgemeinschaft zu erhalten ist Aufgabe der Allgemeinheit.

Lawinen, Wild und saurer Regen

Der Mensch stört die natürlichen Gleichgewichte im Wald

Auch der Wald, eines der letzten noch einigermaßen intakten Ökosysteme, ist dem wachsenden Einfluß des Menschen ausgesetzt, der seine Umwelt verändert und zerstört. Über Jahrhunderte hat dieser den Wald auch dort stark zurückgedrängt, wo er ihn am dringendsten braucht: im Gebirge, als Schutz vor Lawinen, Murgängen, Steinschlag und den anderen Elementargefahren. Der Mensch rottete mancherorts die natürlichen Feinde von Reh und Hirsch aus, ohne jedoch deren Aufgabe im Ökosystem Wald vollständig zu übernehmen. Wildschäden sind die Folge davon. Selbst Insektenkalamitäten und Waldbrände gehen häufig auf unser Konto. Eine weitere menschengemachte Gefahr für den Wald beginnt sich eben abzuzeichnen: Ein neuer Typ von Waldsterben in den Industrieländern geht Hand in Hand mit der Luftverschmutzung.

◁ Arve an der Baumgrenze (oben). Die Vulkanasche des Mount St. Helens (unten) ist kein gutes Saatbeet: Stickstoffmangel macht den Bäumen zu schaffen. Farbige Marken helfen Wissenschaftlern bei der Auswertung einer Testfläche, die Auskunft über das wirkungsvollste Vorgehen bei der Aufforstung der grauen Fläche geben soll.

Produzenten, Konsumenten, Destruenten. Indonesischer Bergregenwald (rechts), eine der produktionsstärksten Waldformationen, bis er ausgewachsen ist. Der Java-Gibbon (unten links) bewohnt den Kronenraum dieses Ökosystems und ernährt sich von Blättern und Früchten. Pilze (unten rechts) spielen beim Abbau von Pflanzenteilen eine wichtige Rolle.

Mit einer gewaltigen Eruption vernichtete der Vulkan Mount St. Helens im Nordwesten der Vereinigten Staaten im Mai 1980 über 500 km^2 Wald, fast die Fläche des Bodensees. Nach dem größten «Kahlschlag» der Erde liegen Millionen, zum Teil bis 50 m hohe Nadelbäume von Asche bedeckt am Boden. Der Ausbruch hat mit Überschwemmungen, orkanartigen Stürmen und feuerheißem Auswurf eine idyllische Waldin eine trostlose Mondlandschaft ohne jegliches Leben verwandelt.
Die Zerstörungszone ist in den nächsten Jahren ein einmaliges Naturlabor, und es wird außerordentlich interessant sein, den Wald aus der Asche steigen zu sehen. Schon im Herbst 1980 berührte erstes zartes Grün das Ödland: Pionierpflanzen, zum Teil aus dem Helikopter gesät und gedüngt, kündigten den Neubeginn einer Entwicklung an, welche die versunkenen Wälder irgendwann wieder zurückbringen wird. Im Jahr nach der Katastrophe sind zwei Millionen Baumsetzlinge in die Asche gesteckt worden. Weitere zehn Millionen sollen folgen. Weil die Asche zuwenig Stickstoff enthält und die Jungbäume darin verhungern würden, versuchen die Förster mit Maschinen die unfruchtbaren Schichten abzukratzen. Die nackten und verletzlichen Hänge sind nämlich von Erosion bedroht; keine

Pflanzendecke hält das überschüssige Wasser mehr zurück. Siedlungen und Kulturland sind ebenso wie die Verkehrswege durch mitgeschwemmten Schlamm und Baumstämme gefährdet. Darum wird alles getan, um die Wiederbewaldung zu beschleunigen.
Auch die Natur arbeitet mit dem Ziel, die Wunde zu heilen. Aber im Gegensatz zum Menschen spielt es für sie keine Rolle, ob die Hänge schon in den nächsten Jahren wieder grün sind oder erst in ferner Zukunft, denn die Natur hat andere Zeitmaßstäbe als wir.

Der Mensch verändert den Wald

Naturkatastrophen wie der Ausbruch des Mount St. Helens oder auch des Vulkans Galunggung auf Java bringen Waldzerstörungen mit sich, die der Mensch weder auslösen noch verhindern kann. Doch seit sich der Mensch vor 10 000 Jahren aus seiner Rolle als Bestandteil der Natur gelöst hat – indem er Bauer wurde und seine Jagd- und Sammeltätigkeit in den Hintergrund trat –, ist er zum gründlichen Veränderer und oft auch Zerstörer seiner Umwelt geworden.
Setzt man die Zeit, seit der es auf der Erde überhaupt Leben gibt, einem Jahr gleich, entsprechen die erwähnten 10 000 Jahre ungefähr den letzten fünf Minuten des Silvestertages. Die Veränderungen, die in dieser für die Natur kurzen Zeit stattgefunden haben, sind erstaunlich: Während damals etwa gleich viele Menschen die ganze Erde bevölkerten wie gegenwärtig die Schweiz, wächst die Weltbevölkerung heute explosionsartig der Fünf-Milliarden-Marke entgegen. Große Teile der Erde sind vom Menschen besiedelt oder landwirtschaftlich genutzt. Die riesigen Waldflächen wurden und werden auch heute noch auf kleine Restwälder innerhalb der neugeschaffenen Agrarlandschaft reduziert.
Je stärker der Mensch seine Umwelt beanspruchte, desto größer wurde auch sein Einfluß auf sie. Die Alpenbewohner haben durch Rodung und Beweidung der empfindlichen Gebirgswälder schon früh dazu beigetragen, daß die zu den natürlichen Gegebenheiten der Berge gehörenden Lawinen an vielen Hängen den Wald gefährden und verdrängen konnten.
Reh- und Rotwild haben sich in der von uns gemachten und beeinflußten Landschaft derart vermehrt, daß sie heute in den geschrumpften Wäldern erschreckenden Schaden anrichten. Mancherorts pflanzt der Förster nur noch die Fichte, weil Hirsch und Reh alle anderen Baumarten mit Stumpf und Stiel abfressen. Aus diesem Grund, aber auch aus wirtschaftlichen Überlegungen entstehen heute noch mancherorts Monokulturen, sogenannte «Holz-

Staublawine am Muottas Muragl in der Nähe von Samedan. Häufig durchziehen Lawinenschneisen den Gebirgswald von oben bis unten. Geduldig versucht dieser, von sicheren Stützpunkten aus das Wirkungsgebiet von Schnee und Lawinen zu verkleinern. Für den Wald spielt die Zeit dabei keine Rolle – für den Menschen schon. Wo jedoch ein geschlossener Bestand gar nicht aufkommen kann, wo die Lawinen oberhalb des grünen Gürtels anreißen oder wo der Wald vom Menschen auf alle möglichen Arten strapaziert wird, ist kein Schutz zu erwarten.

Lawinenverbauungen oberhalb von Brienz im Berner Oberland. Diese teuren Konstruktionen müssen den schützenden Wald ersetzen, nachdem Übernutzung und Überweidung zu dessen Zerstörung und zur Erosion bis auf den nackten Fels geführt haben (folgende Doppelseite).

äcker». Schon früher wurden solche geschaffen – man denke an die lichten Lärchenwälder im Engadin; der Bauer hat dort Arven und Fichten Baum um Baum entfernt, weil unter diesen kein Gras für sein Vieh wächst. Monokulturen sind durch Schädlinge besonders gefährdet, weil diese dort für ihre Massenvermehrung ideale Voraussetzungen finden.

Die riesigen Föhrenwälder Niedersachsens, auch sie künstlich angelegt, werden immer wieder von verheerenden Waldbränden heimgesucht. Keine schwer entzündbaren Laubbäume in den harzreichen Föhrenbeständen bremsen die rasenden Flammen. Seit hundert Jahren – ungefähr drei Sekunden in unserem Zeitvergleich – rollt die Industrialisierungslawine. Noch nie hat der Mensch seine Umwelt in diesem Ausmaß beeinflußt. Ob der Wald der Belastung durch die verschiedensten Giftstoffe auf die Dauer gewachsen ist, scheint heute fraglich zu sein.

Der Wald – ein Ökosystem

Wie wirken sich all diese menschlichen Eingriffe auf den Wald aus? Wieso kann eine bestimmte Veränderung im Wald auch für den Menschen unvorhergesehene Folgen haben? Diese Fragen können wir nur beantworten, wenn wir den Wald in seiner Gesamtheit als Ökosystem (das griechische Wort «oikos» bedeutet Haus) betrachten. Wald besteht zwar aus Bäumen, ist aber viel mehr als nur deren Summe. Wald ist eine artenreiche, vielfältige Lebensgemeinschaft verschiedener Pflanzen und Tiere. Zahlreiche belebte und unbelebte Faktoren wie Boden und Klima wirken in einem System, das durch geschlossenes Auftreten von Waldbäumen auf großer Fläche geprägt ist.

Pflanzen und Tiere haben im Ökosystem Wald ganz bestimmte Rollen inne:

- Produzenten – das sind die grünen Pflanzen – bilden durch die Photosynthese aus Kohlendioxid der Luft und Wasser mit Hilfe des Sonnenlichts organische Verbindungen (z.B. Zucker). Zusammen mit den Spurenelementen aus dem Boden baut die Pflanze daraus Blätter, Holz, Blüten und Früchte auf.
- Tierische Konsumenten fressen Pflanzen oder andere Tiere.
- Destruenten wie Pilze und Bakterien bauen tote Pflanzen und Tiere ab – sie mineralisieren die organischen Verbindungen wieder – und schließen so den Nährstoffkreislauf.

Die Konsumenten regulieren das Ökosystem: Bricht zum Beispiel im europäischen Urwald der Baumbestand in einem Sturm zusammen, so entwickelt sich im Licht eine üppige Kraut- und Strauchvegetation. Das Reh reagiert auf das verbesserte Nahrungsangebot mit mehr Nachwuchs.

Zuviele Rehe würden durch das Abfressen der jungen Bäume die Verjüngung des zerstörten Waldes verhindern. An der Spitze dieser Nahrungskette vergrößert sich aber auch die Wolfspopulation, denn mehr Rehe bedeuten für den Wolf bessere Nahrungsbedingungen. Der Rehbestand kann sich also nicht grenzenlos erweitern; dadurch erhält der Baumnachwuchs eine Chance, sich im Kampf ums Überleben durchzusetzen. Die üppige Krautvegetation kann im Schatten der Bäume nicht überleben. Weil die Rehe nun einerseits von mehr Wölfen gejagt werden, andererseits wieder weniger Nahrung finden, nimmt der Bestand stark ab. Dies hat wiederum Auswirkungen auf die Wölfe: Der Lebensraum bietet nicht mehr allen genügend Nahrung, einzelne Tiere verhungern oder müssen auswandern.

In einem natürlichen Ökosystem nimmt die Bevölkerungsdichte der meisten Arten zyklisch zu und ab. Durch die Rückkoppelungsvorgänge (Reh vermehrt sich bei guter Futterlage, Wölfe kontrollieren den Rehbestand) wird erreicht, daß das Ökosystem in einem dynamischen Gleichgewicht gehalten wird. Dies erlaubt das Existieren verschiedener Pflanzen und Tiere nebeneinander, ohne daß eine Art plötzlich überhandnehmen kann.

Ökosysteme streben unter natürlichen Bedingungen den Zustand eines optimalen Gleichgewichtes an. Nach Waldzerstörungen durch Windwurf oder Waldbrände, aber auch auf verlassenen Landwirtschaftsböden wachsen zuerst Kräuter, später Sträucher und schließlich Bäume. Das Ziel einer solchen Vegetationsentwicklung (Sukzession) ist in den ge-

◁ Schutzwald am Nordalpenrand. Die wenigen golden aus der Fichtenmasse herausleuchtenden Lärchen und die Einförmigkeit des Bestandes deuten auf eine Aufforstung hin. Wie viele andere aus Kahlschlägen erwachsene oder aufgeforstete Alpenwälder auch ist dieser Pionierbestand noch weit vom idealen, stufigen Waldaufbau entfernt.

mäßigten Breiten immer Wald, sofern der Boden nicht zu trocken oder zu naß ist. Der Wald ist dank der großen Vielfalt der Pflanzen und Tiere und der vielen Wechselbeziehungen zwischen diesen ein Ökosystem mit besonders fein reguliertem Gleichgewicht. In der Jahrmillionen dauernden Entwicklungsgeschichte haben sich die verschiedenen Lebewesen im Wald optimal aneinander angepaßt. Ein eindrückliches Beispiel ist das Zusammenleben bestimmter Baumarten mit bestimmten Pilzen (Mykorrhiza). Ebenso paßte sich die Lebensgemeinschaft optimal an die Bedingungen ihrer unbelebten Umwelt an: die Mangrovenwälder an den tropischen Küsten an hohe Salzkonzentrationen, die Gebirgswälder an harte Klimabedingungen, an Steinschlag und Lawinen. Nur an einen «Faktor» kann sich der Wald nicht angleichen: an den Menschen und dessen waldschädigende Aktivitäten.

Gebirgsbaumarten wählen zum Überleben den Weg des geringsten Widerstandes. Die Fichten bilden – um die Schneelast möglichst klein zu halten – schmale Kronen (oben rechts). Die Lärchen erreichen dasselbe Ziel durch Abwerfen der Nadeln, und die Arven ersetzen abgebrochene Wipfel und Äste rasch wieder (unten, Lärchen und Arven).

Guter Lawinenschutzwald ist kein Geschenk der Natur

Schwer lastet der Neuschnee auf den Ästen der alten Arven am Steilhang. Ein plötzlicher Windstoß läßt ein Schneepaket zu Boden fallen, wo es dumpf aufschlägt und darunterliegende Schneeteilchen anstößt. Die Bewegung schwillt von diesem Punkt ausgehend an und gewinnt an Masse und Geschwindigkeit. Eine Lockerschneelawine entsteht, wenn nicht sehr bald ein Hindernis die Bewegung abbremst und auffängt. Ein solches Hindernis kann ein dichter, stufiger Wald sein oder eine vom Menschen erstellte Lawinenverbauung. Wissenschaftler des Eidgenössischen Institutes für Schnee- und Lawinenforschung Weißfluhjoch (Davos) haben allerdings errechnet, daß eine Lawine, die mehr als 40 m freie Bahn hat, unerbittlich Bäume und Verbauungen aus ihrem Wege räumt. Nur Altbäume werden manchmal, ohne Schaden zu nehmen, von Lawinen umflossen.

Da viele Gebirgswälder überaltert und aufgelockert sind – überhöhte Wildbestände und Weidegang verhindern die Verjüngung –, nimmt nach Meinung österreichischer und schweizerischer Experten die Gefahr der Lawinenbildung innerhalb des Waldes zu. In der Schweiz zum Beispiel brachen während der Lawinenkatastrophen im April 1975 von den 556 Waldschadenlawinen 26 im Wald selber an. Auf diese Weise können ganze Waldteile allmählich oder auf einen Schlag zerstört werden.

Die Ansicht, der Wald sei ein sicherer Lawinenschutz, ist weit verbreitet. Grundsätzlich ist ein gesunder, stufig aufgebauter Wald ein optimaler Schutz gegen alle Naturgefahren, sei es Steinschlag oder Erosion in Form von Murgängen und Lawinen. Indem die Kronen einen Teil des Schnees zurückhalten, kommt es zu einem unregelmäßigen Aufbau der Waldschneedecke. Von den Kronen fallende Schneepakete – lange nicht jeder derartige Vorgang löst eine Lawine aus – stören eine gleichmäßige Deckenstruktur noch zusätzlich. Beide Effekte führen zu einer verminderten Lawinenanbruchbereitschaft im Waldesinnern. Zudem nagelt Wald verfestigte Schneeschichten sozusagen fest, sofern die Stämme nicht zu weit auseinanderstehen. Zur Verhütung von Lockerschneelawinen ist bereits dichter stehender, stufiger Wald vonnöten. Lawinen hingegen, die oberhalb der Waldgrenze anrei-

ßen, brechen normalerweise mit voller Wucht in den Waldgürtel. Selbst dickste Bäume können dann durch den Winddruck und die Kraft des abgleitenden Schnees wie Zündhölzer geknickt werden.
Manche Lawinen gehen alljährlich nieder und richten normalerweise wenig Schaden an, weil die Sturzbahnen bekannt sind. Andere bilden sich nur bei extremen Schneeverhältnissen. Oft liegen Jahrhunderte zwischen zwei derartigen Ereignissen, oft kann der Wald einen solchen Hang wieder in Besitz nehmen, und wir wähnen uns von ihm geschützt. Ein trügerischer Schutz! Bricht eine solche Lawine wieder einmal an, so ist der darunterliegende Wald unweigerlich verloren und mit ihm auch die neuerbauten Ferienhäuschen.
Wie sieht idealer Lawinenschutzwald aus? Um die Schneedecke möglichst günstig zu beeinflussen, muß das Kronendach – von oben betrachtet – den gefährdeten Hang möglichst lückenlos überdecken. Der Schnee bleibt teilweise auf den Kronen zurück, was verglichen mit dem Freiland zu einer unregelmäßigen Verteilung und zu einer wesentlich geringeren Höhe des Schnees im Walde führt. Die immergrünen Fichten und Arven beeinflussen dabei die Schneedecke viel günstiger als die winterkahlen Lärchen. Im Wald bilden sich zudem weniger Triebschneepakete – im Freiland oft Ursache für Lawinenabbrüche –, weil der Wind abgebremst wird. Durch die verminderte Sonnenstrahlung im Bestandesinnern wird die Umwandlung der Schneekristalle in mehrere Millimeter große Becherkristalle verzögert. Diese bilden wenig belastbare Schwimmschneeschichten, auf denen darüberliegender Schnee beim geringsten Anlaß zu Tale fährt.
Damit die günstige Wirkung von Dauer ist, muß sich der Lawinenschutzwald in einem dauernden Verjüngungsprozeß befinden. Bäume aller Größen bilden eine Gemeinschaft, die jeden abgestorbenen Baum durch einen jüngeren ersetzt. Auch die Bodenvegetation spielt eine bedeutende Rolle im Lawinenschutzwald. Durch die Verzahnung des Schnees mit dem rauhen Untergrund und den Jungbäumen oder Sträuchern wird die Schneedecke am Abgleiten gehindert. Allerdings können einge-

Je nach Wetterbedingungen bilden sich verschiedene Schneekristalle, häufig die bekannten Sterne in mannigfaltigen Einzelformen (oben). In der Schneedecke wandeln sie sich bis zu feinen Körnern. Neben diesen Abbauprozessen finden auch Aufbauprozesse statt: Becherkristalle (links) sind ihr Endprodukt.
Sie bilden die Schwimmschneeschichten, auf denen Schneepakete leicht abgleiten können.

schneite Grünerlen und Legföhren durch rückfedernde Äste ebenfalls Lawinen auslösen.
Guter Lawinenschutzwald ist nicht unbedingt ein Geschenk der Natur – im Gegenteil. Die Wälder im Bereich der Lawinenanrißgebiete sind natürlicherweise arm an Baumarten. Fichtenwälder und auch die in den Zentralalpen noch höher steigenden Lärchen-Arven-Wälder tendieren im Alter zu gleichförmigem und einschichtigem Aufbau. Selbst bedeutende Altersunterschiede zwischen den Bäumen sind mit der Zeit nicht mehr zu bemerken: Eine 150jährige Fichte zum Beispiel unterscheidet sich äußerlich kaum von ihrer 100 Jahre älteren Verwandten. In solchen Wäldern kann sich lange Zeit kein Baumnachwuchs einstellen. Andererseits sterben laufend einzelne Bäume ab; der Wald «vergreist», wie die Förster sagen. Heute ist der Waldaufbau Tausender Hektar Alpenwald nicht – wie vom idealen Schutzwald gefordert – stufig und geschlossen, sondern gleichförmig und aufgelöst.
Guter Schutzwald muß durch geschickte forstliche Eingriffe gestaltet werden. Die Forstleute versuchen den Jungpflanzen möglichst günstige Bedingungen zu schaffen. Diese brauchen viel Licht, um sich entwickeln zu können. Daher fällt der Förster im Gebirgswald oft eine kleine Gruppe alter Bäume, wenn sich Jungbäume zaghaft zu entwickeln beginnen, und schafft so eine Lichtinsel. Für die Verjüngung der Gebirgswälder kennt der Förster keine starren Rezepte: Er muß seine Methode anpassen, und zwar der Lage des Bestandes im Gelände, dem vorhandenen Waldaufbau sowie den biologischen und ökologischen Gegebenheiten. Die Verjüngungsvorgänge benötigen im Gebirgsklima mit der kurzen Vegetationsperiode sehr viel Zeit. Jahrzehnte können vergehen, bis sich Jungbäume überhaupt ansamen. Um

Lawinen wirken auf die Baumartenverteilung ein, wie hier im schweizerischen Lötschental (links). Wo sie immer wieder angreifen, bildet die im Herbst hellgrün bis goldgelb verfärbte Lärche – eine ausgesprochene Pionierbaumart – den Wald. In den lawinenverschonten Zonen hingegen vermag sich die Fichte durchzusetzen. Die Ställe und Häuser stehen regelmäßig unterhalb solcher dunkelgrüner Flächen, denn die ansässige Bevölkerung weiß natürlich, wo die Lawinen normalerweise nicht hingelangen.
Bergwald auf dem Weg zu einem stufigen Aufbau (unten). An den allermeisten Waldstandorten im Gebirge ist die regelmäßige Verjüngung eine unabdingbare Voraussetzung für einen langfristig gleichbleibenden Schutz.

Die schweren Arvennüßchen werden vom Tannenhäher gesät. Der Vogel vergräbt im Herbst einen Teil der gehamsterten, flugunfähigen Samen. In Mastjahren deponiert er viel mehr als er benötigt. Die im Winter nicht ausgegrabenen Nüßchen keimen später aus, besonders auch in der Kampfzone des Waldes oberhalb der gegenwärtigen Waldgrenze.

über die Schneedecke zu wachsen, brauchen diese nochmals Jahrzehnte. Einmal vorhandener Jungwald muß etwa alle zehn Jahre gepflegt werden, damit er den gewünschten, gegen Lawinen wirksamen, stufigen Aufbau erhält und sich nicht zum einförmigen, labilen Baumbestand entwickelt.
Wald und Lawinen existieren schon seit Jahrmillionen zusammen. Der Wald als lebender Partner dieser Koexistenz hat keine andere Wahl gehabt, als sich dem Schnee anzupassen. Dazu hat er den Weg des geringsten Widerstands gewählt. Zum Beispiel bilden Fichten in schneereichen Gegenden schmale Kronen aus, damit die Schneelast auf den Ästen möglichst gering bleibt. Die Lärchen erreichen dasselbe Ziel, indem sie die Nadeln im Herbst abwerfen. Die Arven besitzen ein ausgesprochenes Ausheilungsvermögen und ersetzen abgebrochene Wipfel rasch.
Der Gebirgswald ist häufig von breiten oder feinen Schneisen in Längsrichtung von oben bis unten durchzogen. Gegen oben kämpft er keilförmig um weiteres Gebiet. Verschiedene Wald-Grundformen lassen sich beobachten: Einerseits sind es lange Reihen hintereinanderstehender Bäume; man könnte sie «Kulissen» nennen. Andererseits bilden mehrere Baumreihen, die oben und unten keilförmig auslaufen,

fischähnliche Formen. «Kulissen» und «Fische» bieten den Lawinen kleinstmögliche Angriffsflächen. Mit den Mitteln der geduldigen Natur versucht der Wald, die Wirkungsgebiete von Schnee und Lawinen zu verkleinern, diese nach dem Prinzip «Herrsche durch Teilen» zu schwächen und für seinen Lebensraum zu erobern.

Wo die Lawine den Wald nicht beeinflußt, finden sich keine derartigen Strukturen. Vergreiste Wälder hingegen mit weit auseinanderstehenden Bäumen und ohne Jungwuchs können dauernd von Lawinen durchflossen werden, ohne daß «Kulissen» oder «Fische» entstehen.

Die natürliche Funktion des Waldes ist lediglich seine Selbsterhaltung. Dazu dienen die geschilderten Strategien, wobei die Zeit keine Rolle spielt. Die Schutzfunktion zu unseren Gunsten ist nur eine willkommene Nebenerscheinung. Es kann aber vom Wald kein Schutz erwartet werden, wo die Standortverhältnisse einen geschlossenen Bestand gar nicht zulassen, wo die Lawinen oberhalb des grünen Gürtels anreißen oder wo dieser vom Menschen auf alle möglichen Arten strapaziert wird.

Die Verjüngung der Gebirgswälder ist erschwert

Der grundsätzliche Zusammenhang zwischen Wald und Lawinen ist schon früh erkannt worden: Im Schwyzer Bannbrief von 1342 wird das «Holz in den Flüen» geschützt, und die Bestimmungen des 1397 erlassenen Bannbriefes für den bekannten Lawinenschutzwald oberhalb von Andermatt verboten es Unberechtigten und Kindern, ohne Begleitung der Eltern den Wald überhaupt zu betreten. Doch die mancherorts angewandte Konzeption unserer Vorfahren, diese Wälder mehr oder weniger mit der Axt zu verschonen, hat sich als falsch erwiesen. Weil nämlich kaum geholzt wurde, konnte sich der lichtbedürftige Jungwuchs nicht einstellen, und der Wald hatte schließlich – aus lauter «Baumgreisen» bestehend – nur noch beschränkte Schutzwirkung.

Um die Mitte des 19. Jahrhunderts nahmen Lawinen- und Hochwasserkatastrophen im Alpenraum ganz bedeutend zu. Die Mißhandlungen der Hochlagenwälder als Folge des zunehmenden Holzhungers begannen sich heftig auszuwirken. Unter dem Eindruck der Schäden im Alpenraum und im Vorland, die stellenweise die Lebensgrundlage für die Bevölkerung in Frage stellten, entstanden Forstgesetze (1852 Österreich, 1852 Bayern, 1876 und 1902 Schweiz). Sie alle beschränkten die Waldnutzung, um Katastrophen vorzubeugen. Dank

Vom Hirschwild verbissener Fichtennachwuchs im Gebirgswald. Die an Harzen und Gerbstoffen reiche Pflanze ist für die Tiere keine Delikatesse, sondern wird von einem überhöhten Wildbestand als Notfutter angegangen.

großer Anstrengung der Waldeigentümer und Generationen von Förstern befinden sich die Alpenwälder heute in bedeutend besserer Verfassung. Doch viele Probleme sind nach wie vor ungelöst, und neue treten hinzu.

Die Ausscheidung von Wald und Weide, ein besonders heißes Eisen in der alpenländischen Forstwirtschaft, konnte bis heute nicht in beabsichtigtem Maß durchgeführt werden. Immer noch zertrampeln an vielen Orten Rinder die empfindlichen Wurzeln junger Bäume, die einst unsere Enkel vor Lawinen schützen sollen. Weil die Holzerntekosten in den letzten Jahrzehnten viel schneller gestiegen sind als die Holzpreise, haben rückläufige Holzerlöse dazu geführt, daß trotz der technischen Weiterentwicklung (Wegbau, Seilkräne, Schlepper usw.) bedeutende Waldflächen – in der Schweiz zum Beispiel etwa die Hälfte der Alpenwaldungen – nicht mehr regelmäßig genutzt, also auch nicht mehr gepflegt und verjüngt werden können.

Die größten Sorgen aber bereiten den Förstern des Alpengebietes heute die zu hohen Wildbestände, die dem Jungwald keine Chance mehr lassen. Reh, Hirsch und Gemse fressen («verbeißen») Knospen und junge Triebe. Hirsche zerren («schälen») die Rinde von Fichte und Buche. Der Rehbock fegt jeweils im Frühjahr, der Hirschstier im Sommer an jungen Bäumchen den Bast vom neuen Geweih. Die Lösung der Verjüngungsprobleme im Gebirgswald ist die wichtigste, aber auch schwierigste Aufgabe des Gebirgsförsters. Neu- oder Wiederbewaldungen, besonders aber die Regeneration überalterter, verlichteter Wälder sind nur möglich, wenn sich der Wald natürlich verjüngen kann. Doch was nützt das Schaffen von Lichtinseln, solange Vieh die Jungpflanzen zertritt und Hirsch und Reh die Triebe der jungen Bäume abfressen, die danach nicht selten absterben?

Der Haupttrieb dieses jungen Bergahorns ist abgestorben, nachdem ein Reh die Gipfelknospe abgefressen hat. Als Folge davon gabelt sich der Ahorn auf, verliert an Konkurrenzkraft und kann wahrscheinlich nicht zum vollwertigen Baum auswachsen.

Der Förster kann in diesem Fall für Licht sorgen, solange er will – anstatt junger Bäume wächst nur ein dichter Reitgrasteppich oder Hochstauden wie Alpendost und Hasenlattich. Auch Farne oder Heidelbeeren besetzen den Bodenfreiraum und verhindern ihrerseits wieder jegliche Naturverjüngung. Solche «verunkrauteten» Bestände gehören zu den größten Sorgenkindern der Alpenförster.

Gestörte Beziehung zwischen Wald und Wild

Begleitet man in der Umgebung des Schweizerischen Nationalparks im Engadin den Förster beim Holzanzeichnen, seiner einzigen wirksamen Möglichkeit, die Entwicklung des Waldes positiv zu beeinflussen, erkennt man sein Dilemma: Die alten Bäume beginnen in der Krone schütter zu werden; es wäre höchste Zeit, für Licht und Verjüngung zu sorgen. Doch wo schon junge Bäume aufgekommen sind, hat das Hirschwild sie zu Krüppeln verbissen und gefegt. Bereits sind viele abgestorben; die neue Generation kann gar nicht heranwachsen. Was geschieht, wenn die alten Bäume in den nächsten Jahrzehnten absterben und immer noch kein Jungwald wächst? Die unnatürlich große Hirschpopulation macht hier die Bemühungen der Förster zunichte, den Wald in seinem stillen Überlebenskampf zu unterstützen. Was hier geschieht, nennen sie denn auch eine schleichende Rodung größten Ausmaßes.

Wie konnte diese Situation entstehen, die für manche Alpengebiete typisch ist? Um 1850 war das Hirschwild im Kanton Graubünden ausgerottet. Erst 1918 wanderten neun Hirsche aus Tirol und Vorarlberg ins Gebiet des Nationalparks ein. Seitdem ist der Hirschbestand in der Schweiz unablässig gewachsen und weiter gegen Westen vorgedrungen. Wolf und Bär, die wichtigsten natürlichen Feinde, sind in ganz Europa praktisch ausgerottet. Die zeitliche und zahlenmäßige Beschränkung der Jagd und weitgehender Schutz des weiblichen Wildes und der Jungtiere führten zu einer außerordentlich raschen Zunahme. Zusätzlich findet der Hirsch wegen der seit Jahrzehnten auch im Alpenraum erfolgenden Landschaftsveränderung ideale Lebensbedingungen: Verbrachende Wiesen, Terrassenhänge und viele Kleinflächen bleiben ungemäht, verdornen und verstrauchen. Er benutzt sie gern als Versteck. Aufgegebene Alpweiden bieten ihm hervorragende Weidegründe.

Wie der Zaun ist der Drahtkorb in tieferen Lagen eine Möglichkeit, den Baum vor dem Zahn des Wildes zu bewahren. Im Gebirge jedoch würden die hohen Schneelasten jede normale Schutzvorrichtung zu Boden drücken.

Hirsche lernen ihre Sommer- und Wintereinstände und die dazwischenliegenden Wanderwege von ihrer Mutter kennen und kehren auf denselben Pfaden immer wieder an die gleichen Stellen zurück. Im Engadin und im Münstertal wird das Hirschwild, das sich traditionell während der Jagdzeit im September hier aufhält und hier auch den Winter verbringt, Jahr für Jahr bejagt; die Population hält sich in Grenzen. Eine andere Population bevölkert im Sommer und Herbst den Nationalpark. Diese Hirsche haben die Gewohnheit, ihren Sommereinstand – als Nationalpark ein Jagdbanngebiet – erst nach der Jagd im September zu verlassen, und können sich daher stark vermehren. Den Winter verbringen sie ebenfalls im Engadin und im Münstertal. Durch die Überlagerung der zwei Populationen kommt es vor allem in der Nähe von Futterstellen zu Hirschwildansammlungen und großen Schäden. Oft sind diese Futterstellen aus Gründen der Bequemlichkeit in Dorfnähe angelegt; ausgerechnet die wichtigsten Schutzwälder werden dadurch am stärksten geschädigt.

Auch in Österreich ist das Weiterbestehen vieler Schutzwälder in Frage gestellt. Der Wiener Waldbauprofessor Hannes Mayer befürchtet ein Zusammenbrechen der Schutzwälder auf größeren Flächen, wenn die Wildbestände nicht sehr bald der Belastungsfähigkeit des Waldes angepaßt werden. In einem speziellen Fall, dem Naturwaldreservat Rauterriegel, sagt er bei gleichbleibendem Wildbestand den Waldzerfall in 20 bis 40 Jahren voraus. Erosion, Lawinen, Steinschlag und sonstige Naturkatastrophen könnten dann lebensbedrohendes Ausmaß annehmen.

In der Bundesrepublik Deutschland richtet der auf 120000 Stück geschätzte Hirschbestand (Rot- und Damwild) Schäden in Millionenhöhe an. Dieser enorme Bestand ist forstwirtschaftlich verheerend und ökologisch unverantwortbar. Wenn nämlich das Hirschwild den bereits jahrzehntealten Bäumen an die Rinde geht, dringen Fäulniserreger in die Schälwunde ein und wirken dort auch dann noch weiter, wenn es dem Baum gelingen sollte, diese durch Überwallung zu schließen. Bei der Ernte gibt dann der unterste, normalerweise wertvollste Stammabschnitt gerade noch Brennholz her. Doch oft knicken fäulegeschwächte Bäume unter Schnee- oder Sturmwirkung schon vor der Erntereife um. In Schutzwäldern – beson-

Vom Hirschstier «gefegte» Arve (oben). Ähnliche Schäden entstehen durch «Schlagen»: Hirsch-Jungstiere bekämpfen während der Brunftzeit anstatt Geschlechtsgenossen den Baumnachwuchs.
Übermäßige Schälschäden (rechts) zeigen überhöhte Hirschbestände an. Skifahrer und andere Störenfriede fördern die Schäden durch Beunruhigung der Tiere.

ders in den unter rauhesten klimatischen Bedingungen lebenden Gebirgswaldungen – kann das schlimme Folgen haben. Schon der Ausfall eines einzigen Gliedes vermag die Stabilität des ganzen Baumgefüges zu gefährden. Denn leicht greift der Wind in die Lücke und bringt Bäume zu Fall, deren Nachbar bereits umgeknickt ist.

Auch das Reh ist an den Wildschäden mitbeteiligt, in der Bundesrepublik Deutschland ebenso wie in Österreich und in der Schweiz, wo diese im Jura, im Mittelland und einem großen Teil der Voralpen allein auf sein Konto gehen. Die naturnahen Wälder unserer traditionellen Kulturlandschaft bieten dem Reh mit ihren langen Waldrändern und den krautreichen Verjüngungsflächen wesentlich bessere Lebensbedingungen als der tiefe hallenförmige Urwald, wo am schattigen Boden nur wenig wächst. Darauf reagierte es mit schnell ansteigenden Bestandeszahlen – denn als Beutetier der großen Fleischfresser hat das Reh eine hohe Vermehrungsrate.

Von Natur aus zieht das grazile Tier die offene, mit Sträuchern bewachsene Flur dem tiefen Wald vor. Vielerorts wurde solche Landschaft jedoch wegmelioriert und in die heutige wildtierfeindliche Zivilisationslandschaft umgemodelt. In Siedlungsnähe sind die Tiere in den Wald zurückgedrängt worden. Dort holen sie sich denn auch ihre Nahrung: leichtverdauliche Knospen, Blätter und zarte Triebe. Wenn sich heute mancher tierbegeisterte Spaziergänger darüber beklagt, daß man viel weniger Rehe sehe als früher, dann ist dies auf solche Verhaltensänderung und nicht auf einen abnehmenden Bestand zurückzuführen. In der Schweiz zum Beispiel haben sich die Rehe im

1893 wurde bei Mesocco einer der letzten Bären in der Schweiz erlegt. Oft machte man in jener Zeit Jagd auf Meister Petz, der nicht nur Beeren, Pilze und Wurzeln fraß, sondern auch einmal ein Schaf riß.

Gegenteil bis vor kurzem ständig vermehrt. Nach offiziellen Bestandesschätzungen gibt es in diesem Land über 100 000 Rehe, doch die Wildbiologen halten diese geschätzte Zahl für zu niedrig. Denn die scheuen Tiere zu zählen ist äußerst schwierig.
Weil die Rehe bevorzugt Laubbäume verbeißen, müssen diese eingezäunt oder einzeln geschützt werden. Das sind jedoch teure Maßnahmen. Der Waldeigentümer zieht es darum oft vor, anstatt des standortgerechten Laubwaldes Nadelbäume nachzuziehen und so ökologisch instabile Monokulturen zu begründen. Zwischen den weit auseinander gepflanzten Nadelbäumen stellt sich eine üppige Krautflora ein, die für das Reh beste Sommernahrung ist und auch die Chance zur Jungenaufzucht bietet. Im Winter wird dann der Druck der übervermehrten Rehpopulation auf die im Revier verbleibenden Laubbäume nur um so größer. Der Teufelskreis ist auf diese Weise geschlossen. Winterfütterung und zurückhaltende Abschüsse durch die Jäger verschlimmern die Situation noch zusätzlich.
Doch nicht nur der Wald leidet unter der Wild-Überbevölkerung. Auch das Wild selbst fühlt sich nicht wohl. Nahrungsmangel und Streß als Folge der überhöhten Bestände haben vielerorts sowohl Reh- wie auch Rotwild degenerieren lassen. Anzeichen dafür sind im Vergleich zu früher geringeres Körpergewicht, schlechte Geweihbildung und massiver Parasitenbefall. In gleicher Richtung wirken auch die dauernden Störungen durch die erholungssuchenden Menschen. Besonders im Winter, wenn die Tiere sich wenig bewegen, um Energie zu sparen, hat dies fatale Folgen: Kräfte, die Hirsch, Reh oder Gemse auf der Flucht verbrauchen, versuchen sie sich im Wald zurückzuholen: Noch mehr verbissene und geschälte Bäume sind das Ergebnis.
Was im dichtbesiedelten Mitteleuropa langsam und unmerklich geschehen ist, stellt einen Modellfall der Entgleisung eines ökologischen Gleichgewichts dar: Der Mensch hat für Reh und Hirsch derart günstige Bedingungen geschaffen, daß selbst Wolf und Bär, deren ausgerottete natürliche Feinde, den Bestand nicht kontrollieren könnten. Diese Aufgabe kann nur der Mensch selber übernehmen.
Die Frage heißt natürlich nicht «Wald *oder* Wild». Der Wald kann jedoch nicht der Wildproduktion allein dienen. Die Wälder haben besonders im Gebirge wichtige Schutzfunktionen. Auch der Gebirgswald erträgt Hirsch, Reh und Gemse – allerdings nur in angepaßter Dichte. Wenn schwere Dauerschäden am Wald vermieden werden sollen, muß das Gleichgewicht Wald–Wild sehr rasch wiederhergestellt werden. Dies ist die Aufgabe des Jägers. Ihm kommt eine wichtige ökologische Funktion zu, nicht nur bei der Walderhaltung, sondern auch bei der Bewahrung eines gesunden Wildbestandes.

Insekten und Pilze als Schädlinge

Es gibt Sommer, da der nichtsahnende Besucher des Engadins die Lärchenwälder mit Bestürzung betrachtet. Das zarte Hellgrün der Lärchennadeln, das sonst so dekorativ mit dem dunklen Grund der Arven und Fichten harmoniert, hat sich in schmutziges, totes Rotbraun verwandelt. Wie abgestorben stehen die Wälder vor ihm. Das sind die Spuren eines kleinen, graubraunen Schmetterlings, des Lärchenwicklers *(Zeiraphera diniana)*, dessen Raupen fast alle Lärchen kahlgefressen haben. Einige Wochen später treiben diese wieder neue Nadeln, und für einige Jahre wird man nichts mehr vor diesem Schädling bemerken.
Alle 7 bis 9 Jahre vermehrt sich dieses Insekt so stark, daß ein deutlich sichtbarer Schaden eintritt. Dieser periodisch starke Befall durch den Lärchenwickler zeigt sich im ganzen zentralen Alpenraum Frankreichs, Italiens, der Schweiz und Österreichs in Höhenlagen von 1600 bis 2000 m, besonders regelmäßig aber im Engadin und im Münstertal. Die Individuenzahlen schnellen bis zum Höhepunkt der Populationsentwicklung auf das Zwanzigtausend- bis Hunderttausendfache eines «normalen» Jahres. Weil die Nahrung knapp wird und

Die Beziehung zwischen Lärche und Lärchenwickler wird seit Jahrzehnten erforscht. Im ganzen inneren Alpenraum vermehrt sich dieses Insekt alle 7 bis 9 Jahre in Massen. Rötlichbraun anstatt in hellem Grün erscheinen dann die Lärchenwälder, wie im Sommer 1982 im Engadin (rechts).
In solchen Jahren seilen sich die Raupen nach dem Kahlfraß ihrer Zweige auf die jungen Fichten und Arven ab und machen sich über deren Triebe und Knospen her (rechts, großes Bild). Diese Bäume sterben in der Folge häufig ab. Die scheintote Lärche bildet nach dem Kahlfraß noch im selben Sommer ein neues Nadelkleid mit kürzeren und härteren Nadeln. In den ersten Jahren nach der Schädigung treibt der Baum ähnlich aufgebaute Nadeln verlangsamt aus, so daß die Raupen zu ihrer Schlüpfzeit keine Nahrung finden (gegenüberliegende Seite).

Der ausgewachsene Lärchenwickler wird etwa 2 cm groß.

schließlich ganz ausgeht, seilen sich die Raupen von ihrer Lärche ab und machen sich über die Triebe und Knospen der jungen Fichten und Arven her. Diese können daran zugrunde gehen, weil sie nicht wie die Lärchen darauf eingerichtet sind, sich jedes Jahr ein neues Nadelkleid wachsen zu lassen.
So erhält sich die Monokultur Lärchenwald selbst, die der Mensch durch sukzessives Entfernen von Fichten und Arven zur Gewinnung von Waldweiden schuf oder die als Folge eines Kahlschlags entstanden ist. Nachdem der Mensch das Ökosystem scheinbar zu seinen Gunsten verändert hat, vereitelt heute der Lärchenwickler jeden Versuch, guten Schutzwald – stufig aufgebaut aus Fichte, Arve und Lärche – heranwachsen zu lassen.
Nach einem Kahlfraßjahr bricht die Population zusammen. Parasiten, Krankheiten und durch

Streß verursachte Senkung der Fruchtbarkeit dezimieren die Lärchenwickler stark. Die wirkungsvollste Waffe aber wendet die Lärche selbst an: In den Jahren nach einer Schädigung treibt sie verlangsamt aus, so daß zur Schlüpfzeit der Raupen noch keine Nahrung vorhanden ist – die Raupen müssen verhungern. Zudem sind die Nadeln in den Nachschadenjahren kürzer und zäher, mit einem höheren Gehalt an Rohfaser, aber weniger Eiweiß, was sie schwer verdaulich macht.
Nicht alle Massenvermehrungen von Insekten verlaufen so harmlos oder befinden sich sogar in einer Art Gleichgewicht wie diejenige des Lärchenwicklers. Riesige Wälder sind schon durch Insektenkalamitäten vernichtet worden. Als Monokulturen raschwüchsiger Nadelhölzer wie Fichte und Föhre auf großen, zusammenhängenden Flächen Laubholz und

Mischwald verdrängten, war der Start zur Massenvermehrung zahlreicher «Waldverderber» gegeben. In Mitteleuropa vermehrte sich der Buchdrucker *(Ips typographus)* in den Jahren 1944–1951 in den von Dürresommern geschwächten Nadelwäldern dermaßen, daß 30 Millionen Kubikmeter Holz geschlagen werden mußten. In Honduras zerstörte der Borkenkäfer *Dendroctonus frontalis* in den frühen sechziger Jahren 2,5 Millionen Hektar Nadelholzwald. Auf dem Höhepunkt der Borkenkäfer-Massenvermehrung starben auf einer Front von 180 km Länge täglich 100000 gesunde Bäume ab.
Die Lehre, die aus solchen Ereignissen zu ziehen ist: Monokulturen sind durch Massenvermehrungen von Schädlingen sehr viel gefährdeter als standortgemäß aufgebaute Mischwälder. Zudem lebt in naturnahen Ökosystemen auch eine große Anzahl von biologischen Helfern – Ameisen, Vögel und viele andere –, die in der Nahrungskette tieferstehende Arten kontrollieren und wiederum von höherstehenden im Gleichgewicht gehalten werden.
Sehr gefährlich ist die Einwanderung oder die Einführung eines neuen Schädlings in ein Ökosystem, weil die angefallenen Pflanzen dagegen nicht resistent sind. Es fehlen dann die Räuber, Parasiten und Krankheiten, die normalerweise seine Übervermehrung verhindern. 1918 wurde in Holland erstmals eine Krankheit an der Ulme entdeckt, die sich als eine der schlimmsten Pflanzenkrankheiten unseres Jahrhunderts entpuppte. Millionen von Ulmen in Europa, Nordamerika und Asien sind dem Ulmensterben («Dutch elm disease») zum Opfer gefallen. Auslöser ist der vermutlich asiatische Pilz *Ceratocystis ulmi,* der sich in den Wasserleitgefäßen der Ulmen schnell ausbreitet – bis 5 m in 24 Stunden. Dadurch wird die Wasserleitung im Baum unterbrochen; die Blätter welken plötzlich, der Baum stirbt ab. Ältere Ulmen siechen nach dem Pilzbefall unter Umständen während Jahren dahin, zeigen eine zunehmend schüttere Belaubung und sterben in der Regel ab.
Die Übertragung der Krankheit erfolgt hauptsächlich durch den Kleinen oder Großen Ulmensplintkäfer. Die Käfer entwickeln sich zwischen Rinde und Holz. Dort kommen sie mit Pilzsporen in Kontakt, die sie später auf gesunde Bäume übertragen. An Standorten mit günstiger Wasserversorgung – etwa Auenwäldern – scheinen die Ulmen weniger anfällig zu sein als Straßen entlang oder dort, wo Grundwasserabsenkungen und Trockenheit zu gestörtem Wasserhaushalt führen.
In Amerika wurde die Krankheit 1930 im Bundesstaat Ohio erstmals festgestellt. Pilz und Käfer waren mit Ulmenholz aus Europa eingeschleppt worden; europäisches Ulmenholz war damals wegen seiner besonderen Zeichnung auch in Amerika gesuchtes Furnierholz für Möbel. Die Krankheit breitete sich denn auch von den Importhäfen und entlang der Transportwege des Holzes aus. Heute ist das ganze Land von Küste zu Küste verseucht. Zwischen 50 und 100 Millionen Ulmen hat die

Krankheit dahingerafft. Die Bekämpfung ist außerordentlich schwierig. Wichtigste Maßnahme: Erkrankte Bäume müssen mit Pilzgiften behandelt oder entfernt werden, bevor sich eine neue Käferbrut darin entwickeln kann. Eine sicherere, aber zeitraubende Lösung wäre die Züchtung resistenter Ulmen.
Dieser Ansatz wurde auch im Falle des Kastanienrindenkrebses gewählt, einer Krankheit, die *Castanea*- und verwandte Arten befällt. Verursacher ist der Pilz *Endothia parasitica,* der über Wundstellen ins Rindengewebe eindringt und die umliegenden Zellen durch Gifte zum Absterben bringt. Der Pilz wurde um die Jahrhundertwende von Ostasien nach Nordamerika eingeschleppt und vernichtete dort große Bestände einer Verwandten der europäischen Edelkastanie. In den dreißiger Jahren brach die Krankheit von Genua aus in die Kastanienbestände von Italien, Südfrankreich, Spanien, der Südschweiz und der Balkanländer ein. Teilweise entstanden große Schäden. Durch die Anpflanzung resistenter Kastanien versuchen die Förster der Krankheit Herr zu werden. Resistenz kann entweder durch Selektion aus dem europäischen Erbgut oder durch Kreuzung mit resistenten osteuropäischen Arten – zum Beispiel *Castanea crenata* – erzielt werden.

Bei einem Waldbrand in den Zentralalpen zerstörte Strauchschicht. Nach dem Feuer liegen die in den Pflanzen gespeicherten Nährstoffe ungeschützt an den Bergflanken und werden vom Regen weggeschwemmt. Die Brandfolgen: Die Bodenfruchtbarkeit nimmt ab, die Vegetation verarmt, die Schutzwirkung des Waldes verschlechtert sich auch langfristig.

Feuer – ein großer Waldzerstörer hat manchmal ökologische Funktion

Feuer hat 1978 in Europa gegen 800 000 ha Wald verwüstet, in Nordamerika gar eine Million Hektar. Die 40 000 europäischen Brandherde entstanden auf ganz verschiedene Weise: Einige entzündete der Blitz, andere wurden durch Funkenwurf von Lokomotiven oder Hochspannungsleitungen entfacht. Doch in vielen Fällen war der Mensch der Brandstifter – oft aus Fahrlässigkeit, manchmal aber auch aus Profitgründen.
Solche Fälle treten in den letzten Jahren vor allem im Mittelmeergebiet gehäuft auf, wo man sich auf diese Weise billiges Land beschafft – nicht selten zum Bau neuer touristischer Anlagen. Seit dem Altertum haben hier Beweidung, Übernutzung und häufige Feuer die ursprünglichen immergrünen Eichen- und Föhrenwälder größtenteils vernichtet oder zu Gebüschformationen (Macchie) degradieren lassen, deren dichtes Unterholz geradezu ideale Voraussetzungen für die Ausbreitung von Bränden bietet. Mit außerordentlicher Mühe versuchen die Förster heute, einen Teil dieser ertraglosen Kahlflächen und Gebüsche aufzuforsten. Doch immer wieder zerstören Waldbrände die hoffnungsvollen Anfänge. Verhütungsmaßnahmen sind sehr aufwendig; eine oft waldfeindliche Bevölkerung, eine large Auslegung der Gesetze und gedankenlose Touristen erschweren die Arbeit noch zusätzlich.
In Niedersachsen sind im 18. und 19. Jahrhundert große Flächen mit Föhren aufgeforstet worden; immer mehr hatten Sandverwehungen auf den durch jahrhundertelangen Raubbau entwaldeten Heiden um sich gegriffen. Selbst die Herzogstadt Celle wurde von herannahenden Dünen bedroht. Die Aufforstungen sind gelungen, die Sandstürme und Wanderdünen gebändigt. Die großen Waldbrandkatastrophen in den Sommern 1975 und 1976 jedoch zeigten auf eindringliche Weise die Anfälligkeit der Föhrenmonokulturen gegen Feuer: Die Föhre besitzt besonders ungünstige Eigenschaften, was die Entzündlichkeit und den Brennpunkt lebender und toter Pflanzenteile anbelangt. Annähernd 8000 ha Wald fielen diesen Feuersbrünsten zum Opfer.

Den Brandkatastrophen folgten Maßnahmen zur Verhinderung ähnlicher Ereignisse: Langfristig versuchen die Förster in den gefährdeten Regionen vor allem den Anteil an Laubbäumen zu erhöhen. Traubeneiche, Traubenkirsche und auch Buche sollen die Brandgefährdung herabsetzen, denn deren Laubstreu ist weniger leicht entzündlich als die trockenen Föhrennadeln, und auch ein lebender Laubbaum brennt schlechter als ein Nadelbaum.

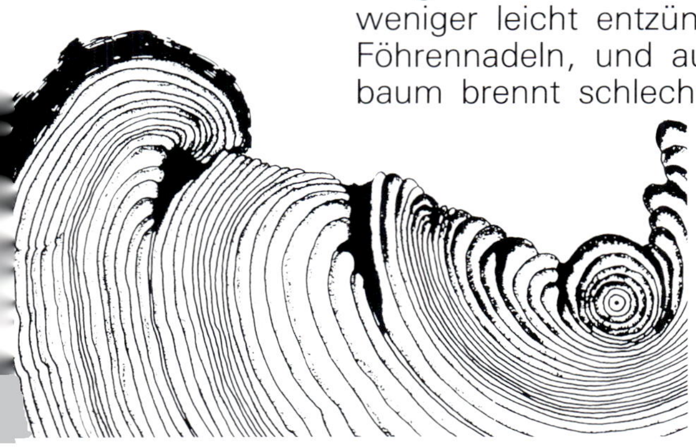

Brandspuren an einer Ponderosa-Föhre (*Pinus ponderosa*, Stammquerschnitt) aus dem Südwesten Nordamerikas. In diesen Gebieten mit langen Trockenzeiten gehören Bodenfeuer zur Umwelt wie Wind und Regen. Die Brandwunden versucht der Baum zu überwallen, indem im Wundbereich mehr und größere Zellen gebildet werden.

Besonders die Waldmantelbereiche sollen mit Laubbäumen zu einem möglichst feuerfesten Schutzschild angereichert werden. Vielfach läuft das Feuer nämlich von der offenen Landschaft, wo Gras oder Stroh verbrannt wird, in den Wald und richtet dort Schaden an.

Der Einfluß eines Feuers auf den Wald ist vielfältig. Langfristig ergeben sich Auswirkungen vor allem auf den Nährstoffvorrat, von dem nach dem Brand ein erheblicher Teil in Form von Asche vorliegt. Bereits bei leichter Neigung können Niederschläge diese wegschwemmen. Weil das Feuer zudem im Humus wichtige Kittsubstanzen verbrannt hat, werden auch Teile der obersten Bodenschicht leicht weggeführt. Die Brandfolge in den meisten Wäldern sieht so aus: Die Bodenfruchtbarkeit nimmt ab (ein Teil des Stickstoffs verflüchtigt sich bereits während des Feuers), und die Vegetation verarmt und verheidet mehr und mehr.

Andererseits gibt es Ökosysteme, die geradezu auf regelmäßige Brände angewiesen sind. In trockenen Gebieten, in denen häufig Blitze einschlagen und wo auf diese Weise seit Jahrmillionen regelmäßig Brände entstehen, paßte sich die Tier- und Pflanzenwelt an, um die Einwirkungen des Feuers zu überleben. Die ökologische Funktion des Feuers ist hier diejenige des Destruenten, des Zersetzers, der die angereicherte Nadel- oder Laubstreu mineralisiert und somit den Pflanzen wieder zur Verfügung stellt. Wenn der Mensch nun die natürliche Einflußnahme des Feuers unterbindet, ist eine einschneidende Veränderung in der Zusammensetzung der Pflanzen- und damit auch der Tierarten unvermeidlich. Ein Beispiel für eine feuerangepaßte Baumart ist der Mammutbaum (*Sequoia gigantea*), dessen Borke bis zu 60 cm dick werden kann: Selbst stärkste Waldbrände überlebt dieser Baum.

Auch manche Föhren- und Eukalyptusart hat sich den Bränden angepaßt. Besonders interessant ist eine Gruppe von nordamerikanischen Föhren, die sich ohne Feuer nicht verjüngen können. Ihre Zapfen bleiben so lange am Baum hängen, bis das Harz, das die Zapfenschuppen abdichtet, in der Hitze aufschmilzt. Durch die regelmäßigen Brände in diesem Ökosystem, beispielsweise im kalifornischen Chaparral, verbrennen Blätter, Nadeln und Zweige immer wieder zu nährstoffreicher Asche. Die Feuer durchlaufen die Wälder am Boden und richten kaum Schaden an. Werden diese unterbunden, sammeln sich brennbare Zweige und Blätter an. Der mit Sicherheit eintretende nächste Brand erhält so genügend Nahrung, um sich zum Schadfeuer zu verschlimmern. Das Feuer züngelt in einem solchen Fall in den Kronenraum, und verheerende Feuerwalzen gefährden dann auch Mensch und Siedlungen.

Waldsterben als Folge der Umweltbelastung

Lawinen, Wild- und Insektenschäden sowie Feuer – all diese Waldgefährdungen kann der Mensch in Verkennung der Auswirkungen seines Verhaltens begünstigen. Doch die ärgsten Schäden, die wir unserem Verbündeten zufügen, beginnen sich erst heute abzuzeichnen. In der Bundesrepublik Deutschland wie im übrigen Europa, in Nordamerika wie in Japan – überall in den Industrieländern beginnt der Wald als Folge der Umweltbelastung zu sterben. Im tschechoslowakischen Erzgebirge ist bereits eine Fläche von 170000 ha praktisch tot. Über Quadratkilometer sind Fichten

◁ Der Mammutbaum der kalifornischen Sierra Nevada hat sich in Jahrtausenden ebenso an die Schneelasten der harten Winter wie an die Feuer der heißen Sommer gewöhnt. Nadeln, Zapfen, Holz und Rinde enthalten hohe Gerbsäureanteile – chemische Komponenten, wie sie auch in Feuerlöschern Verwendung finden. Diese verzögern nicht nur die Brandwirkung, sondern bewahren den titanischen Baum auch weitgehend vor Pilzen und Insekten.

Waldbrandbekämpfung mit Wasser aus der Luft. Nebst der laufenden Verbesserung der Löschtechniken zur Verhütung großer Brandschäden wird auch der Einfluß der Baumartenwahl und forstlicher Pflegemaßnahmen auf das Brandrisiko studiert. Kartierungen sollen potentielle Brandherde aufzeigen, internationale Warnzeichen vor allem den Touristen von feuergefährlichen Handlungen abhalten.

dort nadellose Skelette. Im polnischen Oberschlesien soll heute als Folge der Immissionen keine einzige gesunde Föhre mehr stehen – und 90% des Waldes sind dort Föhrenwald. Diesen haben, wo überhaupt noch etwas wächst, Zwergstrauch- und Grasformationen abgelöst.

In der Bundesrepublik Deutschland und auch in der Schweiz treten schwer erklärbare Baumkrankheiten in den letzten Jahren nicht nur an der empfindlichen Weißtanne, an Fichte und Föhre, sondern auch an Buche, Eiche und andern Laubbaumarten auf. Fanden sich die Schäden früher eher in unmittelbarer Nähe industrieller Anlagen, so tauchen sie neuerdings auch weit davon entfernt auf.

Obwohl der Nachweis von Ursache und Wirkung im Detail schwer zu führen ist, sind sich die Experten einig: Dieses Waldsterben geht Hand in Hand mit der Umweltverschmutzung.

Daß zwischen Waldverwüstungen und Luftverunreinigungen ein Zusammenhang besteht, ist in Mitteleuropa spätestens seit dem letzten Jahrhundert bekannt. Ein Forstmeister berichtete 1845 von vollkommen zerstörten Wäldern in der Nachbarschaft von Silber- und Bleihütten im Harz. Auch im Erz- und dem übrigen Mittelgebirge traten bereits damals begrenzt katastrophale Waldschäden auf: Die Forstbehörden registrierten Ende des letzten Jahrhunderts 9000 ha «Rauchblößen» im Mittelgebirge, von schwefeldioxidhaltigen Abgasen der Industrie zerstörte Waldungen. Aus Nordamerika sind ähnliche Fälle bekannt. Um Ducktown im amerikanischen Bundesstaat Tennessee sind Baum und Strauch auf einer Fläche von 25 000 ha praktisch ausgemerzt – als Folge der zur letzten Jahrhundertwende beim Kupferschmelzen entwichenen Schwefeldioxiddämpfe. In der kanadischen Sudbury-Region (Ontario) führten die Schwefeldioxidemissionen von Nickel- und Kupferhütten während der letzten acht Jahrzehnte zur Vernichtung der Weymouthföhre *(Pinus strobus)* auf einer Fläche von 190 000 ha.

Die Schäden traten früher vor allem in der Nähe der Industriegebiete auf. In den letzten Jahrzehnten wurden die steigenden Abgasmengen jedoch – um lokale Schäden zu vermeiden – durch immer längere Schornsteine den Höhenwinden übergeben. Tatsächlich verminderten sich dadurch die Belastungen in unmittelbarer Nähe der Anlagen. Doch die Politik der hohen Schornsteine bringt schließlich nur eine örtliche und zeitliche Verschiebung des Immissionsproblems, wie sich heute immer deutlicher herausstellt.

Auf Luftverunreinigungen reagieren alle Pflanzen, am empfindlichsten aber die langlebigen Bäume und unter diesen besonders die immergrünen Nadelbäume. Denn Weißtanne, Fichte und Föhre wechseln ihr Nadelkleid nicht jeden Herbst, sondern erst im Laufe der Jahre – sozusagen Nadel um Nadel. Weißtannennadeln zum Beispiel werden bis acht Jahre alt. Schadstoffe können daher während viel längerer Zeit einwirken. Immergrüne erleiden zudem auch winterliche Immissionen. Landwirtschaftliche Pflanzen

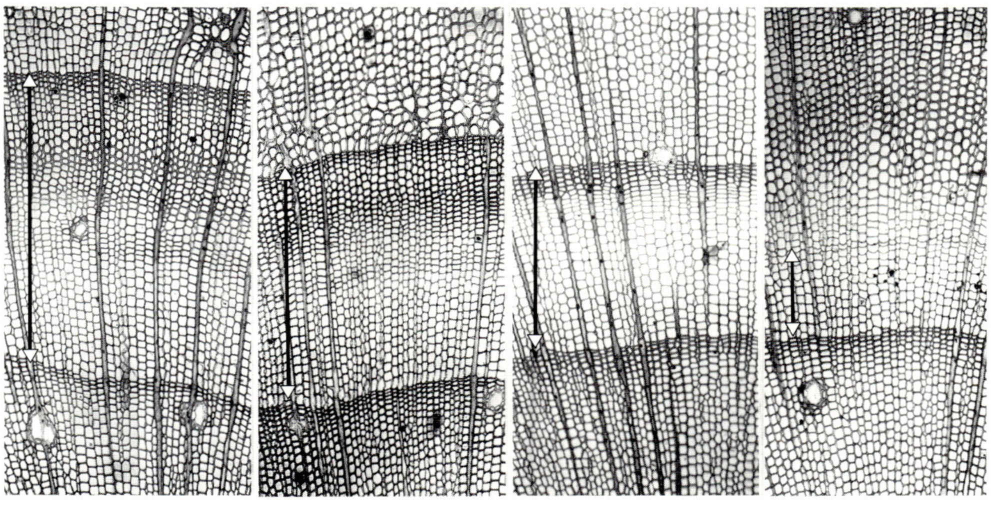

Fichtenquerschnitte im Mikroskop. Die erbgleichen Bäume wurden im Frühjahr während zehn Tagen verschiedenen Schwefeldioxidkonzentrationen ausgesetzt. Links die in reiner Luft gewachsene Nullprobe. Mit zunehmender Konzentration nehmen die Jahresringbreite und die dickwandigen Spätholzzellen ab.

Austreibende Zweige von erbgleichen Lärchen. Der rechte stammt aus sauberer Luft, der linke ist im Winter Schwefeldioxidgas ausgesetzt worden und als Folge davon chronisch geschädigt.

hingegen müssen schädigende Bedingungen nur eine Vegetationsperiode lang ertragen, so daß Reaktionen darauf in der Regel nicht unmittelbar ins Auge springen.
Auch ein Baum kann durch Luftschadstoffe bereits geschädigt sein, wenn seinem Äußeren noch überhaupt nichts anzusehen ist (latenter Schaden). Schon bei geringer Schadstoffkonzentration produziert er als Folge der gestörten Photosynthese weniger Material für den Zellaufbau. Weil auch weniger Zellen gebildet werden, fallen die Jahresringe schmäler aus, und die Wände der Spätholzzellen sind oftmals nur dünn. Außerdem setzen in den Nadeln und Blättern Entgiftungsvorgänge ein, die den Baum zusätzliche Kraft kosten. In solch geschwächtem Zustand ist er nicht nur anfälliger für Pilz- und Insektenattacken, sondern auch frostempfindlicher.
Schwefeldioxid (SO_2) gilt als das quantitativ wichtigste Schadgas. Es entsteht bei der Verbrennung fossiler Energieträger (Erdöl und Kohle), welche Schwefel enthalten. Weltweit spucken die Schornsteine an die 100 Millionen Tonnen SO_2 pro Jahr aus. In der Bundesrepublik Deutschland sind es gegen 3,5 Millionen Tonnen, vorab aus Kraftwerk- und Industrieschloten – das ist pro Einwohner fast ein Zentner. SO_2 kann mit den Höhenwinden über Tausende von Kilometern verfrachtet werden. Schweden zum Beispiel «importiert» SO_2, das aus den Hochöfen Englands und des Ruhrgebiets entweicht. Über der Schweiz ging 1978 siebeneinhalbmal mehr SO_2 nieder, als das Land produzierte.
Stickstoffoxide, auch Stickoxide genannt (NO_x), wirken ebenfalls pflanzenschädigend und stammen aus Verkehrs-, Kraftwerks- und Industrieabgasen. Sie entstehen bei jeder Verbrennung aus dem Stickstoff und dem Sauerstoff der Luft. NO_x können unter Sonneneinwirkung zu extrem pflanzengiftigen Stoffen wie z.B. Ozon werden. Ozon ist als Bestandteil des kalifornischen Smog mitverantwortlich für ausgedehnte Waldsterben in den San-Bernardino-Bergen bei Los Angeles und steht auch in Europa als wichtiger Mitverursacher des Waldsterbens in Verdacht, besonders auch in sonnigen Gebirgsgegenden. Während der Schwefeldioxidausstoß in der Bundesrepublik Deutschland zwischen 1968 und 1978 ziemlich konstant war, stiegen die Stickoxidemissionen im gleichen Zeitraum von zwei auf drei Millionen Tonnen pro Jahr. In der Schweiz, wo drei Viertel der Stickoxide aus den Autoabgasen stammen, hat sich der Ausstoß dieses Gases allein zwischen 1970 und 1975 um 70% erhöht!
Schwefeldioxid sowie Stickoxide sind als Gas leicht transportierbar. Durch die Spaltöffnungen dringen sie direkt in Nadeln und Blätter ein (Trockendeposition) und lösen sich im Zellsaft zu Säure auf. Wenn Schwefeldioxid und Stickoxide mit Regen oder Nebeltröpfchen in Berührung kommen, entsteht «saurer Regen» – verdünnte Schwefel- und Salpetersäure. Auch in ihrer umgewandelten Form als Säuren wirken die Abgase pflanzenschädigend. Im Kronenbereich lösen sie im Extremfall die schützende Wachsschicht an Blättern und Nadeln auf und stören die Photosynthese. Gravierende Schäden treten besonders in Wäldern auf, die an Bergkämmen oder in höhergelegenen Ebenen stocken. Hier filtern die Baumkronen die säurebildenden Gase und sauren Nebel- und Wolkentröpfchen direkt aus der Luft aus. Dadurch kann wesentlich mehr Säure als bei Regen in den Wald gelangen. Ähnliches spielt sich in der Schweiz auch bei winterlichen Wetterlagen mit tagelangem Tieflandnebel ab: Bei dem hohen Anteil privater Ölheizungen entweicht Schwefeldioxid aus vielen niedrigen Schornsteinen, so daß sich die Schadstoffe in Bodennähe konzentrieren.
Im Wurzelraum löst saurer Regen nach der Hypothese von Bernhard Ulrich vom Institut für Bodenkunde und Waldernährung in Göttingen eine ganze Reihe von Reaktionen aus. Er bewirkt, daß zuvor in komplexen chemischen Verbindungen fixierte Metallionen von Aluminium, Eisen, Mangan oder Schwermetallen freigesetzt werden, die in dieser Form auf Pflanzen giftig wirken, das Feinwurzelsystem zerstören oder den Nährstoffhaushalt durcheinanderbringen. Kurzfristige Versauerungsschübe und deren schädigende Wirkung kann

Nadellose Baumskelette im tschechoslowakischen Riesengebirge, dramatische Folge übermäßiger Umweltbelastung. ▷

das Ökosystem Wald verkraften. Solche treten natürlicherweise zum Beispiel während Trokkenperioden auf oder als Folge von Vulkanausbrüchen mit hohem Schwefeldioxidausstoß. Das dabei geschädigte Wurzelsystem wird nach Abklingen des Schubes wieder erneuert – ähnlich wie bei Auebäumen nach der Überflutung. Zum Abklingen kommt es, indem die überschüssigen Säuren durch basisch wirkende Kalzium-, Magnesium- oder Kaliumionen neutralisiert werden. Die Fähigkeit, Versauerungsschübe abzupuffern, ist heute als Folge des kontinuierlichen, durch den Menschen bewirkten Säureeintrags in vielen Urgesteinsböden erschöpft, die bereits von Natur aus sauer sind. Aus Kalkgestein enstehende Böden hingegen haben eine größere Pufferkapazität und vermögen mehr Säure zu neutralisieren.
Die Geschichte des Säureeintrags durch den Menschen konnte zum Beispiel in schottischen Seen anhand der Artenzusammensetzung von Diatomeen, Wasserlebewesen mit harter Silikatschale, rekonstruiert werden. Gewisse Arten sterben bei einer Versauerung aus (die Schalen bleiben jedoch jahrhundertelang bestehen), andere vermehren sich hingegen explosionsartig. Die Untersuchung von Sedimentproben zeigt, daß die Versauerung 1850 einsetzte. Davor lag der pH-Wert – ein Maß für den Säuregehalt – etwa 600 Jahre lang bei 5,5. Bis 1940 sank er auf 5,0, und heute liegt er bei 4,6. Die Seen sind damit seit 1850 ungefähr zehnmal saurer geworden.
In einem Wald kann selbst die Artenzusammensetzung der Krautschicht durch den Säureeintrag beeinflußt sein. Deutsche Geobotaniker haben in einem Kalk-Buchenwald des Spessart festgestellt, daß am hangabwärtigen Stammfußbereich – dort sammelt sich das angesäuerte Regenwasser – die Drahtschmiele *(Deschampsia flexuosa)* gehäuft auftritt. Das Gras ist ein Zeiger für sauren Boden und reagiert

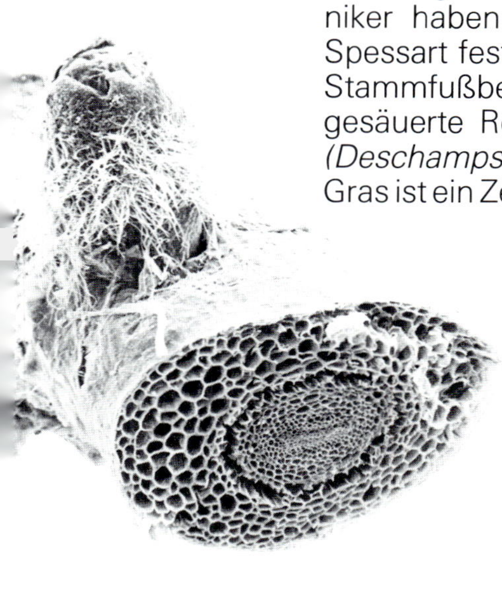

Querschnitt durch eine Buchenwurzel unter dem Elektronenmikroskop. Die Wurzelrinde ist vom Zentralzylinder, durch den das Wasser in den Baum steigt, abgelöst. Nährstoff- und Wasseraufnahme sind dadurch gestört. Dieses Phänomen beobachten Wissenschaftler regelmäßig bei immissionsgeschädigten Bäumen.

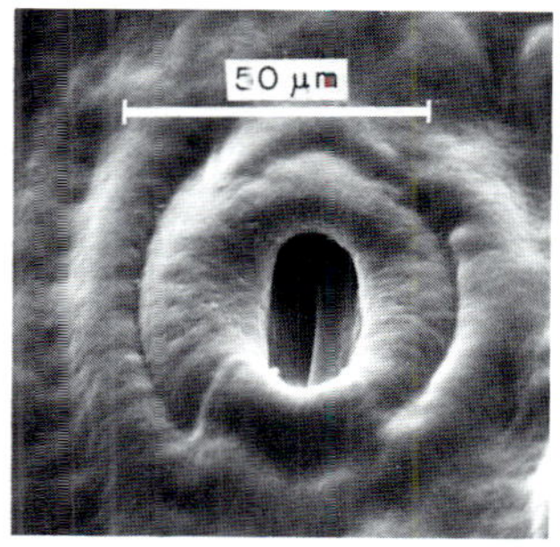

Das Elektronenmikroskop zeigt drastisch, wie stark eine Fichtennadel am Straßenrand verschmutzt wird. Im rechten Bild sind Schmutz und Wachs weggewaschen. Eine Spaltöffnung, durch die der Baum atmet, ist nur deutlich zu sehen (Vergrößerung ca. vierhundertfach).

auf höhere Aluminiumionen-Konzentration relativ tolerant.
Eine weitere Konsequenz der Bodenversauerung ist die Auswaschung von Nährstoffen mit dem Sickerwasser. Viele Waldböden Mitteleuropas haben deshalb nach Ulrich ihre Funktion als Speicher und Lieferant von Nährsalzen eingebüßt. Mit dem Sickerwasser gelangen auch die vom Säureregen herausgelösten Metall- und Schwermetallionen ins Grund- und Quellwasser und verunreinigen dieses.
Saurer Regen schädigt nicht nur ausgewachsene Bäume, sondern auch Keimlinge. Im Ruhrgebiet etwa sehen die Buchenwälder wie leergefegt aus: Die Buche – die Förster bezeichnen sie wegen ihrer normalerweise guten Verjüngungsbereitschaft als «Mutter des Waldes» – kommt auch bei günstigen Lichtbedingungen nicht mehr natürlich auf. Untersuchungen zeigen eine gestörte Wurzelentwicklung der Buchenkeimlinge als Ursache, die auf Aluminiumvergiftungen zurückgeführt werden. Die Folge: Pilze der Gattung *Cylindrocarpon* bringen den Keimling zum Absterben. Durch Säure freigesetzte Aluminium-, Eisen- und Manganionen sowie Schwermetalle schaffen auch schlechte Keimbedingungen, indem sie die bakterielle Zersetzung der Laubstreu hemmen und die Lebensbedingungen der Regenwürmer verschlechtern, die für die Durchmischung und Lüftung des Bodens eine wichtige Rolle spielen.
Umweltverschmutzungen wirken sich auf Pflanzen bereits im Stadium der Samenbildung aus. Forscher fanden heraus, daß die Keimfähigkeit von Pollenkörnern (diese müssen den

Von der Mistel befallene Waldföhrenkrone. Dieser Schmarotzer bohrt seinen Wirt mit Senkerwurzeln an und entzieht ihm Wasser und Nährstoffe. Die Mistel befällt in Mitteleuropa unter den Nadelbäumen vor allem die Weißtanne und Föhrenarten und kann in der Komplexkrankheit «Waldsterben» eine wichtige Rolle spielen.

mehrere Millimeter langen Pollenschlauch bilden, um den weiblichen Fruchtknoten zu erreichen) in belasteter Luft reduziert ist. Kalifornische Ponderosaföhren *(Pinus ponderosa)* bilden vermutlich infolge Ozoneinflusses weniger Zapfen, und am Ural stellten Wissenschaftler an der Waldföhre als Reaktion auf Schwefeldioxidvergiftungen kleinere Zapfen mit leichteren Samen fest.

Schwefeldioxid und Stickstoffoxide sind nur zwei von rund 200 Stoffen, die als Mitverursacher des Waldsterbens verdächtigt werden. Auch Fluor und Schwermetalle können pflanzenschädigend wirken. Doch herauszufinden, welcher Stoff schließlich zum Baumtod führt oder daran beteiligt ist, erweist sich als äußerst schwieriges Unterfangen. Denn einerseits können verschiedene Schadstoffe in gleicher Richtung giftig wirken, und andererseits verursachen verschiedene Stoffe ähnliche Schadsymptome. Das Augenmerk wird in Zukunft vermehrt auf Kombinationswirkungen von Schadstoffen gerichtet werden müssen.

Wissenschaftler in Beweisnot

In der Schweiz traten ausgedehnte Waldsterben anfangs vor allem im Wallis und im Fricktal in der Nähe von Aluminiumhütten auf. Es liegt nahe, in den bei der Aluminiumproduktion frei werdenden Fluorgasen den auslösenden Faktor zu suchen. Doch im Wallis konnten die Wissenschaftler der Eidgenössischen Anstalt für das forstliche Versuchswesen (EAFV) in Birmensdorf bei Zürich auch nach intensiven Untersuchungen nicht belegen, daß das Waldsterben eindeutig und allein auf Fluor zurückzuführen ist. Zwar zeigt der Jahresringaufbau der Föhren bei Saxon einen Wachstumsschock in den frühen vierziger Jahren, der sich mit den Klimadaten allein nicht erklären läßt. Liegt der Grund im Zusammenwirken der Trockenheit und einer Ansammlung von Fluor in den Nadeljahrgängen 1938/39? Oder hat die zunehmende Industrialisierung im Unterwallis nicht nur die Fluor-, sondern die Immissionsbelastung allgemein erhöht? Solche Hypothesen werden durch umfangreiches Datenmaterial zwar gestützt, jedoch nicht bewiesen. Die Forstwissenschaftler finden beim Versuch, die Vorgänge in Wurzel und Blatt objektiv zu enträtseln, immer verschlungenere Zusammenhänge, je tiefer sie in die Probleme eindringen. Um die detaillierten Wirkungen der einzelnen Schadstoffe auf das kompliziert aufgebaute Ökosystem Wald herauszufinden, werden die Forscher Jahrzehnte brauchen – doch so lange kann der Wald nicht warten. Denn wenn darauf bestanden wird, daß nur eindeutig Bewiesenes Grundlage zum Handeln sein kann, kommen Maßnahmen zu seiner Rettung zu spät. Der von den Verschmutzern regelmäßig geforderte Kausalbeweis läßt sich allerdings auch auf andere Weise erbringen: Sollte nach massiver Reduktion der Schadstoffe das Waldsterben zum Stillstand kommen, so wäre der Zusammenhang mit der Luftverschmutzung nachträglich erwiesen.

Von den bestehenden Hypothesen für das Waldsterben ist bisher keine bis ins letzte bewiesen, aber auch keine widerlegt worden. Sie widersprechen einander nicht und lassen sich wie folgt zusammenfassen: Gasförmige Stoffe stören den Baum bei der Photosynthese. Saure Niederschläge und Schwermetalle schädigen die Blätter sowie die Wurzeln und bringen den Nährstoffhaushalt durcheinander. Dadurch verliert der Baum an Vitalität und wird vorerst unsichtbar geschädigt. In diesem Zustand haben parasitische Mikroorganismen wie Bakterien oder Pilze leichtes Spiel, besonders wenn Trockenjahre den Baum noch zusätzlich schwächen. Unter dauernder Einwirkung auch geringer Schadstoffkonzentrationen ermüdet der Wald derart, daß er plötzlich

Infrarot-Luftaufnahme des Waldschadengebietes bei Gamsen im schweizerischen Rhonetal. Abgestorbene Föhren sind als hellblaue Flecken sichtbar. Mitverantwortlich für das Waldsterben sind hier verschiedene Zivilisationsabgase, die mit den Talwinden an diesen Hang prallen. Im linken oberen Bildteil erscheinen hell zwei von Borkenkäfern befallene Schadflächen. ▷

zusammenbricht. Dieser Punkt, so fürchten viele Forstwissenschaftler, ist heute erreicht.

Die Folgen der Waldzerstörungen durch die menschliche Umweltbelastung sind verheerend. In den erwähnten nordamerikanischen Fällen ist es zu starker Flächen- und Rinnenerosion gekommen. Erodiertes und mit Schadstoffen belastetes Bodenmaterial vergiftete Seen und Flüsse. In einem anderen Fall stellten Wissenschaftler eine erhöhte Brandgefährdung des Waldes wegen der abgedorrten Bäume und Sträucher fest.

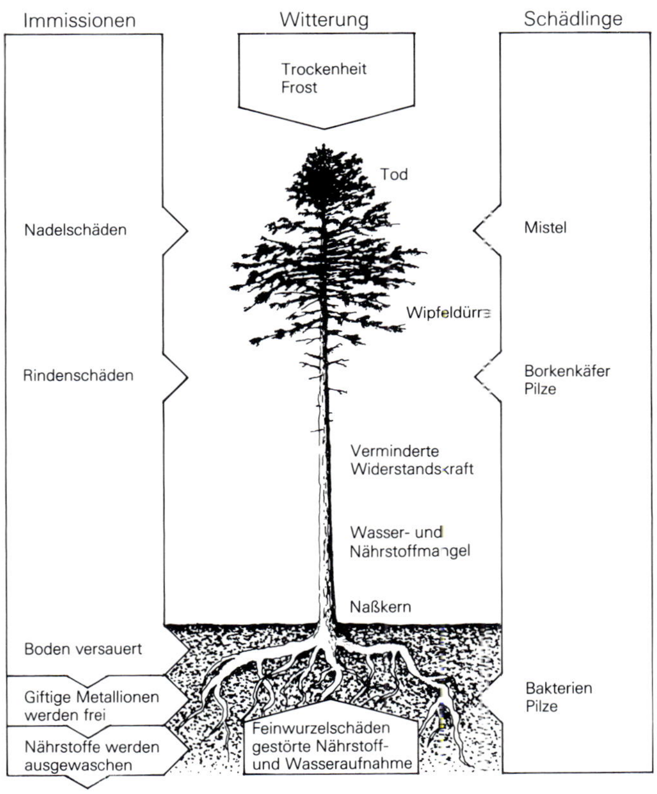

Am Waldsterben ist eine ganze Palette von Verursachern beteiligt – Immissionen, Witterung, Schädlinge –, die einen verwirrenden Strauß von Krankheitssymptomen auslösen.

Wo in den europäischen Wäldern die Mimose unter den Waldbäumen – die empfindliche Weißtanne – ausfällt, ist mit großen waldbaulichen Schwierigkeiten zu rechnen. Die Weißtanne stabilisiert dank ihrer tief verankerten Pfahlwurzel das Baumgefüge. In Plenterwäldern vermag die Tanne zudem sehr lange im Schatten der Altbäume auszuharren, was die verstreute und einzelstammweise Nutzung, die Plenterung, überhaupt erst ermöglicht. Die meisten europäischen Schutzwälder ab etwa 800 Höhenmeter sind natürlicherweise Nadelbaumgesellschaften mit geringem Anteil an Laubbäumen – doch ausgerechnet die Nadelbäume reagieren am empfindlichsten auf Umweltbelastungen. Das flächenweise Absterben der Schutzwälder gefährdet unsere ganze Kulturlandschaft. Siedlungen, Kulturland und Verkehrswege sind erneut durch Lawinen und Hochwasser bedroht, denn die Naturgewalten haben mit geschwächtem, instabilem Wald leichtes Spiel.

Die Waldschäden stellen die betroffenen Forstbetriebe vor größte betriebliche und wirtschaftliche Schwierigkeiten. Die absterbenden Bäume müssen so rasch als möglich geschlagen werden, einerseits um dem weiteren Verfall der Holzqualität vorzubeugen, andererseits um die Verbreitung von Sekundärschädlingen wie der Borkenkäfer zu verhindern. Diese Arbeiten ebenso wie die anschließende Wiederaufforstung können nur mit Unterstützung der Öffentlichkeit durchgeführt werden.

Die Luftverschmutzung ist ein internationales Problem und muß daher auch länderüberschreitend gelöst werden. 1983 trat die Europäische Konvention über Luftverunreinigung in Kraft. Dieses Rahmenabkommen muß nun so schnell wie möglich mit Detailbestimmungen gefüllt und in die Praxis umgesetzt werden. Besondere internationale Anstrengungen sind auch im Bereich der Forschung notwendig, die dringend koordiniert werden muß. Es ist jedoch nicht verantwortbar, für Maßnahmen erst noch die Ergebnisse weiterer Forschung abzuwarten. Heute unterlassener Umweltschutz würde morgen ein Vielfaches dessen kosten, was wir derzeit aufbringen müssen – wenn Maßnahmen dann überhaupt noch möglich sind. Ganz konkret müssen die Schäden bereits beim Verursacher verhindert werden. Und Verursacher sind wir alle, sei es als Stromkonsument, als Autofahrer oder als Hausbewohner. Das unheimlich rasche Fortschreiten des Waldsterbens erfordert Notstandsmaßnahmen, nicht nur Beschwörungen des einzelnen Bürgers, sondern auch harte politische Entscheidungen.

Baum und Pilz

Zusammenleben zu gegenseitigem Nutzen

Am Pflanzenwachstum interessierte Forscher untersuchten bis vor kurzem in erster Linie Boden und Pflanze. Heute müssen sie, so wird immer deutlicher, ihre Aufmerksamkeit auch dem Phänomen der Mykorrhiza zuwenden. Das griechische Wort Mykorrhiza («Pilzwurzel») bezeichnet die Vereinigung eines Pilzes und einer höheren Pflanze – Baum oder Kraut – zu gegenseitigem Nutzen. Wurzeln werden vom Pilz mit feinem Fadengeflecht umsponnen, welches, eigentliche Ammendienste leistend, Nährsalze und Wasser aufnimmt und der höheren Pflanze zur Verfügung stellt. Als Gegenleistung erhält der Pilz von seinem Wirt lebensnotwendige Stoffe. Wenn die geeigneten Pilze fehlen, kümmert der Baum. Und wo «seine» Pilze zerstört werden, kann er absterben.

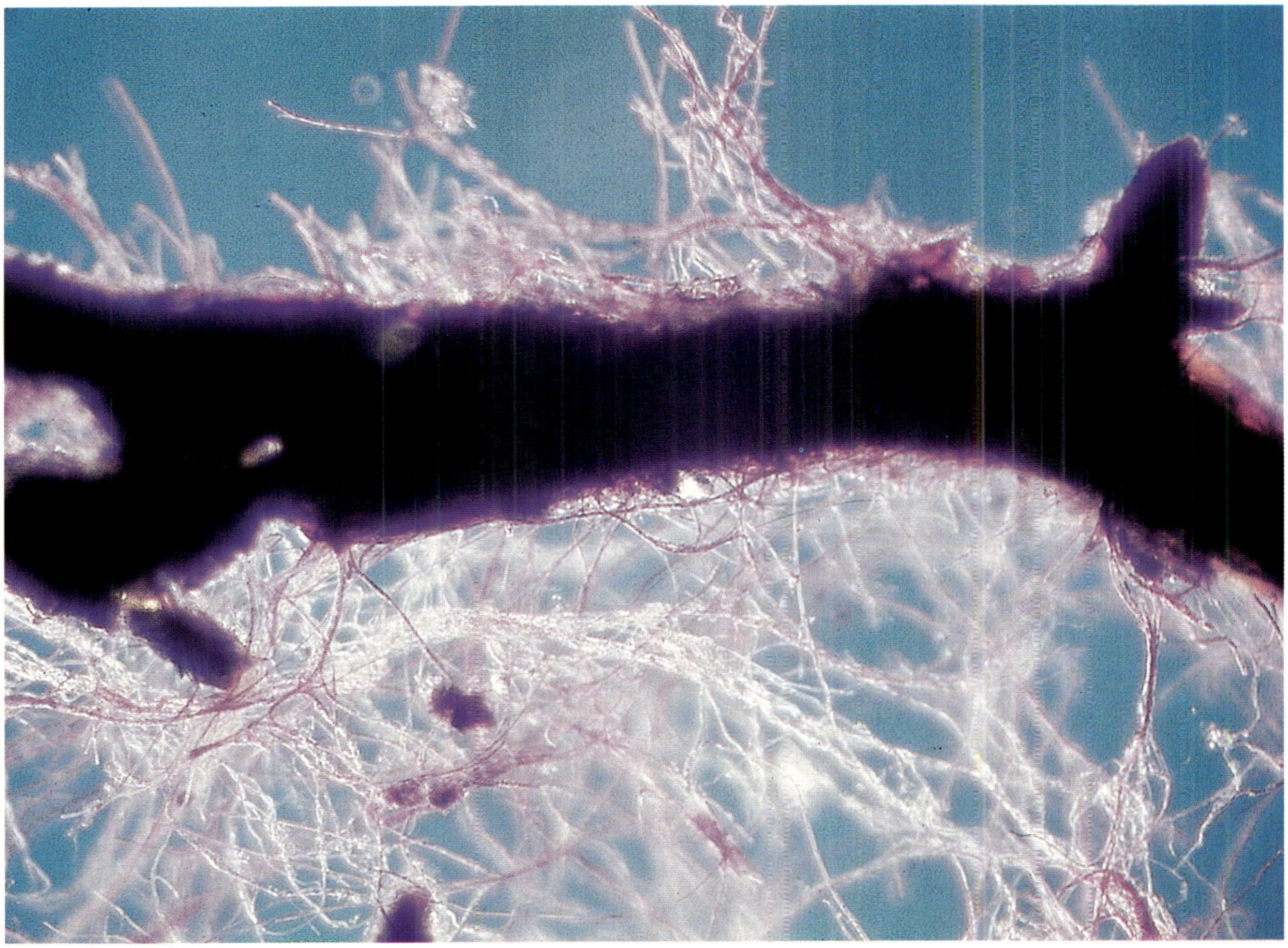

▽◁ Als wirres Fadengeflecht erscheinen die aus einem Stück Kirschbaumwurzel austretenden Pilzhyphen. Der Kirschbaum bildet wie auch Esche, Ahorn und Eibe den in unseren Breiten selteneren Typ der endotrophen Mykorrhiza, bei dem die Pilzhyphen nicht nur zwischen die Zellen der Wurzelrinde, sondern auch in diese hineinwachsen (Vergrößerung ca. achtzigfach).

Cattleya lawrenceana lebt wie die meisten Orchideen mit Mykorrhizapilzen zusammen. Orchideensamen sind winzig, wiegen nur wenige Mikrogramm und enthalten kaum Nährstoffreserven für den Keimling. In feuchter Umgebung vermag dieser gerade die Samenschale zu sprengen und einige Wurzelhaare zu bilden. Dann stoppt er sein Wachstum, bis die Wurzeln von einem Pilz infiziert werden, der die Orchidee mit dem Lebensnotwendigen versorgt. Die Aufnahme zeigt *Cattleya* im Regenwald des venezolanischen Nationalparks Canaima. Canaima spielt für die Wasserversorgung der Hauptstadt Caracas eine wichtige Rolle.

Der am tiefsten in der deutschen Seele verwurzelte Baum ist die Eiche, doch gleich an zweiter Stelle folgt die Tanne. Und ausgerechnet die Weißtanne *(Abies alba)* ist in einem großen Teil ihres Verbreitungsgebietes – in Deutschland ebenso wie in Frankreich, der Schweiz, der Tschechoslowakei und in den polnischen Karpaten – von einer schwer erklärbaren Krankheit befallen. Die Forstleute nennen sie einstweilen das «Tannensterben».

Die Nadeln erkrankter Tannen verfärben sich im unteren Kronenteil zuerst graugrün oder rötlichbraun. Dann fallen sie in einem von unten nach oben fortschreitenden Prozeß ab. Von der Krone bleibt zuletzt nur noch ein schütteres Wipfelgebilde («Storchennest») zurück. Die Rinde bröckelt vom Stamm, der kranke Baum stirbt langsam, aber sicher.

Was an den kranken Tannen regelmäßig auffällt, ist die stark vernäßte Kernzone im Baumstamm. Dieser Naßkern, der vom Wurzelstock nach oben wächst und mehrere Meter in den Stamm hineinreichen kann, wird von Bakterien verursacht. Noch etwas wird immer wieder beobachtet: Bei kranken Bäumen spielt die Symbiose, das Zusammenwirken von Baumwurzel und Pilz, nicht mehr. Nach Peter Schütt, Ordinarius für Forstbotanik in München, könnte die Schädigung der Mykorrhiza die Krankheitsentwicklung einleiten. Der Baum nimmt nach dieser These in der Folge weniger Wasser auf. Mit dem Eindringen von fäulniserregenden Kleinstlebewesen wie Bakterien setzt die Bildung des Naßkerns ein. Dehnt sich dieser bis in die äußersten, wasserführenden Jahresringe aus, wird der Wassertransport gehemmt oder unterbunden; der Baum erkrankt.

Noch ist die Frage offen, auf welche Weise die Schäden am Feinwurzelsystem beziehungsweise an der Mykorrhiza entstehen. Bernhard Ulrich vom Institut für Bodenkunde und Waldernährung in Göttingen vermutet, daß saure Niederschläge im Boden Aluminium- und Mangan-Ionen freisetzen, die auf Pflanzengewebe giftig wirken.

Die sauren Niederschläge, Folge der drastisch zunehmenden Luftverschmutzung, könnten nach anderen Vermutungen auch die Aktivität von in Nadeln lebenden Pilzen stören. Denn nicht nur im Wurzelbereich leben Baum und Pilz zu gegenseitigem Nutzen zusammen; solche Beziehungen finden sich auch im Kronendach zwischen Blatt oder Nadel einerseits und sogenannten Niederen Pilzen andererseits.

Mykorrhizapilze, die unterirdischen Helfer

Den Begriff Mykorrhiza prägte 1885 B. Frank, seinerzeit Professor an der Königlich Landwirtschaftlichen Hochschule in Berlin. Allerdings hatten bereits Forscher vor Frank die Funktion der Mykorrhiza erkannt. So hatte zum Beispiel W. Pfeffer 1877 in seinem Aufsatz «Über fleischfressende Pflanzen und die Ernährung durch organische Stoffe überhaupt» nachgewiesen, daß Pilzfäden («Hyphen») tatsächlich Nährstoffe in die Pflanzenwurzeln befördern. Und O. Drude hatte noch früher entdeckt, daß das Wurzelgewebe der Vogelnestwurz *(Neottia nidus-avis)*, eine Orchideenart unserer Wälder, von einem Pilz bewohnt wird, der seine Fäden in den Boden schickt. Frank weist dann in seinem aufsehenerregenden Aufsatz auf die «Beziehung des Trüffelvorkommens zu bestimmten Baumarten» hin, wobei er sich auf Beobachtungen in den «preußischen Trüffelgegenden» stützt. Er gibt auch eine genaue Beschreibung der Mykorrhiza. Die Baumwurzeln seien «allgemein aus zweierlei heterogenen Elementen aufgebaut: aus einem Kern, welcher die eigentliche Baumwurzel repräsentiert, und aus einer mit jenem organisch verwachsenen Rinde, welche aus Pilzhyphen zusammengesetzt ist».

Nach dem Erscheinen von Franks Abhandlung hat sich die Pflanzenforschung jahrzehntelang wenig um die Wurzelpilze gekümmert. Vielleicht spielt hier der Umstand eine Rolle, daß sich die Lebensvorgänge im Boden unseren Blicken entziehen und daher auch schwierig zu untersuchen sind. Was nun aber die Forschung in den letzten Jahren im Wurzelbereich entdeckt hat, läßt keinen Zweifel darüber offen, daß die Symbiose zwischen Baum und Pilz fortan äußerste Aufmerksamkeit verdient.

Pilze – das sind nicht nur die scheinbar aus dem Reich der Nymphen und Trolle stammenden schirmförmigen Waldbewohner. Was wir ge-

◁ Trüffelpilze sind Mykorrhizapilze. Zu ihrer Suche werden Schweine oder dressierte Hunde eingesetzt. Die schwarzen Périgord-Trüffeln und andere Arten enthalten einen Duftstoff, wie er auch vom Eber als Sexual-Pheromon ausgeströmt wird. Darum finden Schweine die Pilze auch noch in größerer Tiefe.

Auch für den Menschen hochgiftige Arten wie der Grüne Knollenblätterpilz leben mit Bäumen zusammen. Seine Partner sind Eichen oder die Edelkastanie.

▽ Der Lärchenröhrling ist ein Mykorrhizapilz der Lärche. Er tut sich – wie andere Pilzarten auch – ausschließlich mit diesem Baum zusammen.

meinhin als Pilze bezeichnen, macht vielmehr nur einen Teil der Pilzpflanze aus, die Fruchtkörper nämlich, die unter günstigen Bedingungen aus dem Mycel gebildet werden, einem Fadengeflecht, das die eigentliche Pilzpflanze darstellt. Das Mycel, aus einer Vielzahl von Hyphen gewoben, bleibt unserem Auge verborgen, wächst es doch im Boden.

Pilze besitzen kein Blattgrün (Chlorophyll) und können daher die zum Leben benötigten Zukkerverbindungen (Kohlehydrate) nicht selber produzieren. Um Nahrung auf andere Art und Weise zu beschaffen, haben Waldpilze drei verschiedene Möglichkeiten entwickelt:

- Die Saprophyten können totes organisches Material – zum Beispiel abgefallene Blätter, Zweige und abgestorbene Baumstämme – mit Hilfe von speziellen Eiweißen (Enzymen) in chemisch einfacher aufgebaute Verbindungen aufspalten und diese Abbauprodukte als Nährstoffe verwerten. Die saprophytisch lebenden Pilze wirken als Humusbildner und erfüllen damit eine äußerst wichtige Aufgabe im Kreislauf der Natur. Morcheln, Champignons und viele kleine Hutpilze des Waldes gehören zu den Saprophyten.
- Die parasitisch lebenden Pilze befallen nicht totes, sondern lebendes Gewebe; sie gehören zu den wichtigsten Verursachern von Baumkrankheiten und können selbst Baumriesen zum Absterben bringen. Ein bekannter Vertreter dieser Gruppe ist der Hallimasch *(Armillariella mellea)*, der sein schwarzes Mycel zwischen Rinde und verholzten Teil des Baumes treibt, bevor er seine Fruchtkör-

Der Hallimasch ist als Parasit mancherorts ein gefürchteter Waldschädling. Bevor er Fruchtkörper bildet (oben), treibt er seine schwarzvioletten Hyphen zwischen Rinde und verholzten Teil des Stammes und zerstört das wasserleitende Gewebe und die zellbildende Schicht (rechts). Am häufigsten werden Fichten, Föhren oder Eichen von ihm befallen, und zwar vor allem dann, wenn ein Baum durch Wassermangel oder Schädlinge ohnehin geschwächt ist. Gesunde Bäume vermögen eine Hallimasch-Attacke durch Bildung eines besonderen Wundgewebes abzuwehren.

Der Schwefelporling bildet seine Fruchtkörper stets im späten Frühjahr. Der Pilz ist ein verbreiteter Fäuleerreger vieler Laubbaumarten. Er zerstört auch eingefärbtes Kernholz und befällt lebende Bäume als Parasit oder lebt auf toten als Saprophyt.

▽ Der Pilz *Melampsorella caryophyllacearum* regt die Weißtanne zur Bildung blaßgrüner Hexenbesen an. Diese beeinträchtigen das Wachstum der Tanne nicht wesentlich, solange sie nicht zu nah am Stamm liegen. Ist dies jedoch der Fall, so entsteht eine krebsartige Stammwucherung, die den Baum für weitere Parasiten anfällig macht und den Holzwert vermindert.

Schon im letzten Jahrhundert wurde entdeckt, daß die Wurzel der Vogelnestwurz, einer saprophytisch lebenden Orchidee unserer Wälder, von einem Pilz bewohnt wird.

◁ Mit einem Pilz zusammenlebende Föhrenwurzel. Das korallenähnliche Aussehen der Seitenwurzeln ist typisch für pilzbewohnte Wurzeln (Vergrößerung ca. dreißigfach).

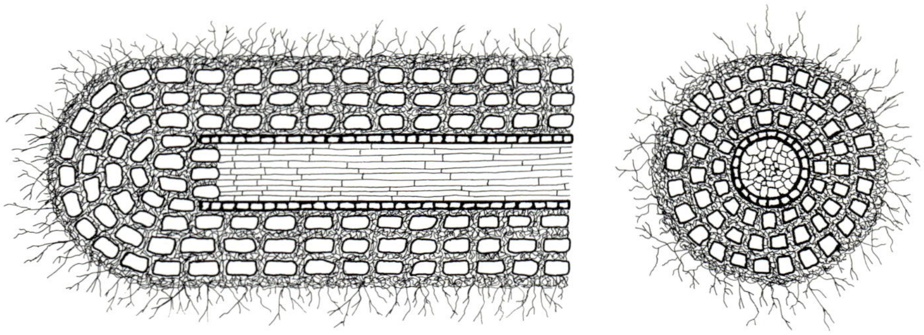

per bildet. Der Rostpilz *Melampsorella caryophyllacearum* treibt die Weißtanne dazu, eigenartige Hexenbesen zu bilden. Diese fallen durch aufrechten Wuchs am Ast, eine sehr dichte Verzweigung und durch gelbgrüne Benadelung auf. Als zweites Kennzeichen der Infektion durch diesen Rostpilz bildet die Tanne krebsartige Wundstellen an Ast oder Stamm. Der Schwarze Schneeschimmel an Wacholder, Fichte oder Föhrenarten, der Pilz *Ceratocystis ulmi* (Verursacher des Ulmensterbens) oder der Mehltau der Eiche sind weitere Beispiele für Pilzkrankheiten.

- Als dritte Gruppe schließlich präsentieren sich die Mykorrhiza-Pilze. Hier finden wir viele der eßbaren Arten, von den Trüffeln über die Steinpilze bis hin zum köstlich schmeckenden Kaiserpilz. Allerdings: auch die Knollenblätterpilze, deren Genuß meist tödliche Folgen hat, sind Mykorrhiza-Arten, nämlich der Eichen und der Edelkastanien.

Zur Mykorrhizabildung kommt es, indem der Pilz die feinsten Wurzeln des Baumes befällt, die sogenannten Saugwurzeln. Die Pilzfäden dringen bis an den Leitzylinder vor, durch den Wasser und darin gelöste Nährstoffe in höhere Baumetagen fließen. Lösen sie dabei nur die Mittellamellen zwischen den einzelnen Zellen auf, das heißt bleiben die Pilzfäden außerhalb der Zelle, so spricht der Biologe von einer ektotrophen oder Ektomykorrhiza.

Um einen anderen Typ Mykorrhiza handelt es sich, wenn die Hyphen in die Zelle eindringen. Der Biologe spricht dann von einer endotrophen oder Endomykorrhiza. Mit Ausnahme der Eschen, der Ahorne, des Kirschbaums und der Eibe bilden unsere Waldbäume alle ektotrophe Mykorrhizen. Der Pilz breitet sich in den äußersten Rindenschichten aus und umspinnt die Wurzel mit einem feinen Mantel aus Tausenden von Pilzfäden. Die Baumwurzel nimmt über die derart eingehüllte Wurzel Stickstoff-, Phosphor- und Kalziumverbindungen auf. Dies wiesen die Forscher Melin und Nilsson bereits in den fünfziger Jahren nach. Sie zeigten auch, daß der Baum – sozusagen im Austausch – verschiedene lebensnotwendige Zukkerverbindungen an den Pilz abgibt, von denen dieser lebt. Dazu setzten Melin und Nilsson in einer Versuchsanordnung Föhrensämlinge einer radioaktiven Atmosphäre aus. Der von den Sämlingen assimilierte radioaktive Kohlenstoff, aus dem bei der Assimilation Zuckerverbindungen entstehen, gelangte in kurzer Zeit durch die Pflanze in den Mykorrhizamantel.

Die höhere Pflanze, Baum oder Kraut (denn auch krautige Pflanzen gehen Verbindungen mit Pilzen ein), liefert dem Pilz zudem Spurenelemente, vitaminähnliche Stoffe und Aminosäuren, die beim Aufbau des genetischen Codes in den Zellkernen eine wichtige Rolle spielen. Allerdings darf man sich nicht vorstellen, ein Baum würde dem Pilz all diese Stoffe freiwillig anbieten. Denn zu solchen «Überlegungen» ist die Pflanze nicht fähig. Vielmehr greift der Pilz direkt in den Stoffwechsel des Baumes ein, indem er Stoffe ausscheidet, die das Längenwachstum der Wurzel hemmen (darum erscheinen verpilzte Wurzeln im Mikroskop oft gedrungen oder geschwollen).

Nebst der Versorgung mit Nährsalzen leistet der Pilz für den Baum noch viel mehr. Der Mykorrhizamantel und die weit in den Boden greifenden Hyphen weisen gegenüber einer unverpilzten Wurzel eine viel größere Oberfläche auf und können daher größere Mengen Wasser aufnehmen. Einige Mykorrhizapilze schützen ihre Wirtspflanze zudem gegen pathogene Pilze, gegen Parasiten, indem sie antibiotische Stoffe ausscheiden. Verschiedentlich haben Forscher auch nachgewiesen, daß Mykorrhizapilze andere, dem Baum unter Umständen gefährlich werdende Pilze in deren Entwicklung hemmen können, weil sie konkurrenzkräftiger sind. Ein Erreger der Rotfäule bei der Fichte zum Beispiel, der Fäulepilz *Fomes annosus,* wird durch eine Anzahl von Mykorrhizapilzen am Eindringen in die

Saugwurzeln der Eiche sind in ein dichtes, watteartiges Hyphengeflecht gehüllt. Es wird klar ersichtlich, daß die verpilzte Wurzel ein größeres Bodenvolumen zu erschließen vermag als die unverpilzte und die Wasser- und Nährstoffaufnahme stark verbessert (Vergrößerung ca. zwanzigfach).

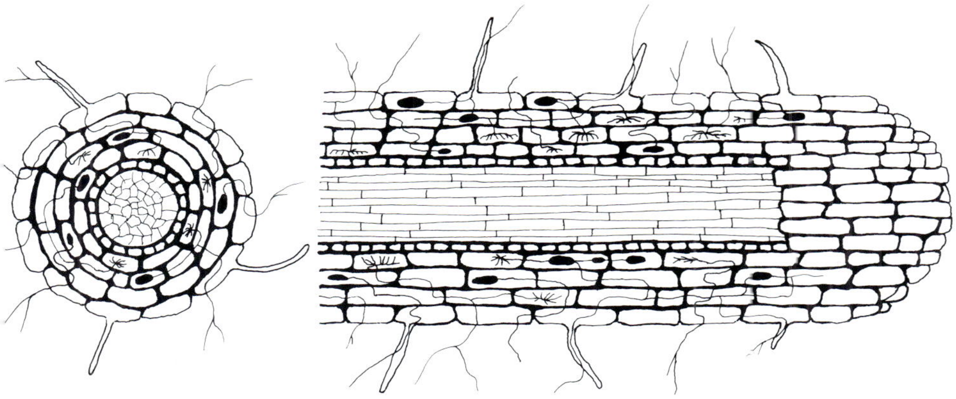

Bei der Ektomykorrhiza (Längs- und Querschnitt links) bleiben die Pilzfäden («Hyphen») außerhalb der Wurzelrindenzellen und dringen in der Regel nicht in den Zentralzylinder (mit den länglichen Zellen) ein. Bei der Endomykorrhiza hingegen (Quer- und Längsschnitt rechts) stoßen die Hyphen in die Zellen vor.

Baumwurzel gehindert, sobald er mit diesen in Berührung kommt. Der Rotfäuleerreger ist ein gefürchteter Waldschädling, der in Fichtenkulturen beträchtliche Holzverluste verursacht. Im Zusammenhang mit dem Tannensterben nimmt man an, daß durch die Versauerung des Bodens pathogene Pilze, wie das mikroskopich kleine *Cylindrocarpon destructans,* die Oberhand im Wurzelraum gewinnen. Bei der Infektion der Baumwurzeln durch die Zerstörer ginge gemäß diesen Vorstellungen die Mykorrhiza zugrunde.

Dem für uns schwer zu beobachtenden Bodenleben ist jedenfalls eine große Dynamik eigen: Verschieben sich die äußeren Bedingungen für die Lebewesen, dann ändern sich auch die Beziehungen zwischen ihnen. Das wechselseitige Geben und Nehmen zwischen Baum und Mykorrhizapilz pendelt ebenfalls um ein dynamisches Gleichgewicht. Die ersten Stadien nach der Infektion der Wurzel durch den Mykorrhizapilz ähneln durchaus der Verhältnissen, wie sie beim Befall durch parasitische Pilze beobachtet werden. Nach dem Eindringen des Pilzes setzt sich die Baumwurzel zur Wehr und beschränkt dessen Ausdehnung auf die Wurzelrinde, die Partie außerhalb des eigentlichen Leitzylinders. Wird der Baum geschwächt – etwa durch widrige Umweltbedingungen –, so kann der Pilzpartner eine ausgeprägtere parasitische Neigung entwickeln.

Wie abhängig Mykorrhizapilze von ihren Wirtspflanzen sind, zeigt folgender Versuch: In einem pilzreichen Wald wurden Metallplatten tief in den Boden gerammt, so daß kleine Parzellen vollkommen von den Wurzeln der Nachbarbäume abgetrennt waren. Innerhalb der isolierten Flächen entwickelten sich in der Folge keine Fruchtkörper mehr, wohl aber dort, wo die Verbindung zu den Baumwurzeln noch bestand. Einzig die als Mykorrhizapilz bekannte Ziegenlippe *(Xerocomus subtomentosus)* brachte trotz Wurzelisolierung Fruchtkörper hervor. Die Erklärung für dieses Phänomen: die Ziegenlippe lebt sowohl in Symbiose mit Bäumen wie auch als Saprophyt. Wie einige andere Pilze ist sie ein fakultativer Mykorrhizapilz. Das Experiment zeigt im übrigen deutlich, daß zumindest die Fruchtkörperbildung vieler Mykorrhizapilze unter anderem von der Zufuhr gewisser Zuckerverbindungen oder anderer Stoffe durch die Baumwurzel abhängt.

Bäume ohne Pilzpartner – zum Absterben verurteilt

Von allergrößter Wichtigkeit sind umgekehrt die Mykorrhizapilze für den Baum. In den dreißiger und vierziger Jahren mißrieten Aufforstungen in Uganda mit der Karibischen Föhre *(Pinus caribaea)* regelmäßig. Die Bäume wollten sich einfach nicht entwickeln, obwohl Klima und Standort ihnen eigentlich entsprachen. Erst als die Sämlinge in mit Mykorrhizapilzen geimpfter Erde aus Kenia (wo *Pinus caribaea* problemlos gedeiht) gezogen wurden, stellte sich der Erfolg ein. Ähnliches erlebten die Förster auch mit Föhrenaufforstungen in Puerto Rico, in Malawi und in anderen Tropenländern:

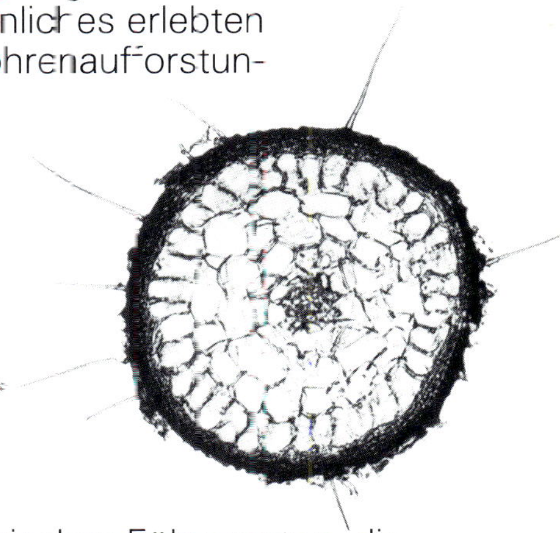

Ein kompakter, dunkler Mycelmantel des Weißen Trüffelpilzes umspinnt eine Eichenwurzel (Querschnitt). Die aus dem Pilzmantel ausstrahlenden spitz zulaufenden Hyphen ersetzen funktionell die Wurzelhaare (Vergrößerung ca. hundertsechzigfach).

Aufforstungen mit exotischen Föhrenarten, die natürlicherweise nicht im Land gedeihen, gelingen erst, wenn die Bäume ihre Mykorrhizapilzpartner darin vorfinden.

Auch die tropischen Föhrenarten wie etwa die aus dem karibischen Raum stammende *Pinus caribaea* oder die südostasiatische *Pinus merkusii* bilden Ektomykorrhiza, bei der die Pilzfäden zwischen und nicht in die Zellen eindringen. Die meisten Tropenbäume, Laubebenso wie Nadelbäume, tun sich jedoch mit Pilzen zu einer Endomykorrhiza zusammen. Zu den wenigen tropischen Pflanzenfamilien, die wie die Föhren und die allermeisten Baumarten der gemäßigten Zonen Ektomykorrhiza bilden, gehören die Leguminosen, die Fagaceen, die Myrtaceen – Eukalyptusarten sind deren bekannteste Vertreter – sowie die wichtige Familie der Dipterocarpaceen. Diese aus Südostasien stammende Familie besteht aus Hunderten

◁ Bei der Aufforstung mit der Karibischen Föhre im indonesischen Teil von Borneo (Kalimantan) treten keine derart schwierigen Probleme auf wie in Afrika, wo die einheimischen Bäume ausschließlich Endomykorrhiza-Verbindungen eingehen. Denn in Kalimantan stößt die exotische Föhre auf mögliche Ektomykorrhiza-Partner, die im hier kahlgeschlagenen Naturwald mit Bäumen der Dipterocarpaceen-Familie zusammenleben.

Den Arven für die Aufforstung Stillberg bei Davos ist im Pflanzgarten verpilzte Walderde beigegeben worden. Mit «ihren» Mykorrhiza-Pilzen geimpfte Bäume haben unter den rauhen Bedingungen wesentlich bessere Überlebenschancen.

von Laubbaumarten, die sehr gutes Nutzholz liefern. Als Meranti, Lauan oder Keruing gelangt dieses auch nach Europa.

Es ist klar, daß Sämlinge einer mittelamerikanischen Föhre in Afrika oder Asien die ihr entsprechenden Ektomykorrhizapilze nicht finden. Dem Baum müssen seine Pilzpartner jeweils mitgegeben werden; nur so kann er sich in seiner neuen Heimat entwickeln. Überall dort, wo die ersten Föhren und andere Baumarten der nördlichen Hemisphäre nicht als Samen, sondern als Topfpflanzen eingeführt wurden, traten nie Schwierigkeiten auf, denn die Mykorrhizapilze reisten im Topf mit. Dies trifft für viele Bäume zu, welche die europäischen Kolonisten mitführten und in Australien, Neuseeland oder Amerika um ihr neues Heim pflanzten.

Nur in wenigen Fällen mißriet die Aufforstung, zum Beispiel mit der Montereyföhre *(Pinus radiata)*. Dieser Baum hat seine Heimat an der Küste Kaliforniens, wo er auf einer sehr kleinen Fläche von nur gerade 4500 ha ursprünglich vorkommt. Seit Mitte des letzten Jahrhunderts ist die Montereyföhre erfolgreich in der südlichen Hemisphäre (Neuseeland, Australien und Südafrika) angepflanzt worden. Und heute wächst das «schönste Geschenk der nördlichen an die südliche Hemisphäre», wie dieser Baum wegen seiner enormen Zuwachsleistungen zuweilen auch genannt wird, weltweit auf einer Million Hektar.

Um eine Aufforstungsfläche genügend mit Mykorrhizapilzen zu infizieren, muß etwa 10% verpilzte Erde beigemischt werden. Für die in den Kolonien tätigen englischen und französischen Forstleute war dies in den vierziger Jahren, als sie dem Rätsel der kümmernden Föhren langsam auf die Spur kamen, noch relativ leicht zu bewerkstelligen. Die Aufforstungen hatten Versuchscharakter und waren dementsprechend klein. Allerdings verboten und verbieten auch heute Quarantänevorschriften die Einfuhr von lebenden Pflanzen oder unsterilisierter Erde, um keine Pflanzenkrankheiten einzuschleppen. Solche Verbote wurden früher öfter umgangen; die Fälle sind allerdings, wie der finnische Mykorrhizaforscher Peitsa Mikola bemerkt, «nicht gut dokumentiert».

Daß Föhrenaufforstungen in Afrika schließlich doch gelungen sind, soll einem Briten zu verdanken sein, der eine Waldföhre mit etwas Erde in der Manteltasche nach Kenia schmuggelte. Weil die Erde mit den entsprechenden Mykorrhizapilzen versehen war, wuchs die Föhre bestens. Um die ersten Aufforstungen zu begründen, gaben später die Förster den Jungföhren jeweils etwas verpilzte Erde aus der Umgebung des eingeschmuggelten Baumes mit.

Der Transport von Erde ist wirtschaftlich keine gute Lösung, besonders nicht für große Aufforstungsprojekte, wie sie heute in den meisten tropischen Ländern dringendst verwirklicht werden müssen. In Mexiko zum Beispiel sind 80% der Landesfläche infolge anhaltender Entwaldung mehr oder weniger erosionsgefährdet. Um die zerstörende Wirkung der Regengüsse aufzuhalten, müssen enorme Flächen aufgeforstet werden. In Thailand machen sich Forstleute und neuerdings auch Politiker zunehmend Sorge um die laufend schlechter werdende Qualität ihrer Waldungen und die unter starkem Bevölkerungsdruck merklich kleiner werdende Waldfläche. Teile der Bevölkerung sind beunruhigt über die Degradation von Schutzwäldern und die mit dieser zusammenhängende Verschlechterung des Trinkwassers. Noch in den sechziger Jahren war Holz ein Hauptexportartikel Thailands und einer seiner wichtigsten Devisenbringer. Heute ist dieses Land gezwungen, mehr Holz einzuführen, als es ausführt (Thailand verfügt noch über qualitativ hochwertiges Teakholz, das es zum Teil exportiert). Eine Studie der FAO hat gezeigt, daß Thailand bis zur Jahrtausendwende gegen drei Millionen Hektar aufforsten muß (das entspricht etwa drei Vierteln der Fläche der Schweiz), wenn keine gravierenden ökologischen Schäden und Schwierigkeiten bei der Versorgung mit Holz eintreten sollen.

Fichten werden vor dem Aufforsten in eine Mycel-Suspension des Mykorrhizapilzes *Cenococcum geophilum* getaucht und auf diese Art geimpft. *Cenococcum* interessiert besonders deshalb, weil dieser Pilz unter den verschiedensten ökologischen Bedingungen wächst und weitherum eingesetzt werden kann.

In Mexiko wie in Thailand, in Indonesien und in Indien, überall in den Tropen und Subtropen müssen in den nächsten Jahren Millionen von Hektar bepflanzt werden. Aus ökologischen Gründen sollten diese Böden vorzugsweise mit einheimischen Baumarten bestockt werden. Denn diese sind auf ihre Standorte gut abgestimmt, und naturnah aufgebaute Wälder erbringen, besonders was die Schutzwirkung vor Erosion sowie die ausgleichende Wirkung im Wasserhaushalt betrifft, die besten Leistungen. Wo allerdings hohe Holzproduktion verlangt wird, um zum Beispiel den Brennholzbedarf der einheimischen Bevölkerung zu decken, sowie an nackten, ihrer Humusdecke beraubten Hängen kommen auch exotische Föhren in Frage.

Weil sich Föhren nur in einer Erde entwickeln, wo sie auf ihre Pilzpartner stoßen, sind solche Aufforstungen sehr teuer. Abgesehen von den hohen Kosten ist die Methode, Pilzerde beizumischen, nicht immer erfolgreich. Werden nämlich mit der eingeführten Erde auch Parasiten eingeschleppt, so ist der Aufforstungserfolg alles andere als garantiert. Außerdem weiß der Förster nicht, ob nun wirklich die für den Baum idealen Pilzpartner in der Erde enthalten sind. Viel besser wäre es daher, wenn zusammen mit den Baumsamen ihre bevorzugten Mykorrhizapilze in Reinkultur ins Saatbeet oder in die Baumschule mitgegeben würden. Dieses Impfmaterial kann über weite Strecken verschickt werden und ist zudem lange haltbar.

Pilze helfen die Waldgrenze zurechtrücken

In großen Teilen des Alpenraumes liegt die Waldgrenze rund 200 m tiefer, als sie natürlicherweise verlaufen würde. Auf der Suche nach neuen Weidegründen für Vieh haben unsere Vorfahren die Bergweiden weit in den Waldgürtel hinein ausgedehnt. Waldbrände sowie Zahn und Huf der frei weidenden Ziegen, Schafe und Kühe drängten diesen noch weiter nach unten. Vielerorts sind als Folge davon Lawinen bis weit in den Wald hinein vorgedrungen. Sie haben den grünen Schutzgürtel zum Teil auch durchschlagen und gefährden im Tale unten Menschen, Siedlungen und Verkehrswege. In der Schweiz brechen rund die Hälfte aller Lawinen unterhalb der möglichen, aber nicht mehr vorhandenen Waldgrenze an (in Österreich sind es sogar zwei Drittel) und könnten durch Aufforstung der Anrißgebiete verhindert werden.

Dazu müßten allein in der subalpinen Stufe der schweizerischen Alpen rund 1000 km² unter schwierigsten Bedingungen aufgeforstet werden. Als Folge der Zerstörung des obersten Waldstreifens haben sich die Wuchsbedingungen für die Baumpflanzen in dieser Zone drastisch verschlechtert.

Durch die starke Sonneneinstrahlung in Hanglagen kann das Thermometer in Bodennähe bis auf 70 °C klettern. Keimlinge sterben bei diesen Temperaturen unweigerlich ab. Lange liegenbleibender Schnee verkürzt die Vegetationsperiode, eisige Winde und gefrorener Boden setzen der Pflanze zu. Die langsam zu Tal gleitende Schneedecke vermag diese samt der Wurzel auszureißen.

Schnee- und Birkhuhn fressen Knospen ab, Mäuse nagen an den Wurzeln, parasitische Schneepilze befallen Baumnadeln und bringen diese und zuletzt die ganze Pflanze zum Absterben. Sind einzelne, eng zusammenwachsende Baumrotten dem Schlimmsten endlich entwachsen, donnert in einem besonders schneereichen Winter eine Lawine nieder und macht Jahrzehnte mühsamen Pflanzenwachstums und viel Arbeit in einem einzigen Augenblick zunichte.

Bei Aufforstungen in den höheren Gebirgslagen ist es wichtig, daß die Bäume die besonders gefährdete Jugendphase möglichst schnell durchwachsen.

Der Förster tut alles, um ihnen dabei behilflich zu sein. Er rammt Pfosten in den Boden und versucht auf diese Weise, die gleitende Schneedecke zu fixieren. Indem er die Pflanzen in engem Verband setzt – die Bäume schützen sich so gegenseitig –, ahmt er den im Gebirge natürlichen Verjüngungsverlauf nach.

Neben vielen anderen Maßnahmen spielt auch die Impfung der Baumwurzeln mit Mykorrhizapilzen eine wichtige Rolle. Denn diese Böden weisen als Folge jahrhundertelanger Weidenutzung ein vollkommen verändertes Bodenleben auf; mit Bäumen in Gemeinschaft lebende Pilze finden sich darin kaum mehr. Wo sich Alpenrosen und verwandte Zwergsträucher

Basidie des saprophytischen Glimmertintlings *(Coprinus micaceus)* mit vier reifen Sporen im Elektronenmikroskop. Zwei Sporen haben sich bereits von der Basidie gelöst (Vergrößerung ca. fünftausendfach).

breitgemacht haben, herrschen für die Pilzpartner der Bäume die denkbar schlechtesten Lebensbedingungen, und zwar nicht nur klimatisch. Die Alpenrose und ihre Verwandten bilden nämlich eine endotrophe Mykorrhiza-Gemeinschaft, die von den ektotrophen Baumpartnern nicht eingegangen wird.

Es ist nicht ausgeschlossen, daß sich bei der Aufforstung solcher Bergweiden die Mykorrhizapilze der Bäume allmählich wieder von selbst einstellen. Doch diesen Prozeß können die Förster erheblich beschleunigen, indem sie Bäume setzen, die mit dem ihren entsprechenden Pilzpartner geimpft sind. In Österreich durchgeführte Aufforstungen über der heutigen Waldgrenze mit der Arve (Zirbe, *Pinus cembra)* gelangen wesentlich besser mit geimpften Jungpflanzen. Unbehandelte Pflanzen wuchsen schlechter an und hatten geringeren Zuwachs

Entwicklungszyklus eines Ständerpilzes. Aus den Sporen wachsen Mycelien mit einem Zellkern. Treffen die Hyphen zweier Kreuzungspartner aufeinander, so verschmelzen die Zellen und bilden ein zweikerniges Mycel. Schließlich wächst dieses sogenannte Schnallenmycel zu einem Fruchtkörper heran. Die Enden des Schnallenmycels schwellen zu einer Basidie an, in der nach der Verschmelzung der Zellkerne wieder Sporen entstehen.

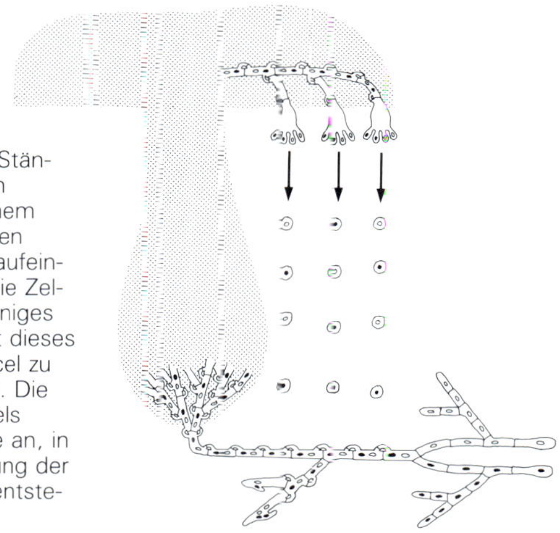

Bei der österreichischen Methode wird den Arven – beim Umpflanzen vom Keim- ins Verschulbeet – Impftorf mitgegeben. Das Impfgut entsteht, indem Stücke aus Pilzkulturen auf Torf, angereichert mit entsprechenden Nährstoffzusätzen, gelegt werden und diesen durchwachsen. Weit weniger sicher, als dem Baum seinen Partner in Torf eingewoben anzubieten, ist der Versuch, den Pilz durch Gießen einer Sporensuspension ins Verschulbeet oder in die Aufforstungsfläche zu bringen. Denn nur etwa jede millionste Spore wächst in der Natur zum Pilzmycel aus.

Für Aufforstungen in Hochlagen kommen nur bestimmte Baumarten in Frage. Fichte, Lärche, Arve, Bergföhre und Grünerle sind die am häufigsten gepflanzten. Es sind diejenigen, die auch natürlicherweise dort wachsen und sich in Jahrtausenden und über viele Generationen an die rauhen Bedingungen angepaßt haben.

Bei den Pilzen ist es wie bei den Bäumen: nicht jede Art ist als Baumpartner im Gebirge geeignet. Die Pilze müssen in erster Linie an eine bestimmte Baumart angepaßt sein. Unter den Mykorrhizapilzen gibt es eine große Anzahl solcher, die sich nur mit ausgesuchten Partnern zusammentun. Der Lärchenröhrling *(Suillus grevillei)* lebt ausschließlich mit der Lärche zusammen, ebenso der Graue Lärchenröhrling *(Suillus aeruginascens)* oder der Hohlfußröhrling *(Boletinus cavipes)*. All diese Pilze sind nicht in der Lage, mit der Fichte, der Arve oder anderen Baumarten zusammenzuleben.

Iranischer Kampf gegen die fünf Millionen Hektar umfassenden Wanderdünen, die Kulturland und Siedlungen ständig bedrohen. Der Sand wird vorerst mit einer Bitumenmischung bespritzt und so fixiert. Nach einem Vorbau mit Sträuchern finden etwa Tamariskenbäume gute Anwuchsbedingungen. Diese können durch Mykorrhizapilze (z. B. den salztoleranten *Cenococcum graniforme)* zusätzlich verbessert werden.

Der österreichische Pilzforscher Meinhard Moser hat nachgewiesen, daß Hochlagenpilze eine spezielle Anpassung an tiefe Temperaturen zeigen. Ihre Mycelien überstehen auch lange Einfrierungsperioden. Doch bereits bei Temperaturen wenig über dem Gefrierpunkt können sie wieder aus tieferen Bodenschichten in den auftauenden oberen Bereich hineinwachsen. Ähnliche Anpassungen vermutet Moser auch in bezug auf andere Umweltfaktoren. Besonders interessant ist, daß sich nicht nur Pilzarten an bestimmte Umweltbedingungen anpassen, sondern daß sich Stämme innerhalb derselben Art aus verschiedenen Höhenlagen unterschiedlich verhalten. Eine analoge Erscheinung gibt es übrigens auch bei den Bäumen: Eine breit gewachsene Fichte aus tieferen Lagen unterscheidet sich nicht nur in ihrem Wachstumsverhalten, sondern schon äußerlich von der schlanken Hochlagenfichte. Wie fein Baum und Partner auf die ökologischen Bedingungen des Standorts abgestimmt sind, zeigt die Tatsache, daß sich jeweils andere Pilzpartner optimal für den Baum eignen, je nachdem ob dieser auf trockenem oder feuchtem, auf Kalkboden oder saurem Urgesteinsboden wachsen soll. Der Braune Arvenröhrling *(Suillus plorans)* eignet sich als Pilzpartner der Arve besonders gut auf exponierten, trockenen, sauren Standorten. Der Elfenbeinröhrling *(Suillus placidus)* hingegen kommt eher für feuchtere und mildere Stellen in Frage.

Die in Österreich entwickelte Methode zur Impfung von Jungbäumen für Aufforstungen hat bemerkenswerte Ergebnisse gezeitigt. Veränderte Arbeitsweise in den Baumschulen, der große Platzbedarf des geimpften Torfes und seine zeitlich beschränkte Lagerungs-

Parasitische Pilze gefährden Aufforstungen: Der Schwarze Schneeschimmelpilz *(Herpotrichia juniperi)* befällt die Nadeln und Triebe von Nadelbäumen. Häufig sind ganze Pflanzenteile in das braunschwarze Mycel eingesponnen. Der Pilz entwickelt sich nur in genügend feuchten und warmen Hohlräumen unter der Schneedecke. In den Alpen wie in Skandinavien verursacht er jedes Jahr erhebliche Ausfälle in Pflanzgärten und Aufforstungen.

möglichkeit verlangen jedoch nach Weiterentwicklung und Verbesserung der Arbeitstechnik. An der Eidgenössischen Anstalt für das forstliche Versuchswesen (EAFV) in Birmensdorf bei Zürich suchen die Forscher nach einem Pilz, der möglichst vielen in der Schweiz bei Aufforstungen verwendeten Baumarten helfen kann. Dabei sind sie auf *Cenococcum geophilum* gestoßen, der natürlicherweise im ganzen Land auf den verschiedensten Böden und in allen Höhenstufen wächst. Dieser Pilz hat ein äußerst widerstandsfähiges Mycel, welches ähnlich wie die Sporen anderer Pilze längere Zeit auch unter ungünstigen Bedingungen überleben kann. Eine Mycel-Wasser-Suspension dient als Impfmaterial, das im Pflanzgarten entweder mit der Gießkanne ausgebracht wird oder in das die Bäume kurz vor dem Pflanzen eingetaucht werden.
Diese Methode vereinfacht den Impfvorgang. Außerdem können große Mengen des Impfstoffes produziert und bei bestimmten Bedingungen mehr als ein Jahr lang gelagert werden. Wie iranische Untersuchungen zeigen, könnten *Cenococcum*-Pilze auch in Trockengebieten eine wichtige Rolle spielen, denn der Pilz ist salzresistent. Dies ist in Gebieten von Vorteil, wo durch ständiges Bewässern im Oberboden hohe Salzkonzentrationen infolge der Verdunstung entstehen.

Wälder in Steppen und auf Bergbaudeponien

Mykorrhizapilze haben auch bei der Aufforstung von Windschutzstreifen in Steppengebieten, zum Beispiel in der Ukraine, eine wichtige Rolle gespielt. Der russische Wissenschaftler Vysotskii hat bereits 1902 vorgeschlagen, die Pflanzen für solche Vorhaben zu impfen. So wurde denn bei den Ukraine-Aufforstungen jedem Baum eine Schaufel Muttererde beigegeben. Ähnlich wird auch heute noch bei der Aufforstung praktisch steriler Bergbaudeponien in der Tschechoslowakei verfahren, die aus dem bei der Kohlegewinnung im Tagebauverfahren anfallenden felsigen Material geschüttet sind.

In den Vereinigten Staaten bedecken solche Deponien riesige Flächen. Da das Schüttmaterial oft dunkel gefärbt ist, entstehen hohe Oberflächentemperaturen. Stellenweise hindert hoher Gehalt an Schwefel, Mangan oder Aluminium das Pflanzenwachstum. Biologisch gesehen muß hier Wüstenboden ohne jegliches Bodenleben aufgeforstet werden.
In den sechziger Jahren entdeckten amerikanische Wissenschaftler, daß auf dunklen Anthrazithalden gepflanzte und überlebende Föhren immer mit dem Mykorrhizapilz *Pisolithus tinctorius* zusammen waren. Sie fanden auch heraus, daß Keimlinge der Weihrauchföhre *(Pinus taeda)* noch bei 40 °C Hitze gedeihen, sofern diese mit *Pisolithus* infiziert sind. Föhrenkeimlinge in Mykorrhiza-Gemeinschaft mit einem anderen Pilz wuchsen bei diesen Temperaturen nicht mehr an: Jede Pflanze braucht jeweils bestimmte Pilzpartner, die mit ihr unter bestimmten ökologischen Verhältnissen die optimale Symbiose eingehen können.
Eine Bestandesaufnahme der Pilze auf den Abraumhalden von Pennsylvania, Tennessee und anderen amerikanischen Bundesstaaten ließ erkennen, daß *Pisolithus* der vorherrschende und oft einzige Mykorrhizapilz war. Nach seiner Einführung ins Saatbeet zeigten die Föhrenkeimlinge bis anderthalbmal besseres Wachstum gegenüber unverpilzten Pflanzen. Als Impfstoff verwenden die Amerikaner entweder Pilzsporen (1 g enthält etwa eine Milliarde Sporen) oder Pilzmycel, das dem Boden beigegeben wird.
Pisolithus kommt praktisch in der ganzen Welt vor, besonders aber in trockenen, warmen Regionen. Das Spektrum der Baumarten, mit denen er zusammenlebt, ist eindrücklich: 35 Föhrenarten, verschiedene Birken-, Eukalyptus- und Eichenarten umfaßt es nach heutigem Wissen. Es könnte sein, daß mit *Pisolithus* ein Mykorrhizapilz gefunden wurde, der mithelfen könnte, einige Probleme bei der Wiederaufforstung weiter Gebiete der Erde zu lösen. Der Pilz ist nicht nur weit verbreitet; sein von der pharmazeutischen Industrie entwickelter Impfstoff (Mycel-Kultur) ist auch haltbar und kann leicht transportiert werden.

Pilzsammler: stören sie das ökologische Gleichgewicht?

Im Herbst geht es in vielen Wäldern Europas zu wie im Ausverkauf. Mit randvollen Körben und Papiertüten kommen die Pilzsammler, von denen es Jahr für Jahr mehr gibt, aus dem Walde zurück. Das Sammeln der Bodenfrüchte – von vielen Leuten als beschauliches Naturerlebnis empfunden – ist mancherorts in eigentliche Plünderei ausgeartet. In pilzreichen Jahren schießen die «Pilzler» ähnlich wie die Fruchtkörper aus dem Boden. Allerdings kennen viele der Gelegenheitssammler die verschiedenen Arten kaum, und es verwundert daher nicht, wenn die Pilzkontrolleure des Instituts für spezielle Botanik an der Universität Zürich im Durchschnitt ein Drittel der präsentierten «Beute» als ungenießbar oder giftig aussondern und vernichten müssen. Auf den Pilzkontrollstellen sind auch immer wieder unwahrscheinliche Geschichten zu hören, die einem kalte Schauer über den Rücken jagen: In Zürich wurde einmal in einem einzigen Korb ein halbes Kilogramm Grüne Knollenblätterpilze präsentiert, das sind mehr als ein Dutzend Fruchtkörper dieser lebensgefährlichen Art, von welcher der Genuß kleiner Stücke bereits zu Vergiftungen führt.

Gute Pilzjahre treten im mitteleuropäischen Raum etwa alle fünf Jahre auf, optimale alle 20 bis 25 Jahre. Die Fruchtkörperbildung hängt von einer ganzen Reihe verschiedener Faktoren ab. Sonneneinstrahlung, Temperatur von Luft und Boden, Niederschläge sowie die Luftfeuchtigkeit in Bodennähe sind von entscheidender Bedeutung. Das Verhältnis der anderen Bodenorganismen zum Pilz und die Konkurrenzverhältnisse unter den verschiedenen Pilzarten spielen eine ebenso wichtige, aber vielfach noch unbekannte Rolle. Auch die Bewirtschaftung des Waldes hat einen Einfluß: Weil viele Pilze an bestimmte Partner gebunden sind, muß sich bei der Waldverjüngung eine neue Pilzflora ansiedeln, wenn andere Baumarten gepflanzt werden. Waldbauliche Maßnahmen wie Durchforstungen können über die Veränderung des Bodenklimas das Pilzwachstum beeinflussen. Wenn die Erschließung mit Waldwegen ungenügend ist, dann muß der Wald mit schweren Forsttraktoren befahren werden, wobei die schweren Räder den Boden verdichten und Baumwurzeln sowie Pilzmycel verletzen. Der gestörte Bodenaufbau führt zu veränderter Bodenvegetation; beide Einflußfaktoren können sich ungünstig auf das Mycelwachstum und die Fruchtkörperbildung auswirken.

Wie wichtig das Problem der Bodenverdichtung nicht nur durch Fahrzeuge, sondern auch

Pilzsammlerinnen in Rußland (rechts). Pilze sind ein Geschenk des Waldes, was Feinschmecker zu schätzen wissen. Sie sind jedoch auch wichtige Glieder natürlicher Kreisläufe. Wie in anderen Bereichen der komplizierten Lebensgemeinschaft Wald bleibt unser Wissen um die exakten Zusammenhänge auch hier voller Lücken, und es wird sehr viel Zeit kosten, diese aufzufüllen. Um drohenden Veränderungen in der Zusammensetzung der Pilzflora und der bodenbewohnenden Kleinlebewesen vorzubeugen, mußte die übereifrige Sammlerei in manchen europäischen Ländern eingeschränkt werden (oben).

durch das Betreten des Pilzsuchers ist, zeigt eine Untersuchung der Eidgenössischen Anstalt für das forstliche Versuchswesen (EAFV): Nachdem eine Versuchsfläche systematisch durch Begehen gestört worden war, wuchsen im folgenden Jahr deutlich weniger Fruchtkörper des Eierschwamm-Verwandten *Cantharellus lutescens* – eine unliebsame Folge der stark zunehmenden Pilzsammeltätigkeit. Auch einen anderen negativen Einfluß belegen die Schweizer Forscher mit einem Versuch am selben Pilz. Dieser wirft seine Sporen nach dem Erscheinen des Fruchtkörpers bis zu dessen Absterben in ständig zunehmender Menge ab. Das Sammeln junger Pilzfruchtkörper vermindert also in beträchtlichem Maße die Sporenzahl und dadurch die Chance einer Mycelneubildung durch Sporenkeimung. Als Folge davon kann der betreffende Pilz innerhalb des Ökosystems Wald an Konkurrenzkraft verlieren und auf diese Weise dezimiert werden. Andere Forscher glauben, daß die absolute Zahl der Sporen für das Überleben gewisser Pilze nicht so bedeutungsvoll ist, da ein Mycel ohnehin einige Jahre im Boden aktiv bleibt.

Magere Pilzjahre und intensive Sammeltätigkeit in den letzten Jahren haben da und dort Befürchtungen ausgelöst, daß die Pilzflora bedroht sei. Die Frage ihrer Erhaltung ist aber nicht nur für den Sammler von Bedeutung, sondern noch in weit höherem Maße für den Wald und damit wiederum für jedermann. In einigen Kantonen der Schweiz sind Pilzschutzgesetze in Kraft gesetzt worden. Im Kanton Graubünden darf nur noch an bestimmten Wochentagen eine pro Kopf begrenzte Menge gesammelt werden, und zwar höchstens in Dreiergruppen. Diese Verfügung ist gegen die mit Funkgeräten bestens ausgerüsteten Sammlerhorden notwendig geworden. Ähnliche Regeln gelten auch in vielen anderen Landesteilen der Schweiz. In Appenzell AR ist seit 1981 für einige Jahre ein generelles Pflückverbot in Kraft. Geschützt sind die Pilze aber auch in anderen Ländern. Im deutschen Schwarzwald ist das Sammeln in organisierter Weise und für gewerbliche Zwecke grundsätzlich verboten. Einzelpersonen dürfen dort pro Tag höchstens ein Kilo für den eigenen Gebrauch pflücken. Über die Wirksamkeit von Schutzmaßnahmen sind sich die Fachleute noch uneinig, nicht zuletzt wegen der naturbedingt schwankenden Fruchtkörperproduktion. Um zu schlüssigen Resultaten über den Stellenwert des menschlichen Einflusses auf die Pilzflora zu kommen, unterhält die EAFV im Kanton Freiburg das Pilzreservat «La Charéaz». Die dort durchgeführten Versuche sind jedoch sehr zeitaufwendig – ein allgemeines Kennzeichen der

Hauptverbreitungsgebiet der Périgord-Trüffel und der Burgunder-Trüffel. Beide Arten brauchen ein ausgeglichenes Klima mit gut verteiltem Jahresniederschlag zwischen 600 und 900 mm sowie kalkreichen Boden. Die sauren kristallinen Gebiete werden gemieden.

------ Klimagrenze
·········· geologische Grenze

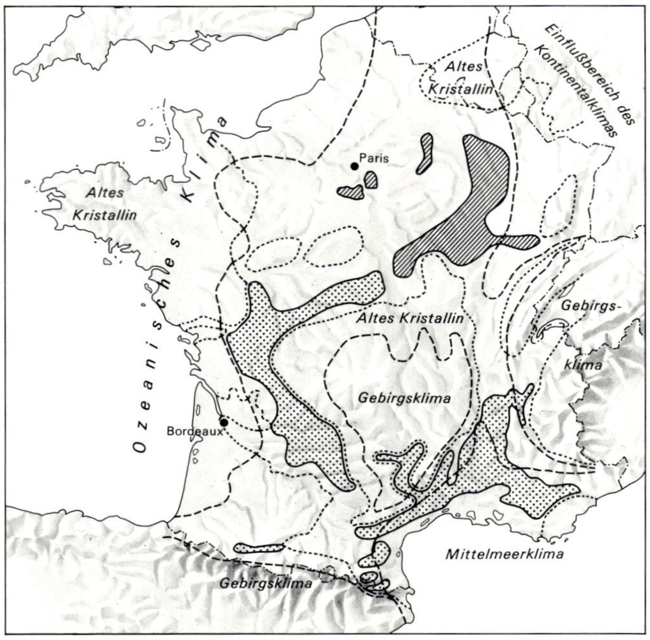

Waldforschung – und werden nicht vor 1988 abgeschlossen sein.
Eine Gefährdung der Pilzflora durch den Menschen ist jedoch auch auf andere Weise als durch das Pflücken der Fruchtkörper vorstellbar: Indem der Baum geschwächt wird, könnte auch der Pilz als sein Partner darunter leiden, weil er nicht mehr genügend Kohlenhydrate erhält. Und tatsächlich werden die Bäume heute vielerorts durch die vom Menschen verursachte Luftverschmutzung geschwächt und geschädigt.

Pilze züchten: die Alternative

Eßbare Pilze sind eine wertvolle Ergänzung für die menschliche Ernährung. Die Fruchtkörper enthalten viel Eiweiß und wichtige Aminosäuren, Vitamine und Spurenelemente. Besorgniserregend sind jedoch Meldungen, wonach wildwachsende Pilze (vor allem Saprophyten, aber auch Mykorrhizapilze) Schwermetalle und andere giftige Verbindungen enthalten. Besonders in Pilzen aus stark umweltbelasteten Regionen sind hohe Konzentrationen von Quecksilber, Selen und Cadmium festgestellt worden. Mit ihrem ausgesprochen weitverzweigten Hyphensystem – in einem Kubikmeter Waldboden sollen bis zu 100 000 km Pilzfäden enthalten sein – scheinen sie Umweltgifte besonders zu konzentrieren. Kaum schwermetallbelastet sind hingegen in Kulturen gezogene Pilze wie der Zuchtchampignon – sofern das Zuchtsubstrat nicht verunreinigt ist. Hält man sich die Gefährdung der eigenen Gesundheit durch den Genuß wildwachsender Pilze zusammen mit der Beeinträchtigung der Lebensgemeinschaft Wald durch das Pilzesammeln vor Augen, erscheint Pilze züchten als die eigentliche Alternative.
Seit Jahrhunderten sind der tropische Reisstrohpilz (verschiedene *Volvariella*-Arten) und der ostasiatische Shii-take *(Lentinus edodes)* als Zuchtpilze bekannt. Am wichtigsten ist heute jedoch der Kulturchampignon *(Agaricus bisporus)*. Der Champignon war bereits Lekkerbissen römischer Adeliger und später begehrte Speise am Hofe Ludwigs XIV. In Frankreich begannen denn auch findige Gärtner im 17. Jahrhundert mit der kontrollierten Kultivierung. Zu Beginn des 19. Jahrhunderts sollen in Paris die meisten Höhlen zur Champignonzucht benutzt worden sein. Die Kulturtechnik ist jedoch zu Beginn unseres Jahrhunderts vor allem in Amerika entscheidend verbessert worden. Der Grund dafür liegt vielleicht in der Unsicherheit der europäischen Einwanderer hinsichtlich der unbekannten Pilzflora in der Neuen Welt. Weil einerseits aus Europa mitgebrachte zweifelhafte Faustregeln zur Unterscheidung genießbarer von giftigen Pilzen («holzbewohnende Pilze sind eßbar») dort erst recht nicht anwendbar waren, andererseits das Wissen um die viel reichere amerikanische Pilzflora erst zu erarbeiten war, blieb den Liebhabern nur der Genuß gezüchteter Pilze.
Heute findet der kommerzielle Champignonanbau in speziellen, klimatisierten Räumen statt, wo den Pilzen optimale Bedingungen für das Wachstum des Mycels und der Fruchtkörper geboten werden. Liebhaber können Champignons jedoch auch in bescheidenerem Rahmen und mit weniger Aufwand kultivieren. Keller oder Waschküche eignen sich dazu ebenso wie Stall oder Scheune, nur sollte sich ihre Temperatur möglichst regulieren lassen. Die optimale Raumtemperatur während der Mycelentwicklung beträgt nämlich zwischen 20 und 24 °C, während der Fruchtkörperbildung hingegen nur 16–18 °C. Als Champignonsubstrat wird seit eh und je sorgfältig bewässerter und fermentierter Pferdedung verwendet; die Zucht gelingt jedoch auch auf mit Heu angereichertem Stroh. Die Fruchtkörperbildung erfolgt in fünf bis sechs Wellen in Abständen von fünf bis acht Tagen. Danach geht der Ertrag stark zurück. Die geernteten Fruchtkörper machen etwa 10% des Substratgewichts aus;

geerntet werden zwischen 4 und 6 kg Fruchtkörper pro Quadratmeter Anbaufläche.
Während der Champignon fast ausschließlich in geschlossenen Räumen gezogen wird, wachsen gezüchtete Reisstroh- sowie Austernpilze und der Shii-take im Freien. Der Reisstrohpilz ist der älteste bekannte abgebildete Pilz: Ein römisches Gemälde zeigt ihn auf einem nordafrikanischen Markt. Gezogen wird er auf Reisstroh, das der Züchter während des Wachstums ständig feucht halten muß. Die Zucht des Reisstrohpilzes ist vermutlich von den Chinesen entwickelt worden, die wohl auch als erste den Shii-take kultivierten. Die Methode wurde jedoch in Japan ausgefeilt, wo *Lentinus edodes* auf Holz verschiedener Eichen, Kastanien oder Hagebuchen gezogen wird. Erste Fruchtkörper bilden sich nach einem halben Jahr, und regelmäßige Ernten sind so lange möglich, bis der Pilz das Holz nach drei bis sechs Jahren stark abgebaut hat.
Ähnlich wie der Shii-take kann auch der bei uns heimische Austernpilz (auch Austernseitling oder Buchenschwamm, *Pleurotus ostreatus*) gezüchtet werden. Der Austernpilz ist in unseren Laubwäldern natürlicherweise weit verbreitet. Er lebt saprophytisch, und die muschelförmigen Fruchtkörper mit den weißen Lamellen treten meist gesellig an abgestorbenen Laubbäumen auf.
Zum Züchten eignen sich Harthölzer wie Buche, Eiche oder Kastanie ebenso wie die Weichhölzer Pappel oder Weide, und selbst Fruchtbaumholz kommt in Frage. Die Stammstücke von 30–40 cm Länge und 15 cm bis zu einem halben Meter Durchmesser – sie lassen sich leicht beim Förster beschaffen – werden mit Pilzbrut geimpft, die man aus dem Handel bezieht. Der Züchter füllt entweder daumengroße Löcher mit Pilzbrut auf und verschließt sie mit einem Zapfen, oder er sägt die Stammabschnitte in der Mitte quer ein, was viel geeigneter ist, weil die Brut das Holz schneller

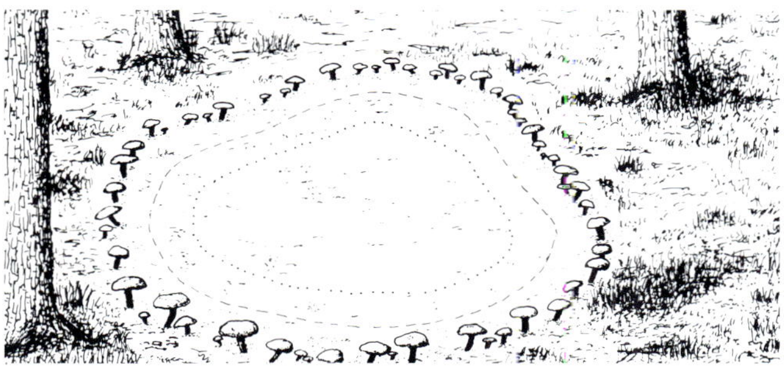

Tricholoma matsutake, der Japanische Föhrenpilz, ist zusammen mit der Périgord-Trüffel einer der wenigen Mykorrhizapilze, die gezüchtet werden. Er lebt mit verschiedenen *Pinus-*, *Tsuga-*, *Picea-* und *Abies*-Arten zusammen. Seine Fruchtkörper wachsen in typischen Hexenringen, deren Durchmesser mit wachsendem Mycel von Jahr zu Jahr zunehmen.

durchwachsen kann. Den Spalt versieht er ebenfalls mit Pilzbrut und schließt ihn mit Plastikstreifen und Reißzwecken ab. Anschließend werden die geimpften Hölzer für drei bis vier Monate an einem schattigen Standort unter feuchter, mit Plastikfolie abgedeckter Strohschicht gelagert. Während dieser Zeit brauchen sie keine Pflege. Danach setzt sie der Züchter – eine der Schnittflächen voran – etwa 15 cm tief ins Erdreich oder auch in erdgefüllte Blumentöpfe. Die wesentliche Arbeit ist damit vollbracht; einzig regelmäßiges Befeuchten ist noch nötig. Auf Pappel und Weide werden in den nächsten drei bis vier Jahren, auf Buche und den anderen Harthölzern jedoch während fünf bis sechs Jahren jeweils im Herbst und eventuell auch im Frühjahr in mehreren Wellen Fruchtkörper gebildet. Der Gesamtertrag kann bis zu einem Fünftel des Holzgewichts betragen.

Was dem Europäer der Zuchtchampignon, ist dem Asiaten der Shii-take. Dieser wird auf Holz gezüchtet und frisch oder getrocknet verkauft. Der Shii-take gilt als Lebenselexier; seine Heilkraft beschrieb der Chinese Wu Shui bereits zur Zeit der Ming-Dynastie. Die jüngste japanische Forschung bestätigt die Pilzwirkung gegen Tumore und Viren.

Champignon, Reisstroh- und Austernpilz sowie Shii-take sind Saprophyten. Ihnen muß der Züchter nur gute Entwicklungsbedingungen bieten und ein geeignetes organisches Substrat, das sie abbauen können. Wesentlich schwieriger gestaltet sich jedoch die Zucht von Mykorrhizapilzen.
«Wenn ihr Trüffeln wollt, müßt ihr Eicheln säen», rief schon 1877 der französische Trüffelkenner de Bosredon in seinem «Handbuch des Trüffelzüchters» aus. Genau dies hatte 1810 der einfache Bauer Joseph Talon getan: Er säte Eicheln auf ein steiniges Stück Land und war nicht wenig erstaunt, als er einige Jahre danach Trüffeln unter den Jungbäumen ausgraben konnte. Als aufmerksamer Beobachter und gewiefter Geschäftsmann kaufte er wertloses Land zusammen und besäte es mit Eicheln aus seiner Wunderpflanzung. Talon, als der erste Trüffelzüchter, besaß bereits eine typische Eigenschaft dieser Gilde: Er behielt für sich, was er wußte, und gab seine Geheimnisse erst als alter Mann an einen Freund weiter.

Trüffeln und trüffelartige Pilze werden von Tieren verbreitet. Nager wie die in den Nadelwäldern West-Oregons lebende Kalifornische Rötelmaus gehören zu den gierigsten Essern unterirdisch fruchtender Pilze. Die Rötelmaus – mit einem trüffelartigen Pilz unter dem linken Vorderfuß – ernährt sich das ganze Jahr praktisch nur von Pilzen und Flechten (unten).

Hirschgruppe im Engadin. Unterirdisch fruchtende Pilze gehören auch zum Speisezettel von Großsäugern wie Hirsche, Rehe und Wildschweine. Letztere brechen den Boden auf der Suche nach Hirschtrüffeln oft metertief um.

Mancher hat versucht, die Leckerbissen direkt zu säen, die bereits am Hofe der französischen Renaissancekönige und noch viel früher von den alten Griechen über alles geschätzt wurden. Daß dies keinem gelingen konnte, ist weiter nicht erstaunlich, wenn man weiß, daß Trüffeln Mykorrhizapilze sind. Sie leben mit Eichen, Hasel, Buche, Walnußbaum und Föhren oder Zedern, fruchten unterirdisch und sind noch sagenumwobener als die Hutpilze.

In Mittel- und Südeuropa gibt es insgesamt etwa dreißig verschiedene Trüffelarten. Aber nur einige sind eßbar und kommen deshalb für eine Züchtung in Frage: Als kulinarisch unerreicht gilt die Périgord-Trüffel *(Tuber melanosporum)*. Der unterirdisch reifende Fruchtkörper besitzt eine dunkelbraune, fast schwarze Rinde, und das schwarze Fruchtfleisch ist von feinen weißen Adern durchzogen. Was Geschmack und kulinarischen Wert betrifft, folgen mit Abstand die Burgunder-Trüffel *(Tuber uncinatum)* und *Tuber brumale,* im Handel ein Sammelname für verschiedene Arten. Im italienischen Piemont ist vor allem die Weiße Trüffel *(Tuber magnatum)* beliebt.

Um die Jahrhundertwende soll die französische Trüffelproduktion gegen 2000 t pro Jahr betragen haben, ist dann aber ständig gesunken. Gegenwärtig ernten die «trufficulteurs» jährlich an die 60 t. Den großen Aufschwung erlebte die Trüffelzucht Mitte des letzten Jahrhunderts, als die Reblaus die Weinstöcke auf großen Flächen dahinraffte und diese durch die berühmten Trüffeleichen ersetzt wurden. Weil während zweier Weltkriege mit den Menschen aus den Trüffelgegenden auch viel Wissen verlorenging und die notwendigen Pflegearbeiten – etwa das systematische Auslichten der Eichenkronen – unterblieben, hat auch die Produktion nachgelassen. Erst in den letzten Jahren befindet sich die Trüffelkultur wieder im Aufwind. In Frankreich ist es nämlich gelungen, junge Eichen mit dem Mycel der Périgord-Trüffel zu impfen. Trüffeln züchten

Trüffelmarkt im französischen Périgord. Die «schwarzen Diamanten der Küche», wie der französische Schriftsteller und Gastronom Brillat-Savarin 1825 in seinem berühmten Lehrbuch der Tafelfreuden die Trüffel nannte, werden ab Dezember angeboten. Im Winter 1981 kostete ein Kilo um 1400 Francs.

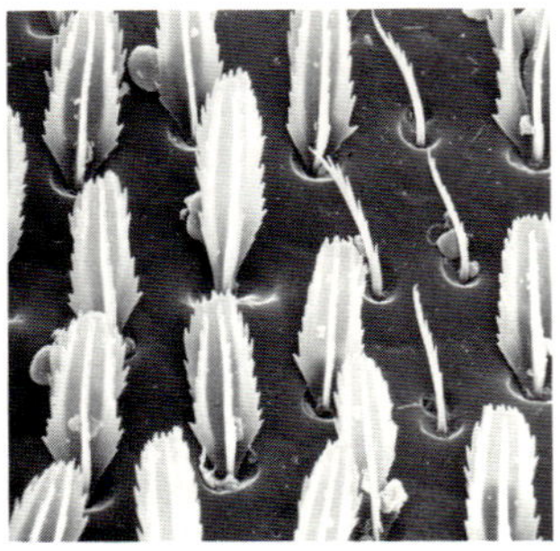

Auch Borkenkäfer und andere Insekten kommen als Sporenverteiler in Frage, wie das Elektronenmikroskop enthüllt. Der Doppeläugige Fichtenbastkäfer (*Polygraphus polygraphus,* Vergrößerung ca. dreißigfach), der zu den Borkenkäfern zählt, besitzt wie andere Käfer Schuppen und Haare auf den Flügeldecken, zwischen denen sich Sporen verfangen können (Ausschnitt, Vergrößerung ca. dreihundertfünfzigfach).

ist damit kontrollierbar geworden und nicht mehr, was es einmal war: sozusagen mit einer Eiche als Köder nach Trüffeln fischen und hoffen, daß der richtige Pilz «anbeißt», daß sich nach etwa sechs Jahren auch wirklich die schwarzen Périgord-Knollen ernten lassen, daß nicht ein anderer Pilz sich mit dem Baum zusammengetan hat.

Nicht nur die Impfung gelingt mittlerweile mit Sicherheit; inzwischen weiß man auch mehr über die ökologischen Bedingungen, welche die Périgord-Trüffel zur optimalen Entwicklung braucht. Sie bevorzugt kalkhaltigen, nicht zu nassen und gut durchlüfteten Boden. Bei der Anlage neuer Plantagen werden diese Erkenntnisse ausgenutzt. Der «trufficulteur» pflanzt etwa 800 geimpfte Eichen pro Hektar in Linien. Die Bäume werden auch heute noch nach alter Methode in die Form eines auf der Spitze stehenden Kegelstumpfes geschnitten. Die unteren Äste sind also kürzer als die oberen. Auf diese Weise erhält das Pilzmycel im Boden die zum Wachstum notwendige Sonnenwärme. Die Entwicklung des Mycels ist daran zu erkennen, daß die darüber wachsende Krautvegetation wie versengt aussieht, das heißt nur noch schlecht wächst und zum Teil abstirbt. Erklärt wird dieses Phänomen mit der Tatsache, daß das Mycel während seiner Entwicklung intensiv Wasser und Mineralstoffe aufnimmt. Außerdem scheint dieses «antibiotisch» zu wirken, eine Erscheinung, die noch ungenügend geklärt ist. Die Trüffeln wachsen, ähnlich wie die «Hexenringe» oberirdisch fruchtender Pilze, in Ringen um die «versengte» Fläche herum. Oberhalb der Fruchtkörper ist die Erde häufig leicht rissig aufgeworfen. Über den feinen Spalten kann der aufmerksame Beobachter manchmal Trüffelfliegen sehen, die ihre Eier in den Fruchtkörper legen. Zur Ernte – vom Spätwinter bis zum Mai – wurden früher Schweine als Trüffelsucher eingesetzt; heute müssen diese Aufgabe meist dressierte Hunde übernehmen, weil diese noch unreife und später zu erntende Knollen weniger verletzen.

Tiere verbreiten Trüffeln

Was wir aufgezählt haben, sind bei weitem nicht alle unterirdisch fruchtenden Pilzarten, von denen es nach Schätzungen amerikanischer Forscher gegen tausend gibt. Und Trüffeln oder trüffelartige Pilze sind auch mengenmäßig viel wichtiger, als gemeinhin angenommen wird. In amerikanischen Douglasienwäldern wachsen pro Jahr und Hektar etwa gleich viele unterirdische (9000–20 000) wie oberirdische Fruchtkörper von Mykorrhizapilzen (11 000–17 000). Die Hirschtrüffel *(Elaphomyces granulatus)* ist bei uns ein allerdings unsichtbarer Massenpilz der natürlichen Nadelwälder.

Die Sporen oberirdisch fruchtender Pilze werden meist passiv durch Luftströmungen und Regen verteilt. Bei den trüffelähnlichen Pilzen besorgen dies Tiere. Diese Pilze sind vielfach von einer zähen Hülle umgeben oder – wie die eßbaren Trüffeln – aus zartem Fruchtfleisch aufgebaut. Mit zunehmender Reife entwickeln sie je nach Art fruchtigen, käsigen, würzigen, fischigen oder faulen Geruch. Dieser zieht nicht nur verschiedene Insekten, sondern vor allem auch Klein- und Großsäugetiere an. Die Périgord- und die Weiße Trüffel enthalten einen Sexual-Duftstoff. Solche sogenannten Pheromone von moschusähnlichem Geruch werden auch in den Hoden des Ebers erzeugt und machen, wenn sie vom Schaum vor dem Ebermaul verströmen, die Sau paarungsbereit. Hier liegt wohl die Erklärung für die Eignung von Schweinen als Trüffelschnüffler. Diese Duftstoffe sind somit für die Pilzausbreitung ein sehr wichtiger Faktor. Insekten, die ihre

Eier in die Fruchtkörper legen, werden dadurch ebenso angezogen wie Schläfer, Mäuse und Eichhörnchen. Aber auch Rothirsch, Reh und Wildschwein stellen den Trüffeln nach. Die Sporen gelangen mit der Losung anderswo wieder zu Boden, um sich dort zu neuem Mycel zu entwickeln und sich mit neuen Baumwurzeln zu verbinden. Es ist nicht ausgeschlossen, daß die Sporen bestimmter Arten ihre Keimfähigkeit erst bei der Passage durch den Verdauungstrakt erhalten. Sicher jedoch wird die Keimfähigkeit dabei nicht eingeschränkt, wie amerikanische Untersuchungen zeigen.

Viele unterirdisch fruchtende Pilze sind mit oberirdisch fruchtenden verwandt. Die Mykologen sind sich über diese Verwandtschaft einig, nicht aber über die Evolutionsrichtung. Der Amerikaner James A. Trappe zeigt anhand einer originellen, auf ökologischen Überlegungen beruhenden Hypothese, warum er glaubt, daß die unterirdisch fruchtenden Pilze höher entwickelt sind. In der Natur zeichnet sich eine entwickeltere Form in der Regel dadurch aus, daß sie spezialisierter ist und weniger Energie verbraucht. Pilze, die zur Ausbreitung ihrer Sporen Stiel und Hut bilden müssen, verbrauchen mehr Energie zur Fruchtkörperbildung als die Trüffelartigen. Windverbreitete Sporen treiben mit zufälligen Luftbewegungen irgendwohin, unter Umständen auch an versumpfte oder steinige Stellen, wo sie gar keine Chance haben, auf Baumpartner zu stoßen. Tierverbreitete hingegen lassen sich gezielt austragen und bleiben – weil die Tiere ihren angestammten Lebensraum kaum verlassen – innerhalb des Ökosystems, wo sie geeignete Partner finden.

In den ökologisch hochentwickelten Laubwäldern haben sich nicht nur die Mykorrhizapilze und die Bäume zusammen entfaltet. Eine zusätzliche Koevolution hat sich auch zwischen Pilz und Tier, speziell Nagetieren, abgespielt. Nager sind in der Entwicklungsgeschichte relativ spät aufgetreten und auf der nördlichen Hemisphäre die gierigsten Esser unterirdisch fruchtender Pilze (in Australien nehmen Beuteltiere diese Rolle ein). Eichhörnchen, Mäuse und Schläfer ernähren sich bevorzugt davon. Frische Fruchtkörper, die etwa zu drei Vierteln aus Wasser bestehen und den Wasserebenso wie den Nährstoffbedarf teilweise decken, lokalisiert das Tier genau und gräbt sie mit kleinstem Energieaufwand aus. Erst wenn keine Pilze mehr vorhanden sind, sehen sich die Tiere nach anderer Nahrung um – nach Samen, Flechten, Knospen, Wurzeln und Insekten. Früher wurde in Amerika angenommen (bei uns auch heute noch), daß Eichhörnchen sich vor allem von Baumsamen ernähren. Magenuntersuchungen von Flughörnchen *(Glaucomus sabrinus)* in zapfenreichen Nadelwäldern Oregons haben aber gezeigt, daß sie sich im Sommer vor allem von Pilzen ernähren. Diese Einsicht führte zur Aufklärung eines dunklen Punktes in der Biologie des Flughörnchens: Man wußte nämlich, daß Rotluchse und Kojoten den Baumbewohner am Boden fangen, nicht aber, *wann* dies möglich war. Heute ist dies klar: Sie fangen ihn, wenn er auf der Suche nach seiner Hauptnahrung, den Trüffeln, ist.

Pilze als Partner krautiger Pflanzen

Nicht nur verholzte mehrjährige, sondern auch krautige Pflanzen haben ihre Pilzpartner. Oft handelt es sich dabei um Pilze der Gattung *Endogone.* Diese formen den endotrophen Mykorrhizatyp, der dadurch charakterisiert ist, daß die Hyphen auch in die Wurzelzellen der Wirtspflanze eindringen.

Spore der Hirschtrüffel im Elektronenmikroskop. Die Hirschtrüffel kann pro Fruchtkörper mehrere hundert Millionen Sporen bilden, die von Mäusen, Eichhörnchen, Rehen und anderen Säugern mit dem Kot vielfach dort abgelagert werden, wo Saugwurzeln von Bäumen vorhanden sind (Vergrößerung ca. zweitausendfach).

Mikroskopische Untersuchungen der Wurzeln von Kulturpflanzen wie Sojabohnen, Mais, Tomaten, Hirse oder Erdbeeren haben nicht nur das Vorhandensein, sondern auch die Funktion der symbiontischen Verbindung aufge-

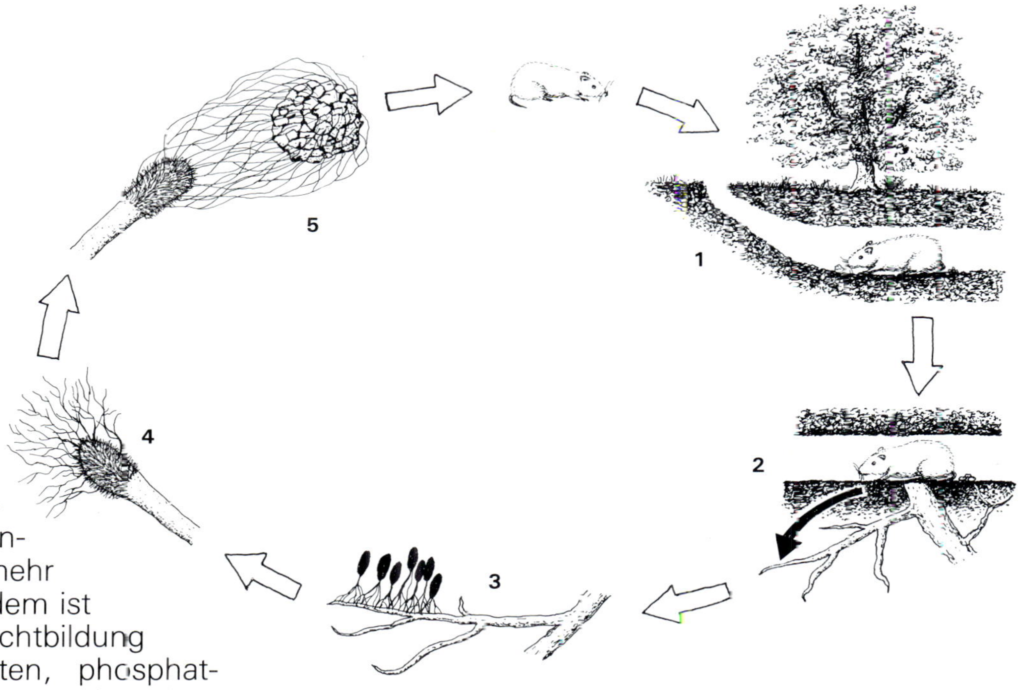

Verbreitungszyklus einer Trüffel. Die Maus frißt den Pilz (1) und deponiert die Sporen, nachdem diese den Verdauungstrakt passiert haben (2). Aus den Sporen entsteht ein Mycel, das die Wurzel infiziert (3). Die Wurzel wird vollkommen umsponnen (4). Unter günstigen Bedingungen bildet sich ein Fruchtkörper (5).

zeigt: Mit *Endogone*-Pilzen geimpfte Pflanzen nehmen besonders auf nährstoffarmen Böden unter anderem regelmäßig mehr Phosphor auf. Außerdem ist bei Erdbeeren die Fruchtbildung besser. Auf gedüngten, phosphatreichen Böden hingegen sind die Mykorrhizen nur wenig ausgebildet. In den USA untersuchen Dutzende von Forschern die Möglichkeiten des praktischen Einsatzes der Mykorrhizapilze in der Landwirtschaft mit dem Ziel, die übermäßige Anwendung von Mineraldünger zu reduzieren.

Endotrophe Mykorrhizapilze spielen auch im Leben der Orchideen eine äußerst wichtige Rolle. Orchideensamen sind sehr klein, wiegen nur einige Tausendstelgramm und enthalten kaum Nährstoffreserven für den Keimling. Dieser treibt bei genügender Feuchtigkeit aus, stoppt dann jedoch sein Wachstum und vermag sich in der Natur erst weiterzuentwickeln, wenn er von einem Pilzpartner, der ihm die nötigen Nährstoffe verschafft, infiziert wird. Pilzpartner saprophytischer Orchideen sind eigenartigerweise häufig auch parasitisch oder saprophytisch im Wald lebende Pilze wie der Hallimasch, der mit der Moosorchis *(Goodyera repens)* zusammenlebt. Die Pilz-Orchideen-Verbindungen scheinen sehr labil zu sein, da der Pilz in der Regel starke parasitische Neigungen aufweist, welche die Orchidee nur mit speziellen Strategien in Schach zu halten vermag.

Die Kenntnis dieser Zusammenhänge erlaubt heute auch die Zucht dieser raren Pflanzen, welche früher regelmäßig gescheitert ist. In Großbritannien sollen die zum größten Teil ausgeraubten natürlichen Orchideenbestände durch gezüchtete Pflanzen wieder angereichert werden. Mitarbeiter der Kew Gardens in London sammeln zu diesem Zweck wenige Fruchtkapseln pro Art ein, die Tausende der winzigen Samen enthalten können. Ausgewählte Pilzpartner europäischer Orchideen – eigens für diesen Zweck isoliert – werden auf vermörsertem Hafer und Algengelatine gezogen. Dieses Substrat bestreuen die Forscher mit Samen. Sobald die Keimlinge Knollen bilden, können sie der Natur übergeben werden.

Landpflanzen – so wird heute angenommen – verdanken wir einer biologischen Innovation: Erst die Zusammenarbeit einer Alge und eines Pilzes ermöglichte der Pflanzenwelt vor 500 Millionen Jahren, das Land von den seichten, warmen Lagunen des Kambriums aus zu erobern. Auch heute noch lebt die Natur nach diesem Muster und hat das Prinzip Zusammenarbeiten–Zusammenleben oft noch erweitert – wie im Falle der trüffelähnlichen Pilze. Wir können es uns nicht leisten, dieses Beziehungsgefüge zu zerstören. Denn wenn der Wald nicht auf uns angewiesen ist – der Mensch hängt von ihm auf Gedeih und Verderben ab.

Literaturverzeichnis

Aufgeführt ist allgemeinverständliche, weiterführende Literatur, die über Buchhandel oder Bibliotheken leicht zugänglich ist.

Holzen im Emmental und auf Borneo

Giono J., 1982: Der Mann mit den Bäumen. Theologischer Verlag, Zürich.

Leibundgut H., 1981: Die natürliche Waldverjüngung. Verlag Paul Haupt, Bern und Stuttgart.

Leibundgut H., 1983: Der Wald. Eine Lebensgemeinschaft. Verlag Huber, Frauenfeld und Stuttgart.

Leibundgut H., 1984: Die Waldpflege. Verlag Paul Haupt, Bern/Stuttgart.

Mayer H., 1977: Waldbau auf soziologisch-ökologischer Grundlage. Gustav Fischer, Stuttgart, New York.

Myers N., 1979: The Sinking Ark. A New Look at the Problem of Disappearing Species. Pergamon Press, Oxford/New York.

Richards P.W., 1979: The Tropical Rain Forest. Cambridge University Press (England).

Buschtrommel und Geige

Bachmann-Geiser B., 1981: Die Volksinstrumente der Schweiz. Atlantis Verlag, Zürich.

Blume F. (Hrsg.), 1966: Musik in Geschichte und Gegenwart. Bärenreiter Verlag, Kassel, Basel, Paris, London, New York.

Bosshard H.H., 1974: Holzkunde, 3 Bände. Birkhäuser Verlag, Basel und Stuttgart.

The Diagram Group, 1981: Musikinstrumente der Welt. Prisma Verlag, Gütersloh.

Duddington C.L., 1972: Baupläne der Pflanzen. Suhrkamp Taschenbuch 45.

Farnsworth P.R., 1976: Sozialpsychologie der Musik. Ferdinand Enke Verlag, Stuttgart.

Sachs C., 1962: Reallexikon der Musikinstrumente. Georg Olms Verlag, Hildesheim.

Hecken und Feldgehölze

Buchwald K. und Engelhardt W., 1969: Handbuch für Landschaftspflege und Naturschutz, 4 Bände. BLV Verlagsgesellschaft, München.

Ewald K.C., 1978: Der Landschaftswandel. Zur Veränderung schweizerischer Kulturlandschaften im 20. Jahrhundert. Bericht Nr. 191 der Eidgenössischen Anstalt für das forstliche Versuchswesen, Birmensdorf.

Tischler W., 1980: Biologie der Kulturlandschaft. G. Fischer Verlag, Stuttgart/New York.

Das Haus als Spiegel des Waldes

Bosshard H.H., 1974: Holzkunde, 3 Bände. Birkhäuser Verlag, Basel und Stuttgart.

Gehri E., 1979: Entwurf und Bemessung von Schnittholz-Konstruktionen mit neuzeitlichen Verbindungen. Schweizerische Arbeitsgemeinschaft für Holzforschung SAH, Lignum, Zürich.

Giedion S., 1965: Raum, Zeit und Architektur. Otto Maier Verlag, Ravensburg.

Hansen H.-J., 1969: Holzbaukunst. Verlag Stalling, Oldenburg.

Maisons de bois. Ausstellungskatalog Centre Georges Pompidou, Paris 1979.

Schwab J., 1977: Das große Buch vom Holz. Verlag Schuler, München.

Auenwälder und Mangroven

Chapman V.J., 1976: Mangrove Vegetation. J. Cramer (Bezugsadresse: A.R. Gantner Verlag, FL-9490 Vaduz).

Goulding M., 1980: The Fishes and the Forest. Fische und Wald am Amazonas. University of California Press, Berkeley.

Macnae W., 1968: A General Account of the Fauna and Flora of Mangrove Swamps and Forests in the Indo-West-Pacific Region. In: Advances in Marine Biology, Band 6, S. 73–270.

Moor M., 1958: Pflanzengesellschaften schweizerischer Flußauen. Eidgenössische Anstalt für das forstliche Versuchswesen, Birmensdorf, Mitteilungen, Band 34, Heft 4.

Wendelberger G., 1975: Ökosystem Auwald. Bundesministerium für Wissenschaft und Forschung, Wien.

Yon D., Tendron G., 1981: Alluvial Forests of Europe. Council of Europe, Strasbourg, Nature and Environment Series No. 22.

Lawinen, Wild und saurer Regen

Binswanger H.C., Geißberger W., Ginsburg T. (Hrsg.), 1979: Wege aus der Wohlstandsfalle. S. Fischer, Frankfurt.

Binswanger H.C., Frisch H., Nutzinger H.G. (Hrsg.), 1983: Arbeit ohne Umweltzerstörung, Strategien einer neuen Wirtschaftspolitik. S. Fischer, Frankfurt.

Bosshard W. (Hrsg.), 1981: Waldschäden im Walliser Rhonetal. Eidgenössische Anstalt für das forstliche Versuchswesen, Mitteilungen, Band 57, Heft 4 (Bezugsadresse: F. Flück-Wirth, Internationale Buchhandlung für Botanik und Naturwissenschaften, CH-9053 Teufen).

Grießhammer R., 1983: Letzte Chance für den Wald? Die abwendbaren Folgen des Sauren Regens. Dreisam Verlag, Freiburg i.Br.

Klötzli F., 1980: Unsere Umwelt und wir. Eine Einführung in die Ökologie. Hallwag, Bern und Stuttgart.

Leibundgut H., 1975: Wirkungen des Waldes auf die Umwelt des Menschen. Rentsch Verlag. Erlenbach-Zürich.

Mayer H., 1976: Gebirgswaldbau, Schutzwaldpflege. G. Fischer Verlag, Stuttgart.

Reisch J., 1974: Waldschutz und Umwelt. Springer Verlag, Berlin, Heidelberg, New York.

Schütt P. u.a., 1983: So stirbt der Wald. Schadbilder und Krankheitsverlauf. BLV Verlagsgesellschaft, München.

Tischler W., 1979: Einführung in die Ökologie. G. Fischer Verlag, Stuttgart, New York.

Buche, 1755 erschienene Darstellung des französischen Ingenieurs und Agronomen Duhamel du Monceau.

Baum und Pilz

Chang S.T., Hayes W.A., 1978: The Biology and Cultivation of Edible Mushrooms. Academic Press, New York/San Francisco/London.

Lelley J., 1978: Pilze aus dem eigenen Garten. BLV Verlagsgesellschaft, München/Bern/Wien.

Marks G.C. und Kozlowski T.F. (Hrsg.), 1973: Ectomycorrhicae. Academic Press, New York/San Francisco/London.

Stettler P.H., 1981: Handbuch für Terrarienkunde. Franckh'sche Verlagshandlung, Stuttgart.

Für die kritische Durchsicht der Manuskripte und die wertvollen Anregungen danken die Autoren insbesondere: S. Affentranger, Schweizerischer Zimmermeisterverband, Zürich; Dr. W. Baltensweiler, ETH Zürich; W. Blaser, Architekt, Basel; S. Egli, EAFV, Birmensdorf; F. Etter, Försterschule, Lyss; Dr. K.C. Ewald, EAFV, Birmensdorf; Prof. Dr. F. Fischer, Uitikon; Dr. E. Horak, ETH Zürich; Dr. H. In der Gand, EISLF, Davos; Dr. W.J. Junk, Max-Planck-Institut, Plön; Dr. Th. Keller, EAFV, Birmensdorf; Dr. N. Kuhn, EAFV, Birmensdorf; Prof. J. Natterer, EPF, Lausanne; Gerald Navara, Wien; Dr. A. Schuler, ETH Zürich; Prof. Dr. J.-Ph. Schütz, ETH Zürich; Prof. Dr. H. Steinlin, Universität Freiburg i.Br. Unser herzlicher Dank geht auch an die vielen geduldigen, hier nicht namentlich aufgeführten Helfer und Institutionen.

Bildnachweis

Erfaßt sind Farbfotos, Schwarzweißfotos und andere Illustrationen; o = oben, u = unten, l = links, r = rechts, m = Mitte; stammen zwei oder mehr Bilder auf einer Seite vom selben Autor, so ist die Anzahl in Klammern gesetzt.

Museum Allerheiligen, Schaffhausen: S. 122/123
Franz Antonicek, Wien: S. 146 o
J. Bauch, Hamburg: S. 61 l
H. Bibelriether, Grafenau: S. 188/189
Werner Blaser, Basel: S. 97 o, 126
Alois Bohnet, Regensdorf: S. 78
Walter Bosshard, EAFV, Birmensdorf: S. 48
C. Brumaire, Ezy-sur-Eure (Frankreich): S. 124/125
Craig Buchanan, San Francisco: S. 104/105
Leo Caminada, Küssnacht: S. 2/3, 10/11 o, 109, 112 r
Jeanne Chevalier, Biel: S. 10/11 u, 14/15, 17 o + u, 18, 19, 20/21, 22 (3), 30, 32 o, 43 o + u, 50/51, 51 o/m/u, 52/53, 53 (3), 54/55, 56, 62, 63 (2), 66, 67, 70/71, 72 u, 73 l + r, 74 o, 76/77, 77 o + u, 87 o, 92 u, 98/99, 108/109, 112 l, 114 o + u, 128, 130 u, 140/141, 143, 166/167, 172/173, 178 l, 182/183
Martin Coindet, Bern: S. 93
Jean Combe, Vallorbe: S. 107 o
Alain Compost, Bogor: S. 153, 159
nach: Jean Delmas, in: Chang S.T./Hayes W.A., 1978: The Biology and Cultivation of Edible Mushrooms: S. 212
Ruth Dreifuss, Bern: S. 46
EAFV, Birmensdorf: S. 142 u, 173 o, 179, 184, 186, 190, 192, 200/201, 206, 209, 210 o
Earth Satellite Corporation: S. 10
Earthscan, London: S. 36 u
Simon Egli, EAFV: S. 202 u, 203 r
Eidg. Institut für Schnee- und Lawinenforschung, Davos: S. 171 (2)
aus: Eléments d'histoire forestière, Sonderausgabe der Revue forestière française, 1977: S. 8, 9, 12, 26, 220, 223
EMPA, Dübendorf: S. 111 u
Forstbotanisches Institut, Universität Göttingen: S. 187 u
Georg Gerster, Zumikon: S. 44/45, 84/85, 150/151, 208
Thomas Grünenfelder, Valens: S. 45 u
David Heiden, San Francisco: S. 36 o
R. Honegger, Institut für Pflanzenbiologie, Universität Zürich: S. 207 l
Walter Imber, Laufen: S. 23 o, 24/25, 58/59, 86 o, 185
Institut für Pflanzenbiologie, Universität Zürich: S. 187 o (2)
Institut für Phytomedizin, ETH Zürich: S. 198 u
Institut für Wald- und Holzforschung, ETH Zürich: S. 65 u
Oswald Iten, Zürich: S. 49 u, 79
J. Kälin, EAFV, Birmensdorf: S. 193 u
Markus Kappeler, Hochwald: S. 160, 162 u, 162/163
Jachen Duri Könz, Zuoz: S. 149, 161 o, 174 o, 176 l, 178 m + r
Albert Krebs, Winterthur: S. 134 u, 136/137
L. J. Kučera/A. Hirzel, Institut für Wald- und Holzforschung, ETH Zürich: S. 64/65 o
Christian Küchli, Biel: S. 23 ul, 23 ur, 27 u, 28/29, 29 r, 31 (2), 32 u, 33, 34 o, 34/35 (2), 38/39, 41, 44 ul + ur, 49 o, 76 u, 80, 81 u, 82 u, 82/83, 86 u, 88, 89 o, 91 (2), 94 u, 94/95, 98 o, 100, 102 (3), 103, 113, 115 (3), 118/119, 129 o + u, 134 o, 134/135 u, 141 r, 142 l, 144 (2), 145, 146 l, 147 o, 147 ur, 152, 156 o, 156/157, 158, 168/169, 170 (2), 173 u, 174 u, 175, 180, 199 (3), 204 l
Felix Labhardt, Bottmingen: S. 146 u
Heinz Ledergerber, Biel: S. 26/27 m, 28 o, 42, 52 l, 57, 61 r, 64 u, 89 u, 92 o, 116/117, 138, 154, 155, 191, 193 o, 202/203 o, 207 r, 213 (2), 219
Lignum, Zürich: S. 98 u, 116 l, 117 u
Ursula Markus, Küsnacht: S. 121
John Marshall, Boise, Idaho USA: S. 161 u
Fred Mayer, Magnum Photos: S. 210/211
H. Meier, Institut de Biologie végétale et de Phytochimie, Université de Fribourg: S. 110
Kreisforstamt Mesocco: S. 177
Jörg Müller, Biel: S. 97 u
Julius Natterer, Lausanne/München: S. 123 m
Gerald Navara, Wien: S. 132/133, 134/135 o, 147 u
Jean-Louis Nespoulous, Cahors: S. 196/197, 217
aus: Nultsch W., 1971: Allgemeine Botanik, Thieme Verlag, Stuttgart: S. 111
Pius Rast, St. Gallen: S. 107 u
Regionalplanung ECS, Bern: S. 130/131
M. Reinalter, Brail: S. 214/215
Reinhard-Tierfoto, Heiligkreuzsteinach: S. 176 r
Wendell Rossmann, Phoenix USA: S. 122 u
L. Sarasin, Samedan: S. 165 (3)
aus: Schweingruber F.H., 1983: Der Jahrring, Verlag Haupt, Bern/Stuttgart: S. 181
Schweizerisches Landeskomitee für Vogelschutz: S. 81 o
Hans W. Silvester, Gordes: S. 87 u
Heini Stucki, Ins: S. 74 u, 82 o, 90 l + r, 90/91, 96, 100/101
SVZ Schweiz. Verkehrszentrale Zürich: S. 68, 69 o – u
Hans Turner, EAFV, Birmensdorf: S. 204/205
Douglas C. Ure, Colorado State University: S. 214 u
Verband Schweiz. Vereine für Pilzkunde: S. 198 r/o/m
Peter Waegli, Institut für Festkörperphysik, ETH Zürich: S. 216 (2), 218
Karl Weidmann, Los Teques, Venezuela: S. 195
nach: Weiss R., 1966: Häuser und Landschaften der Schweiz, Eugen Rentsch Verlag, Erlenbach ZH: S. 106
nach: Yon D., Service de Conservation de la Nature, Paris: S. 139

Grundlagen der Weltkarte S. 6/7: Schmithüsen J., 1976: Atlas zur Biogeographie. Bibliographisches Institut Mannheim/Wien/Zürich; Walter H., 1979: Vegetation und Klimazonen. Ulmer Verlag, Stuttgart; FAO, 1981: Map of the Fuelwood Situation in the Developing Countries. FAO, Rom

Register

Aufgenommen sind schlagwortartige Begriffe sowie forstwirtschaftliche, forstwissenschaftliche und ökologische Ausdrücke.

Ulme, Holzschnitt aus der «Abhandlung über die Bäume und Sträucher» von Duhamel du Monceau, Paris 1755.